人人都能开发 RPA 机器人

UiPath 从入门到实战

王珮瑶 李嘉怡 著

人民邮电出版社

北京

图书在版编目（CIP）数据

人人都能开发RPA机器人：UiPath从入门到实战 / 王珮瑶，李嘉怡著. -- 北京：人民邮电出版社，2024.10
ISBN 978-7-115-61007-2

Ⅰ. ①人… Ⅱ. ①王… ②李… Ⅲ. ①财务管理－专用机器人 Ⅳ. ①F275②TP242.3

中国国家版本馆CIP数据核字(2023)第012664号

内 容 提 要

本书为UiPath的入门工具书。第1～3章介绍RPA与UiPath的基础知识；第4～5章依次介绍流程自动化基础知识与流程搭建的方法论，建议没有相关技术背景的读者详细阅读；第6～8章是UiPath流程开发的关键章，建议读者通读并跟练，便于加深记忆，熟练掌握相关知识，其中的关键知识可以在实际开发时按需查阅；第9～10章介绍更深层次的云UiPath Orchestrator和机器人企业框架，适合在掌握UiPath Studio的基础开发功能后进阶学习。

本书面向希望使用UiPath进行RPA机器人开发的读者，无论是计算机基础较为薄弱的初学者，还是从事RPA行业的专业技术人员，均可从本书中获得相应的理论和实践知识。

◆ 著　　王珮瑶　李嘉怡
　责任编辑　刘雅思
　责任印制　王 郁　胡 南

◆ 人民邮电出版社出版发行　北京市丰台区成寿寺路11号
　邮编　100164　电子邮件　315@ptpress.com.cn
　网址　https://www.ptpress.com.cn
　三河市君旺印务有限公司印刷

◆ 开本：800×1000　1/16
　印张：15.75　　　　　　　2024年10月第1版
　字数：398千字　　　　　　2024年10月河北第1次印刷

定价：79.80元

读者服务热线：(010)81055410　印装质量热线：(010)81055316
反盗版热线：(010)81055315
广告经营许可证：京东市监广登字20170147号

前　言

自 2017 年起，全球掀起了大规模应用 RPA 技术的"风暴"，国内 RPA 行业也呈现"井喷式"发展。RPA 技术凭借其降本增效、安全合规、敏捷速赢、易学易用等显著优势，广泛应用于银行、保险和金融服务、电信、能源、制造业、零售和快消业、交通和物流等关键行业。在可以预见的未来，RPA 行业仍然会保持高速增长，处于发展"风口"，因此任何行业都可能存在大量通过 RPA 推进数字化转型的应用机会。同时，RPA 作为一款低代码工具，通过拖曳的模式开发，便于用户快速上手，无论是否具有相关技术背景，人人都可以通过学习熟练地掌握和应用它。因此，无论是希望通过自动化手段提升工作效率，还是希望投身于 RPA 领域，学习 RPA 都是极具价值的。

UiPath 作为 RPA 行业应用最为广泛的工具之一，其易用性和通用性都是行业领先的。本书结合两位作者多年的 RPA 开发和培训经验，从 RPA 基础概念到 UiPath 工具，再到该工具各功能的使用方式，通过系统性的介绍帮助读者建立完整的 UiPath 知识体系。无论读者是毫无技术背景的初学者，还是具有一定 IT 知识储备的从业人员，都可以通过阅读本书，快速上手 UiPath 并用其进行开发。

与市面上其他 RPA 开发教程书籍相比，本书具有以下特色：

- 结合具体的案例场景，深入浅出地介绍相关功能的使用方法，更便于读者理解和掌握；
- 结合作者长期的实战经验，总结大量可供初学者参考的方法论，有助于读者举一反三并将所学灵活应用于自己的场景；
- 基于中文版的 UiPath Studio 进行图文介绍，更符合国内读者的阅读习惯；
- 内容涵盖 UiPath Studio、UiPath Robot 和 UiPath Orchestrator 三大核心产品，全面翔实地介绍在实践过程中使用频率较高的产品功能。

本书由王珮瑶和李嘉怡联合编写，承蒙王周奎、张平、林振斌、柏靖艳、吕罡、付源、赵文新、李春奇、陈文彬、罗传禄、林仕锋、梁一纲、张思睿、冯好时、陈锋、李飞、苏柏桦等人的支持，在此对所有为我们完成本书提供支持的家人、领导、同事和朋友表示衷心的感谢。

计算机技术的发展日新月异，UiPath 的更新迭代也较为频繁，本书中疏漏之处在所难免，敬请广大读者不吝赐教，也欢迎大家与我们进行技术交流与探讨，我们的邮箱分别是 wangpy1992@163.com 和 gloria_mee@163.com。

资源与支持

本书由异步社区出品，社区（https://www.epubit.com）为您提供相关资源和后续服务。

配套资源

本书提供思维导图，要获得该配套资源，您可以扫描下方二维码，根据指引领取；

您也可以在异步社区本书页面中点击 配套资源 ，跳转到下载界面，按提示进行操作即可。注意：为保证购书读者的权益，该操作会给出相关提示，要求输入提取码进行验证。

提交错误信息

作者和编辑尽最大努力来确保书中内容的准确性，但难免会存在疏漏。欢迎您将发现的问题反馈给我们，帮助我们提升图书的质量。

当您发现错误时，请登录异步社区，按书名搜索，进入本书页面，点击"发表勘误"，输入错误信息，点击"提交勘误"按钮即可（见下图）。本书的作者和编辑会对您提交的错误信息进行审核，确认并接受后，您将获赠异步社区的 100 积分。积分可用于在异步社区兑换优惠券、样书或奖品。

与我们联系

本书责任编辑的联系邮箱是 liuyasi@ptpress.com.cn。

如果您对本书有任何疑问或建议,请您发邮件给我们,并请在邮件标题中注明本书书名,以便我们更高效地做出反馈。

如果您有兴趣出版图书、录制教学视频,或者参与图书技术审校等工作,可以发邮件给我们。

如果您来自学校、培训机构或企业,想批量购买本书或异步社区出版的其他图书,也可以发邮件给我们。

如果您在网上发现有针对异步社区出品图书的各种形式的盗版行为,包括对图书全部或部分内容的非授权传播,请您将怀疑有侵权行为的链接通过邮件发给我们。您的这一举动是对作者权益的保护,也是我们持续为您提供有价值的内容的动力之源。

关于异步社区和异步图书

"异步社区"(www.epubit.com)是由人民邮电出版社创办的 IT 专业图书社区。异步社区于 2015 年 8 月上线运营,致力于优质学习内容的出版和分享,为读者提供优质学习内容,为作译者提供优质出版服务,实现作者与读者在线交流互动,实现传统出版与数字出版的融合发展。

"异步图书"是由异步社区编辑团队策划出版的精品 IT 专业图书的品牌,依托于人民邮电出版社计算机图书出版积累和专业编辑团队,相关图书在封面上印有异步图书的 LOGO。异步图书的出版领域包括软件开发、大数据、人工智能、测试、前端、网络技术等。

目　　录

第1章　RPA 概述 ······················ 1
　1.1　RPA 的定义 ···················· 1
　1.2　RPA 的优势 ···················· 2
　　1.2.1　降本、保质、增效 ········ 2
　　1.2.2　低代码 ···················· 2
　　1.2.3　非侵入式互联 ············ 2
　　1.2.4　兼容开放 ·················· 2
　　1.2.5　敏捷速赢 ·················· 3
　1.3　RPA 的局限 ···················· 3
　　1.3.1　依赖操作环境 ············ 3
　　1.3.2　运维压力较大 ············ 3
　　1.3.3　智能水平有限 ············ 4
　1.4　RPA 的适用场景 ·············· 4
　　1.4.1　RPA 的适用场景特征 ···· 4
　　1.4.2　RPA 的适用场景示例 ···· 5
　1.5　小结 ··························· 5

第2章　UiPath 简介 ················· 6
　2.1　公司简介 ······················ 6
　2.2　核心产品 ······················ 7
　　2.2.1　设计器——UiPath Studio ···· 7
　　2.2.2　机器人——UiPath Robot ···· 8
　　2.2.3　管理端——UiPath Orchestrator ········ 8
　2.3　产品生态圈 ···················· 9
　　2.3.1　UiPath 自动化云 ········· 9

　　2.3.2　UiPath 学院 ··············· 10
　　2.3.3　UiPath 论坛 ··············· 10
　2.4　小结 ··························· 10

第3章　UiPath Studio 的下载、安装与激活 ····················· 11
　3.1　软硬件要求 ···················· 11
　　3.1.1　硬件要求 ·················· 11
　　3.1.2　软件要求 ·················· 11
　3.2　下载 ··························· 12
　3.3　安装与激活 ···················· 12
　3.4　界面介绍 ······················ 13
　　3.4.1　主界面 ····················· 13
　　3.4.2　设计视图 ·················· 14
　3.5　小结 ··························· 15

第4章　流程自动化基础知识 ······ 16
　4.1　基本逻辑结构 ·················· 16
　　4.1.1　顺序 ························ 16
　　4.1.2　选择 ························ 16
　　4.1.3　循环 ························ 17
　4.2　工作流类型 ···················· 18
　　4.2.1　序列 ························ 18
　　4.2.2　流程图 ····················· 19
　　4.2.3　状态机 ····················· 19
　4.3　变量、参数与数据类型 ······ 20

4.3.1　变量·················20
　　　4.3.2　参数·················21
　　　4.3.3　数据类型·············22
　4.4　用户界面元素··············22
　　　4.4.1　图形用户界面·········22
　　　4.4.2　选取器···············24
　　　4.4.3　用户界面探测器·······24
　　　4.4.4　对象存储库···········26
　4.5　活动、包与依赖项··········27
　　　4.5.1　管理程序包···········28
　　　4.5.2　管理包的来源·········29
　4.6　小结······················30

第5章　自动化项目周期············31
　5.1　流程梳理··················31
　　　5.1.1　数据梳理·············31
　　　5.1.2　规则梳理·············32
　　　5.1.3　功能梳理·············32
　　　5.1.4　逻辑梳理·············33
　　　5.1.5　异常梳理·············34
　5.2　流程设计··················34
　　　5.2.1　拆分工作流文件·······34
　　　5.2.2　合理地表达逻辑·······35
　　　5.2.3　恰当地处理异常·······36
　5.3　开发规范与调试············37
　　　5.3.1　开发规范建议·········37
　　　5.3.2　调试·················39
　5.4　部署······················40
　5.5　小结······················40

第6章　UiPath Studio 用户界面自动化开发···41
　6.1　与网页交互················41
　　　6.1.1　新建项目·············41

　　　6.1.2　流程开发·············43
　　　6.1.3　调试与运行···········50
　6.2　获取数据··················54
　　　6.2.1　获取第一条搜索结果···55
　　　6.2.2　调整选取器···········57
　　　6.2.3　获取余下搜索结果·····63
　6.3　与应用程序交互············66
　　　6.3.1　打开记事本···········67
　　　6.3.2　输入文本内容·········69
　　　6.3.3　保存至指定路径·······71
　　　6.3.4　关闭记事本···········74
　6.4　工作流控制与优化··········77
　　　6.4.1　序列控制与优化·······77
　　　6.4.2　流程图控制与优化·····86
　　　6.4.3　常用开发技巧·········93
　6.5　小结······················94

第7章　UiPath Studio 办公常见应用案例···95
　7.1　Excel 与数据表············95
　　　7.1.1　获取网页数据表·······97
　　　7.1.2　生成 Excel 工作簿····101
　　　7.1.3　逐行录入系统········106
　　　7.1.4　判断日期············108
　　　7.1.5　读取 Excel 工作簿···109
　　　7.1.6　生成月度美元汇率表 Excel
　　　　　　工作簿················114
　7.2　邮件自动化···············115
　　　7.2.1　UiPath.Mail.Activities 包···116
　　　7.2.2　获取 IMAP 邮件消息···116
　　　7.2.3　安全地保存用户名
　　　　　　和密码················118
　　　7.2.4　遍历邮件消息并保存
　　　　　　附件··················123

7.2.5 发送SMTP邮件消息 …… 127
7.3 人机交互 …… 128
　　7.3.1 输入对话框 …… 128
　　7.3.2 选择本地路径 …… 130
　　7.3.3 对话框提示 …… 131
　　7.3.4 自定义输入 …… 132
7.4 通过UiPath Assistant发布与启动流程 …… 133
　　7.4.1 启动机器人 …… 133
　　7.4.2 编辑流程输入参数 …… 135
7.5 小结 …… 136

第8章 UiPath Studio异常处理 …… 137

8.1 系统异常处理 …… 137
　　8.1.1 常见系统异常 …… 137
　　8.1.2 Try Catch异常处理 …… 140
　　8.1.3 全局异常处理程序 …… 144
8.2 UiPath Studio开发常遇到的问题 …… 149
8.3 小结 …… 151

第9章 云UiPath Orchestrator …… 152

9.1 管理体系 …… 152
　　9.1.1 组织 …… 152
　　9.1.2 租户 …… 153
　　9.1.3 文件夹 …… 153
　　9.1.4 账户、角色与组 …… 155
　　9.1.5 许可证 …… 157
9.2 资产 …… 160
　　9.2.1 在云UiPath Orchestrator中管理资产 …… 160
　　9.2.2 在UiPath Studio中设置资产 …… 164
　　9.2.3 在UiPath Studio中获取资产 …… 166
9.3 包、库与流程 …… 168
　　9.3.1 包 …… 168
　　9.3.2 库 …… 172
　　9.3.3 流程 …… 174
9.4 执行 …… 179
　　9.4.1 计算机 …… 179
　　9.4.2 作业 …… 186
　　9.4.3 队列和事务 …… 195
　　9.4.4 触发器 …… 210
9.5 小结 …… 216

第10章 机器人企业框架 …… 217

10.1 基础架构 …… 217
　　10.1.1 新建机器人企业框架 …… 217
　　10.1.2 机器人企业框架的逻辑架构 …… 218
10.2 配置文件配置 …… 222
　　10.2.1 Settings工作表的配置 …… 223
　　10.2.2 Constants工作表的配置 …… 223
　　10.2.3 Assets工作表的配置 …… 224
10.3 Initialization模块 …… 225
　　10.3.1 InitAllSettings工作流 …… 225
　　10.3.2 KillAllProcesses工作流 …… 226
　　10.3.3 InitAllApplications工作流 …… 226
10.4 Get Transaction Data模块 …… 226
10.5 Process Transaction模块 …… 227
　　10.5.1 Process工作流 …… 227
　　10.5.2 SetTransactionStatus工作流 …… 228

10.5.3	TakeScreenshot 工作流……229	10.7.2	通过本地获取事务……231
10.5.4	RetryCurrentTransaction 工作流……229	10.7.3	线性事务处理……239
10.5.5	CloseAllApplications 工作流……230	10.8	流程测试……240
		10.8.1	Tests.xlsx……240
10.6	End Process 模块……230	10.8.2	通用测试用例 GeneralTestCase.xaml……241
10.7	使用方式……230	10.8.3	常用工作流的专属测试用例……242
10.7.1	通过 OC 上的队列获取事务……230	10.9	小结……242

第 1 章

RPA 概述

本章将从最基本的 RPA 定义开始，介绍 RPA 的优势、局限及其适用场景，带大家走入 RPA 的世界！

1.1 RPA 的定义

RPA（robotic process automation，机器人流程自动化）可以通过模拟人与计算机的交互方式（如鼠标单击、键盘输入等），代替或补充人对计算机的操作。RPA 含义丰富，既指机器人流程自动化技术，又指包含此类自动化技术的开发工具，即 RPA 工具（如 UiPath）。使用这类技术和工具开发的 RPA 机器人能够在计算机上不间断地执行一系列基于规则的工作流程，是一个没有实体、能完成繁复的计算机操作且不怕加班的"好员工"，亦可称为"虚拟员工"或"数字员工"。

我们将分别对"机器人"（robotic）、"流程"（process）和"自动化"（automation）这 3 个词进行解释，帮助大家更加直观地了解 RPA 的定义与特性。

- 机器人。此处的机器人并不是传统意义上有机械手臂的实体机器人，而是一款安装在计算机中的软件。像实体机器人模仿人的物理操作一样，它能在计算机中模拟人与系统、软件和文件的交互操作，如单击按钮、输入文字、复制粘贴、打开网页、发送电子邮件、移动或删除文件等。
- 流程。不同于传统 IT 项目面向对象的开发方式，RPA 主要通过面向过程的开发方式，实现一系列业务流程的自动化。因此，在 RPA 项目中，业务流程梳理是至关重要的一环。选择合适的业务流程并对其进行优化，然后重新设计由机器人执行的新流程，将能更有效地发挥 RPA 的优势。
- 自动化。RPA 能够让 RPA 机器人代替或辅助人完成特定的工作以实现自动化，这属于自动化的范畴。只要保持计算机开机，RPA 机器人就可以全天无休地工作，从而有效提升工作效率，助力企业实现数字化转型。

对计算机知识较为薄弱的初学者来说，RPA 是不需要编程基础、人人皆可快速上手的可视化低代码开发工具。常用的计算机操作在 RPA 工具中已经被封装成"拿来即用"的功能模块，用户通过简单的拖曳操作，即可迅速地按需开发出一个 RPA 机器人来代替手动操作，解决日常工作中重复操作的问题。

对专业技术人员来说，RPA 是一种前端自动化技术，曾被用于软件的用户界面（user interface，UI）测试中，如今可帮助人们解决难以通过后端接口调用等传统方式实现自动化的问题，拓展了可自动化的范围和应用场景。RPA 并不是传统自动化技术的替代，而是一种补充。传统自动化技术与 RPA 有机结合、相辅相成，可开拓更多自动化应用场景。同时，大多数 RPA 工具的底层代码使用常见的编程语言实现，便于专业技术人员迅速掌握机器人开发的编程逻辑，拓展 RPA 工具的高阶用法，并且可复用传统 IT 项目的经验，实现更丰富的功能，创造更大的价值。

1.2 RPA 的优势

RPA 是近几年迅速发展起来的自动化工具，它凭借着降本、保质、增效，低代码，非侵入式互联，兼容开放，敏捷速赢等众多优势，获得了各大公司和开发者的青睐。

1.2.1 降本、保质、增效

RPA 机器人通过模拟人类操作计算机的方式进行交互，代替人完成大量重复性高、附加值低的工作，解放劳动力，节省时间成本。它的高操作准确率能够保证持续稳定的高质量输出，极大程度避免了人为失误产生的不良影响。同时，它的执行效率远高于手动操作，还可以通过流程重组、再造等方式提升整个业务流程的执行效率。RPA 机器人全天候的工作性质，使其十分适合用于处理那些时间紧、任务重的工作。

1.2.2 低代码

"低代码"是指通过少量编码就可以快速生成应用程序。RPA 作为一个低代码工具，从安装到使用均以图形界面操作为主，无编程经验的技术新人也能快速上手，这降低了 RPA 工具的入门门槛和使用难度，提高了开发者的体验与满意度。不同经验水平的技术人员均可以通过图形界面、拖曳功能模块和逻辑模块来搭建流程，使"拿来即用"的编程方式成为可能。

1.2.3 非侵入式互联

作为一款轻量型的自动化工具，RPA 在系统或应用程序的前端界面进行操作以实现交互，无须对现有系统的底层代码和逻辑进行改造，即以"黏合剂"的方式实现多个系统的互联，避免传统自动化项目在跨系统连接时对原有系统产生"伤筋动骨"的影响。

大部分企业内部均存在数据孤岛，尤其是在银行、大型企业、金融机构等 IT 系统庞大（可能还老旧）的机构中，实现信息互通的需求尤其强烈，但对原有系统的改造又十分困难。RPA 正是解决这一问题的利器，它能够四两拨千斤地在界面操作层实现系统互联和信息互通，搭起数据孤岛之间的桥梁。

> **计算机知识小讲堂：什么是数据孤岛**
>
> 企业中各部门的业务数据和经营数据往往独立存储，且像孤岛一样互相不连通，很难与其他部门的信息关联，易导致数据处理效率低、数据冗余等影响企业工作效率的问题。

1.2.4 兼容开放

RPA 工具并不局限于使用某种编程语言，它可以调用由多种编程语言（包括 VBA、Python、

C#、Java 和 HTML 等）开发的程序，便于开发者取各种编程语言之长。此外，RPA 还支持与多种人工智能（artificial intelligence，AI）技术（如光学字符识别、自然语言处理、知识图谱和语音识别技术等）相结合。有人称"RPA 是人工智能落地的最后一公里"，RPA 为人工智能的落地提供了肥沃的土壤，人工智能也极大地丰富了 RPA 的应用场景，拓展了机器人的能力边界。

在硬件方面，RPA 支持各种外接设备，如扫描仪、USB 集中器等。在发票验真、网银对账等自动化场景中，常常通过机器人来调用外接设备的各种功能。

1.2.5 敏捷速赢

因 RPA 具有轻量、兼容、低代码的优势，机器人项目的实施周期远短于传统 IT 项目的实施周期，因此能够迅速完成开发并投入使用，有效缓解业务部门的燃眉之急，最终实现低投入、高回报。

1.3 RPA 的局限

任何事物都有两面性。RPA 有众多优势，也有自身的局限，正视它的局限并尽量规避，才可以最大限度地体现 RPA 的价值。

1.3.1 依赖操作环境

因为 RPA 机器人用于替代业务人员完成指定的任务，所以它工作时需要与业务人员使用相同的操作环境，以保证其操作步骤与真实业务情景一致。例如，在某业务中，员工需要访问特定版本的客户管理系统来获取数据，则部署 RPA 机器人的计算机也需要能访问同样的系统。

RPA 机器人对操作环境的差异十分敏感。如果要在多台计算机中部署运行相同流程的 RPA 机器人，或者在单独的环境中完成 RPA 机器人的开发后再部署到真实业务环境中，需要特别注意不同操作环境的差异，如网段的划分、浏览器的类型与版本、Windows 操作系统的版本等。环境差异很有可能导致 RPA 机器人无法按预期运行，所以要尽量保持操作环境一致。如果无法保持环境一致，那么在改变 RPA 机器人的操作环境后，必须重新测试，如存在问题则需调整代码。

此外，为 RPA 机器人提供一个无人干扰的稳定操作环境也很重要。当 RPA 机器人正常进行系统界面操作时，业务人员应避免使用同一台计算机，否则可能造成 RPA 机器人单击或输入失败，影响 RPA 机器人的正常运行。

综上，RPA 机器人正常运行的前提是具有优良且完善的环境保障，其依赖操作环境的局限性也给 RPA 机器人的开发与推广增加了难度。

1.3.2 运维压力较大

RPA 机器人的运维压力远高于其他 IT 项目和软件产品的运维压力。RPA 机器人很容易受到 3 个方面的影响。首先，当与 RPA 机器人交互的系统界面发生变化时，如系统升级、界面改版等，需要重新调整 RPA 机器人程序，重新捕获界面；其次，当业务逻辑发生变化时，由于 RPA 机器人按照固定的规则执行任务，因此需要对 RPA 机器人程序甚至流程架构进行相应修改；最后，受

RPA开发者经验的限制，开发RPA机器人时考虑不完善、异常处理机制不健全等原因也会增加后期运维工作量。运维是一个长期工作，当投入使用的RPA机器人数量增多时，运维压力也会随之增大，运维人员要有较充裕的时间，还需具备一定的问题处理能力和相关经验，才能保障RPA机器人的稳定运行。

1.3.3 智能水平有限

没有结合人工智能技术的RPA机器人无法独立思考，仅能执行机械化的重复性任务，一旦遇到未编写过的逻辑就会不知所措。它要求人们事先编写基于规则的任务代码，解释数据，并做出有关自动化的决策，以便RPA机器人能遵循这些预设指令运行。因此，RPA流程中不能包含似是而非、含糊不清的逻辑，也不能让RPA机器人代替人思考和决策。

同时，当系统不稳定或者发生变动时，RPA机器人很难像人那样机动灵活地处理各种异常情况。例如，如果在运行时出现未考虑到的程序报错弹窗或打开特殊界面，将影响RPA机器人的正常运行。

1.4 RPA的适用场景

合适的才是最好的。RPA固然有很多优势，但也需要在适合的场景中才能更好地发挥作用。在梳理业务流程时，可从本节介绍的特征中选择投资回报率高、最凸显RPA价值的流程进行自动化。

1.4.1 RPA的适用场景特征

RPA的适用场景具有以下4个特征。

（1）规则明确。RPA机器人可看作一个听话、负责却无法思考的"虚拟员工"，它无法像真实员工一样处理好看起来"差不多"的情况，因此其正常工作的前提是清楚地将规则"告诉"它，不能存在模棱两可的条件。在梳理待自动化的流程时，其规则和逻辑可以很复杂，也可以包含很多条件与判断，但要确保需求中的每个逻辑判断都是清晰明确的，只有这样RPA机器人才能根据预设规则运行。

（2）流程成熟。流程规则和交互系统的变化都会增加运维工作量，因此在选定待自动化的流程时，需要预判这两方面在未来是否有变化的可能性。尽可能避开容易发生变化的流程，避免RPA机器人刚投入使用就遭遇系统升级或流程改造的厄运，减少后期的运维工作量。

（3）操作重复性和准确性要求高。RPA机器人的操作效率远高于人工操作效率，因此，操作的重复性越高，使用RPA机器人的价值就越大。大量的重复性操作容易导致员工疲劳，由此导致误操作等情况，而RPA机器人持续、稳定的高质量操作可以有效地规避人为失误，十分适合对准确性要求较高的业务流程。

（4）涉及多系统交互。在无法通过调用后端接口的方式实现多系统互联时，RPA机器人可以灵活地充当各个系统的连接器，实现跨系统操作，解决数据来源众多、数据标准不统一的难题。它既可以独立地完成涉及多系统交互的流程操作，也可以作为传统IT项目的补充，帮助实现更多自动化功能。

1.4.2　RPA 的适用场景示例

当一个业务流程具备 1.4.1 节所述的一个或多个适用场景特征且不与其他适用场景特征相悖时，就适合使用 RPA 来实现自动化。为了将这些抽象的词具体化，便于读者理解，本节挑选 3 个满足 RPA 的适用场景特征的示例，供读者参考，也欢迎读者从自己身边的工作中发掘适合应用 RPA 的流程。

（1）财务报销场景。财务作为一个规则性很强的领域，其业务流程存在大量重复且需要手动完成的任务，如财务报销。机器人可以根据报销规则，将对应的报销信息录入财务系统，不仅能保障报销录入的准确率，还能有效提高报销效率，提升员工满意度。

（2）数据治理场景。随着金融行业反洗钱要求逐渐严格，各金融机构均存在大量的数据治理需求，为此需要从多个系统中获取数据，并由业务人员根据要求进行录入、修改。RPA 机器人能够跨系统从多个数据源获取信息，并代替人进行大量的重复性录入操作，这在保障准确率的前提下解放了大量劳动力。

（3）报表制作场景。各行各业均存在每天需耗费大量时间制作规则清晰、可枚举且数据量极大的报表的人员。RPA 机器人能够代替人工完成各类规则固定的报表制作，有效提升报表制作的效率和规范性，解决员工的工作痛点。

1.5　小结

RPA 机器人有很多优点，但也不是完美的。RPA 机器人虽然能以"帮手"的身份帮助员工完成部分工作，却无法取代员工的工作岗位。只有充分了解 RPA 并合理地使用，趋利避害，才能最大化它的价值，在数字化浪潮中不断前行。

相信通过本章的介绍，读者已经对 RPA 有了初步的认识，第 2 章将介绍一款使用较为广泛的 RPA 工具——UiPath，帮助读者更好地了解和使用它。

第 2 章

UiPath 简介

UiPath 公司是机器人流程自动化领域的领导者，专注于打造全球优质的 RPA 软件，其产品是当前使用最广泛的 RPA 工具之一，在主流 RPA 独立用户评论网站中排名第一。

2.1 公司简介

UiPath 公司的前身——DeskOver 成立于 2005 年，起初的主要业务为创建自动化脚本。该公司于 2012 年正式转向 RPA，并于 2013 年发布了第一款桌面自动化产品，于 2015 年发布了企业级自动化平台，同年正式更名为 UiPath，并在美国注册。2018 年 11 月，UiPath 公司宣布全面进军中国市场。2019 年是业内公认的"中国 RPA 元年"。短短十几年的时间，UiPath 公司从 10 人的小团队发展到拥有全球 40 多个办事处的国际企业，截至 2022 年 4 月 30 日，UiPath 公司全球客户数达到 10330 家。

UiPath 的定位是企业级的 RPA 平台，围绕 RPA 打造的产品覆盖发现、构建、管理、运行、参与和评估，为企业提供全生命周期服务，产品详情如图 2-1 所示。

发现	自动化	运行
不断发现流程和任务改进机会，帮助您确定ROI较高的领域。	利用与员工轻松协作的机器人完成更多工作，并借助用户界面和API利用AI实现任务自动化。	作为企业级基础，可支持大规模运行和优化任务关键型自动化项目。
Process Mining	Studio产品系列	Insights
Task Mining	Apps	Test Manager
Communications Mining	Integration Service	Orchestrator
Automation Hub	Assistant	Automation Ops
应用市场（英文）	Robots	Automation Cloud™
	Action Center	Automation Suite
	Data Service	
	Document Understanding	
	AI Center	

图 2-1 UiPath 公司产品详情[①]

Everest Group 每年都会对机器人流程自动化供应商的市场影响力和成功交付产品的能力进行评估。在 Everest Group 2021 年 PEAK Matrix® RPA 产品评估报告中，UiPath 公司凭借出色的市场

---

① 图片截取自 UiPath 公司中文官方网站，截图时间为 2022 年 7 月 20 日。

影响力和成功交付产品能力位列入选供应商的榜首,如图 2-2 所示。UiPath 公司已连续 5 年被评为"领导者"和"明星公司"。

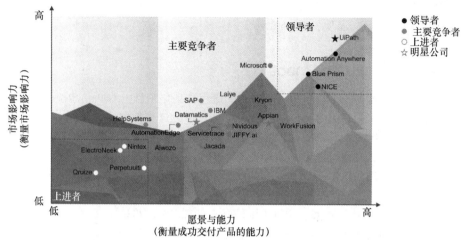

图 2-2　Everest Group 2021 年 PEAK Matrix® RPA 产品评估结果

2.2　核心产品

UiPath 具有丰富的产品线,核心产品是 UiPath Studio、UiPath Robot 和 UiPath Orchestrator,它们分别是设计器、机器人(也称客户端)和管理端,俗称机器人三大组件。前两者是打造机器人必不可少的工具,UiPath Orchestrator 是企业级 RPA 应用的管理小能手。本节将说明这三者的功能、特点和关系。

2.2.1　设计器——UiPath Studio

UiPath Studio 是用来创建机器人的可视化设计工具,其中有许多已经搭建好的常用活动(activity),用户通过拖曳这些活动的方式来设计自动化流程。目前,UiPath Studio 为用户提供两种不同配置的设计器选择,即 UiPath StudioX 和 UiPath Studio,其中使用较广泛的是 UiPath Studio。本书将教读者如何使用 UiPath Studio 设计和开发流程机器人。

UiPath StudioX 和 UiPath Studio 是 UiPath 针对不同编程基础的用户和不同复杂度的自动化场景专门打造的,两者的区别主要在用户、自动化目标和功能上,其对比情况如表 2-1 所示。

表 2-1　UiPath StudioX 和 UiPath Studio 对比情况

对比项目	UiPath StudioX	UiPath Studio
用户	业务人员	具有编程基础的 RPA 开发者或编程水平较高的专业开发者
自动化目标	简单直线型逻辑的业务流程	逻辑简单或复杂多变的业务流程、测试场景等
功能	常用的页面交互和办公软件操作	可以实现常用的页面交互和软件操作、变量和参数管理、依赖包管理、流程调试、AI 模块调用、流程调用、与 UiPath Orchestrator 相关的功能、测试自动化

> **计算机知识小讲堂：什么是 UiPath 活动**
>
> UiPath 活动是自动化流程的基本构成模块，每个活动代表 UiPath Studio 可以自动化的一个或多个手动任务，常用的活动有单击、输入信息、消息框、选择文件等。一系列相互关联的活动构成一个自动化项目。

2.2.2 机器人——UiPath Robot

UiPath Robot 是机器人，UiPath Studio 创建的流程自动化项目由 UiPath Robot 来运行。一个 UiPath 机器人就像人一样可以有多种职责在身，既能定时发送邮件提醒，又能自动查询、下载数据，还能处理日常申请和文件，能在不同时间完成多个工作任务。

UiPath 有两种机器人许可证类型，即有人值守与无人值守，对应的机器人类型为"有人值守机器人"和"无人值守机器人"。这两种类型的机器人功能非常相似，但适用的自动化场景和触发方式有所不同。

- 有人值守机器人：就像驻留在计算机中的私人助理一样，机器人通过与人协作来提高工作质量和效率，执行由用户、条件或者事件触发的一系列操作；通常用来处理日常例行任务。
- 无人值守机器人：只需要较少的人工干预，甚至不需要人工干预就可完成自动化任务，既可以像有人值守机器人一样由用户、条件或者事件触发，又可以由另一个机器人、管理器/工作流程管理设备、按计划或按时间激活；适用于大批量、规模化或需要机器人互相通信的业务场景。

企业应用 UiPath 的方式决定了自动化项目所需机器人的类型。两种类型的机器人不互斥，在流程自动化解决方案中可以组合使用这两种机器人，为用户提供端到端的流程自动化支持。需要特别说明的是，有人值守机器人不意味在机器人执行任务过程中一定需要人工参与，而无人值守机器人也并不是一定没有人工参与。

> **计算机知识小讲堂：什么叫作端到端的流程自动化**
>
> "端到端"在不同领域中的含义不同，在 RPA 领域中是指从发现自动化机会到实现自动化的全过程，覆盖流程挖掘、需求分析、设计与构建、部署、评估分析和管理等从 0 到 1 创建机器人的全生命周期。

如果用户的使用场景非常简单，如机器人只在单台计算机上运行，仅有 UiPath Studio 和 UiPath Robot 就可以满足要求了；但是，如果在组织中部署了一定量级的机器人，就需要管理端进行统一管控。

2.2.3 管理端——UiPath Orchestrator

UiPath Orchestrator 是机器人和流程的管理端，也是中央控制中心，用来配置、部署、触发、监控、评估和跟踪机器人，主要适用于部署了多台机器人的企业级应用场景。有网页端和手机移动端的 UiPath Orchestrator 可供用户选择，支持客户本地安装、在第三方云平台上安装或者直接使用 UiPath 自动化云的管理端。

企业通过使用 UiPath Orchestrator 可以大规模部署 UiPath Robot，轻松监控 UiPath Robot 的各项运行指标，如机器人的运行状态、运行时长、异常日志等。在 UiPath Studio 中创建的自动化流程也可以发布到 UiPath Orchestrator，供所部署的机器人调用。作为一个控制平台，UiPath Orchestrator 还支持多租户模式，而且隔离各租户之间的数据与权限，实现企业各部门独立的 RPA 计划。

简单来说，UiPath Orchestrator 是管理员使用的工具，UiPath Studio 是开发者使用的工具，UiPath Robot 是可以与用户交互的执行者，三者协作，共同实现机器人和流程的价值最大化，提升运行效率，加速投入回报。这三者之间采用客户端/服务器（client/server，C/S）架构，如图 2-3 所示。

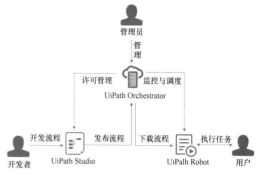

图 2-3 UiPath 核心产品的 C/S 架构

2.3 产品生态圈

UiPath 为用户创建了一个比较完善的产品生态圈，包含 UiPath 自动化云、UiPath 学院和 UiPath 论坛等，以便用户能够通过云服务使用 UiPath 的产品，并能够通过学院和论坛在线学习课程与用户进行交流。

2.3.1 UiPath 自动化云

UiPath 自动化云分为社区版和企业版，分别为个人和企业提供自动化云平台服务，统称为自动化云，其主要作用是使企业或个人在无须投入自动化基础设施建设的情况下就可以使用 UiPath 的自动化产品和服务。UiPath 自动化云由多个独立的服务组成，如租户管理服务、认证服务、许可服务和云门户后台 UiPath Orchestrator、AI Fabric 等，用户登录云平台后就可以使用这些服务，其架构如图 2-4 所示。

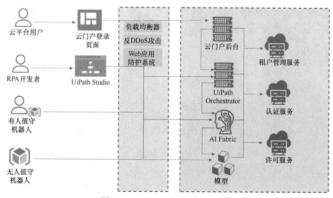

图 2-4 UiPath 自动化云架构

UiPath 自动化云为社区版用户免费提供两个 UiPath Studio、两个有人值守机器人和一个无人值守机器人的许可证，还可以用 UiPath Orchestrator 来部署、管理和监控这些机器人；用户能免费使用一系列人工智能组件以增强机器人的功能。这些服务是永久免费提供给社区版用户使用的。

对于企业版用户，UiPath 自动化云提供更多支持和服务。企业版自动化云平台允许用户按需添加机器人和设计器，没有数量限制；支持多租户模式以满足同一个企业中不同部门的独立管理要求，如财务部门和人力资源部门分别有不同的租户账号，使用各自的账号登录后可以管理不同的机器人和流程，它们之间互不影响。

社区版自动化云的物理服务器设在美国，而企业版用户可以根据实际需要按租户来选择机器人与业务数据要存储的服务器地点，有欧洲、美国或日本可供选择。

在安全方面，UiPath 为企业版用户提供升级版的安全支持与灾备恢复，以及全天候技术支持。

企业版自动化云有 60 天的免费试用期，超过 60 天后需要付费使用。

2.3.2 UiPath 学院

UiPath 致力于普及 RPA 教育并助力实现"人手一个机器人"的理念，通过 UiPath 学院为用户提供免费的 RPA 培训，培养 RPA 技能人才，提升专业人员技能水平。用户可以在 UiPath 的官方网站上找到 UiPath 学院的入口。

UiPath 学院分别为业务咨询师、解决方案架构师和开发者等角色提供相关培训课程。用户可按照自己的兴趣或工作需要自行学习相关课程。

在学习完这些课程后，有条件的学员可以参加由 UiPath 认证的 RPA 能力资质考试。目前有两种 RPA 资质证书，即 UiPath 认证 RPA 助理（UiPath Certified RPA Associate）和 UiPath 认证高级 RPA 开发者（UiPath Certified Advanced RPA Developer），前者适合初级 RPA 开发者、架构师、解决方案咨询师和商业顾问，以及刚刚毕业的大学生等群体，这是成为 RPA 专业人才的基础级认证考试；后者更适合已经有 RPA 实施经验的高级开发者和架构师等，有经验的 RPA 开发者可以跳过 RPA 助理认证考试，直接报名参加高级资质认证考试。资质认证考试需要支付考试费用，一次认证，终身有效。

2.3.3 UiPath 论坛

UiPath 论坛是 UiPath 为全球用户提供的综合交流平台，有新闻、求助、产品反馈与学习交流等功能模块。若用户在学习或者使用 UiPath 的过程中遇到问题，可以随时登录论坛提问、求助，或者搜索类似问题的回复。

2.4 小结

本章首先介绍了 UiPath 公司及其核心产品 UiPath Studio、UiPath Robot 和 UiPath Orchestrator，让读者对接下来要学习的工具有初步了解；然后介绍了 UiPath 产品生态圈，其中 UiPath 自动化云集合了 UiPath 的主要产品和服务，UiPath 学院提供了较为全面的学习资料，UiPath 论坛为兴趣爱好者、从业者等 RPA 相关用户提供了交流平台。第 3 章将正式开启 UiPath 的讲解，秉承从简单到复杂的原则，手把手教读者创建机器人！

第 3 章
UiPath Studio 的下载、安装与激活

本章将从软硬件要求开始，介绍安装 UiPath 所需的条件，让读者学会下载、安装、激活 UiPath，并了解软件主要界面功能，本章使用的软件版本为 UiPath Studio 2022.4.3。

3.1 软硬件要求

在安装 UiPath Studio 之前要先确认计算机的配置是否满足要求，避免因配置过低等原因影响后期正常使用。

3.1.1 硬件要求

安装 UiPath Studio 的硬件要求如表 3-1 所示，满足最低配置即可。若能达到推荐配置将使用户拥有更加顺畅的使用体验，可根据实际需要准备满足要求的计算机或虚拟机。

表 3-1 硬件要求

配置项	最低配置	推荐配置
CPU 核心	2 个 1.8 GHz 32 位（x86）	4 个 2.4 GHz 64 位（x64）
RAM	4 GB	8 GB

此外，UiPath Studio 暂不支持低于 1024px×768px 的屏幕分辨率。

3.1.2 软件要求

安装 UiPath Studio 的软件要求如表 3-2 所示。若在实体计算机上使用 UiPath Studio 进行开发，仅需满足操作系统和 .NET Framework 的要求即可；若在虚拟机中实现流程自动化，需要同时满足操作系统、.NET Framework 和 Citrix 环境这 3 项要求。

表 3-2 软件要求

配置项	支持版本
操作系统	Windows 8.1 及以上或 Windows Server 2012 R2 及以上
.NET Framework	.NET Framework 4.6.1 及以上
Citrix 环境	XenApp 6.5 及以上或 XenDesktop 7.0 及以上

针对网页自动化（使用 RPA 机器人执行网页操作），UiPath 默认支持 Internet Explorer。若需使用其他类型的浏览器，需安装对应的扩展程序或者使用 WebDriver 协议。常见的浏览器类型和版本要求及其 UiPath Studio 配置要求如表 3-3 所示。

表 3-3 网页自动化配置要求

浏览器类型	版本要求	UiPath Studio 配置要求
Internet Explorer	8.0 及以上	无
Google Chrome	64 及以上	使用 Chrome 扩展程序 或 WebDriver 协议实现自动化
Mozilla Firefox	52.0 及以上	使用 Firefox 扩展程序 或 WebDriver 协议实现自动化
Microsoft Edge	Windows 10 1803 及以上版本	使用 Edge 扩展程序实现自动化

针对 Office 自动化，需安装 Microsoft Office 2010 及以上版本或 Microsoft 365。

3.2 下载

UiPath 向公众提供了 3 种试用版本，分别是适用于个人 RPA 开发者和小型团队的社区版（长期免费）、适用于企业开发者的 UiPath Studio 试用版（免费试用期为 60 天）和完整的企业自动化平台的本地部署版本（免费试用期为 60 天）。社区版具有高频迭代的特点，以教育普及与推广为主要目的，可以让用户以低成本感受到 UiPath 自动化平台的魅力。本书将以社区版为例向读者介绍 UiPath 的核心产品。

进入 UiPath 官网，单击页面右上角的"开始试用"按钮，并在弹出的试用版本选择页面中，单击"免费使用 UiPath 社区版"链接，如图 3-1 所示。在试用登记信息页上，录入信息并勾选隐私政策后，单击"提交"按钮进行注册。

注册完成后，在登记的邮箱中会收到来自 UiPath 的邮件，其中包含安装程序的下载链接，单击"下载 UiPath 平台社区版"即可获取 UiPath Studio 安装程序，如图 3-2 所示。

图 3-1 试用版本选择页面

图 3-2 社区版安装程序下载界面

3.3 安装与激活

读者可以按照 UiPath Studio 的安装程序的指引，逐步完成安装与激活操作。注意，为避免配置不一致导致的问题，要在安装和激活后打开 UiPath Studio，在左侧"项目"面板中单击设置按钮✿，如图3-3所示。

在弹出的"项目设置"对话框中，确认"新式设计体验"选项为"否"，单击"确定"按钮，如图3-4所示。注意，若默认为"是"，请改为"否"，否则会因为版本配置问题影响后续开发和学习。

图3-3 "项目"面板

图3-4 "新式设计体验"选项确认

3.4 界面介绍

UiPath Studio 安装完成后，在 UiPath Studio 主界面中可以看到众多功能，本节将介绍各个功能的布局情况，帮助读者快速地上手使用 UiPath Studio。

3.4.1 主界面

图3-5 展示的是 UiPath Studio 的主界面，亦称"后台视图"。

图3-5 UiPath Studio 主界面

在主界面左侧有 8 个选项卡，每个选项卡的作用如表 3-4 所示。

表 3-4 主界面选项卡的作用

选项卡	作用
打开	打开本地现有的自动化项目文件
关闭	关闭已打开的项目文件；若尚未打开任何文件，此功能不可用
开始	打开、新建或从模板新建自动化项目
工具	访问 UiPath 内置的应用程序（如用户界面探测器），安装常用的 UiPath 扩展程序（如浏览器扩展程序、基于 Java 的应用程序的自动化插件等）
模板	从 UiPath 官方网站、计算机本地或 UiPath Orchestrator 上获取自动化项目模板，将其作为新自动化项目的起点，可加快自动化设计的速度。模板中可能包含一组特定的依赖包和工作流，其中有已经定义好的变量和参数，可供各种自动化项目使用
团队	支持自动化项目团队通过 Git、TFS、SVN 管理项目文件
设置	在此选项卡中可以更改 UiPath Studio 的配置，如界面语言、设计样式、项目路径等，也可以管理程序依赖包路径、更改本地许可证、更改配置文件（随时切换至 UiPath StudioX）等
帮助	获取软件版本信息、修改更新渠道、查看产品文档、快速访问 UiPath 社区和 UiPath 学院等

3.4.2 设计视图

设计视图是进行机器人开发、调试与运行的操作界面。下面以 UiPath Studio 2022.4.3 为例。在主界面新建项目后可进入设计视图，如图 3-6 所示。

图 3-6 设计视图

设计视图中各个区域的功能介绍如表 3-5 所示。

表 3-5 设计视图中各个区域的功能

设计视图中的标号	区域	功能
（1）	功能区选项卡	可访问"主页""设计""调试"3 个功能区
（2）	功能区	调用功能进行自动化流程的设计与调试
（3）	"项目"面板	管理项目文件、文件夹和依赖项等，以及调整项目设置
（4）	"活动"面板	查看所有可用活动并将活动添加到自动化项目中
（5）	"代码片段"面板	使用预先构建的自动化流程并添加自定义的可重复使用的自动化流程
（6）	设计器面板	在此区域添加活动，并以一定的逻辑连接活动来创建自动化流程
（7）	"变量"面板	创建和管理自动化流程中的变量
（8）	"参数"面板	创建和管理自动化流程中的参数
（9）	"导入"面板	管理导入的命名空间（namespace）
（10）	"对象存储库"面板	创建并统一管理可在流程内部和跨流程项目中复用的用户界面描述符
（11）	"属性"面板	查看和配置所选活动的属性
（12）	"大纲"面板	查看当前工作流和所有可用节点的层次结构
（13）	"测试探测器"面板	显示已折叠的数据驱动测试用例，可以快速浏览包含大量文件的测试自动化文件夹等
（14）	"数据管理器"面板	用于管理变量、参数、资源、实体、流程、资产、队列等数据相关的配置
（15）	"输出"面板	查看"日志消息"和"写入行"等活动的输出、有关项目运行状态的信息、活动包生成的不符合规则的错误等
（16）	"断点"面板	管理调试时配置的断点
（17）	"错误列表"面板	查看运行"分析项目""分析文件""验证项目""验证文件"时生成的不符合编码规则的所有错误
（18）	状态栏	查看状态信息，并管理 UiPath Orchestrator 连接和源代码控件集成的状况

> **计算机知识小讲堂：什么是命名空间**
>
> 命名空间表示存储不同类型数据的容器，可轻松地定义表达式、变量和参数的范围。例如，如果导入了 System.Data 命名空间，则可以进一步使用 System.Data 所包含的 DataTable、DataView、DataColumn、DataRow 以及其中可用的其他变量类型。

3.5 小结

本章首先介绍了 UiPath Studio 对安装环境的软硬件要求，然后介绍了如何下载、安装与激活 UiPath 社区版，最后介绍了 UiPath Studio 的主要界面。第 4 章将介绍必要的流程自动化基础知识，帮读者在动手创建 RPA 机器人之前打好理论基础。

第 4 章

流程自动化基础知识

在开始动手编写第一个 RPA 机器人之前,读者需要了解一些必要的流程自动化基础知识,以便更好地理解程序设计与 UiPath Studio。

4.1 基本逻辑结构

RPA 机器人流程的设计遵循结构化程序设计原则,各个功能模块通过顺序、选择、循环 3 种逻辑结构进行连接。本节将逐一讲解 RPA 机器人流程的基本逻辑结构。

4.1.1 顺序

顺序结构是一种线性的、有序的逻辑结构。它是简单且基本的逻辑结构,由若干个依次执行的处理步骤组成,只有在执行完第一步后,才能执行第二步。按顺序数数、按序排列等都是典型的顺序逻辑。一个包含顺序逻辑的简单示例是打开常用的搜索引擎,然后搜索"RPA",其操作步骤如图 4-1 所示。

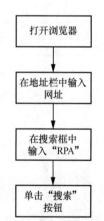

图 4-1 搜索操作的顺序结构示意

4.1.2 选择

我们在生活或工作中几乎时时刻刻都面临着选择。例如,早上出门后要选择搭乘地铁还是乘坐出租车?通常这个时候你会根据时间、距离、天气和花费等因素来决定如何出行;又如,午餐时你来到一家餐厅,你要从菜单上众多选项中选出今天的午饭。在生活中,我们在不经意间就做出了一个又一个选择;在完成各项工作任务时,我们也一样会面对无数的选择。

在完成工作任务的某个时刻,RPA 机器人也需要做出选择。当 RPA 机器人执行到了某一步,面临两个选择时为二分支选择,选择的数量超过 2 时为多分支选择。根据设定的规则,RPA 机器人将执行某些步骤而忽略其他步骤。

我们用一个问题来说明二分支选择结构——"单元格 A1 为空吗?"。如果问题的答案为真,那么 RPA 机器人将执行操作 A;否则 RPA 机器人将执行操作 B,如图 4-2 所示。

在编程时,if 条件函数可以实现这种二分支选择逻辑。if 语句的一般形式如下:

if(表达式)
then(语句 1)
else(语句 2)

当情况变成"单元格 A1 的数值可能为 0、1、2、3，每个数字对应一组操作"时，RPA 机器人读取完单元格 A1 后，有 4 个分支可以选择，如图 4-3 所示。

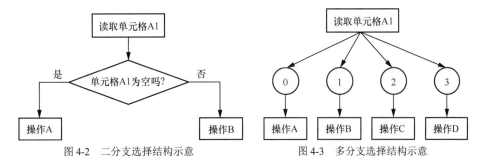

图 4-2　二分支选择结构示意　　　　图 4-3　多分支选择结构示意

当存在多分支选择时，既可以用嵌套的 if 条件，也可以用 switch 语句来实现。如果分支较多，使用 if 语句要嵌套很多层，影响代码的可读性，此时建议选择 switch 语句来直接处理多分支选择。switch 语句的一般形式如下：

```
switch(表达式)
{
    case 常量 1：语句 1
    case 常量 2：语句 2
    ……
    case 常量 n：语句 n
    default：语句 n+1
}
```

4.1.3　循环

循环结构用于表示程序反复执行某个或某些操作，直到满足某一条件后才终止循环。在设计机器人框架时，要考虑的是：在什么情况下要执行循环，哪些操作需要循环执行，循环终止的条件是什么？

循环有两种基本结构，即当型循环结构和直到型循环结构。

（1）当型循环结构。以判断条件为起点，当满足条件时执行循环体，即循环结构中重复执行的操作步骤；当不满足条件时结束循环。当型循环结构的循环逻辑为先判断后执行，示例如图 4-4 所示。

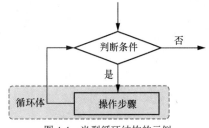

图 4-4　当型循环结构的示例

在编程时，while 语句和 for 语句可以实现当型循环结构。在事先不知道循环次数时，可以使用 while 语句。while 语句的一般形式如下：

```
while(条件表达式)
{
    循环体
}
```

当循环次数已知时，可以使用 for 语句。for 语句的一般形式如下：

```
for (条件表达式)
{
    循环体
}
```

（2）直到型循环结构。判断条件在循环体的结尾处，先执行循环体中的操作步骤，然后在循环体结尾处判断条件，不满足条件时继续执行循环体，直到满足条件时退出循环。直到型循环结构的循环逻辑为先执行后判断，示例如图 4-5 所示。

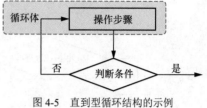

图 4-5　直到型循环结构的示例

在编程时，do while 语句可以实现直到型循环结构。do while 语句的一般形式如下：

```
do
{
    循环体；
}
while (条件表达);
```

4.2　工作流类型

工作流（workflow）是表现工作流程中一系列组织逻辑和规则的计算模型。简单地说，工作流是一系列以某种逻辑组织起来，可以自动进行的业务活动或任务。在创建自动化项目时，首先要考虑采用哪种工作流来表现自动化流程。UiPath Studio 有 3 种工作流类型，即序列（Sequence）、流程图（Flowchart）和状态机（State Machine）。

4.2.1　序列

在 UiPath Studio 中，序列（见图 4-6）是自动化项目中最小且最简单的逻辑结构，用于实现顺序逻辑；它适用于线性过程，可用于无缝地从一个活动转到另一个活动，每个活动之间有固定的先后执行顺序。

在 4.1.1 节的使用搜索引擎搜索关键词这一示例中，每个操作步骤都能在 UiPath Studio 中找到对应的活动，把这些活动按照机器人执行的先后顺序逐一拖放到序列中，结果如图 4-7 所示。

图 4-6　序列

图 4-7　搜索引擎示例

序列中包含一组数目不定的活动，这组活动可以作为独立的自动化项目，也可以作为流程图或状态机的一部分。

4.2.2 流程图

流程图为连接活动提供了更大的灵活性，通过箭头指向表示流程走向，可以清晰地展现出自动化流程的整体逻辑结构。流程图通常用于创建复杂的自动化流程，相应的示例如图 4-8 所示。

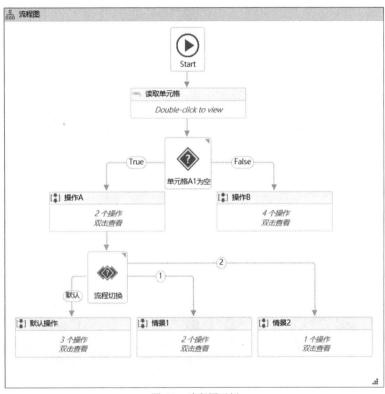

图 4-8 流程图示例

流程图可以清晰地展现自动化流程中的顺序、选择与循环逻辑，通常是工作流文件的首选工作流类型。

4.2.3 状态机

状态机是一个相当复杂的结构，可以将其看作一个带有条件箭头的流程图。它支持更加紧凑的逻辑表达，一般用于在大规模部署自动化项目中搭建事务性业务流程的标准框架，即不处理具体业务流程的高级框架。在 UiPath 提供的"机器人企业框架"模板中就采用了状态机，如图 4-9 所示。

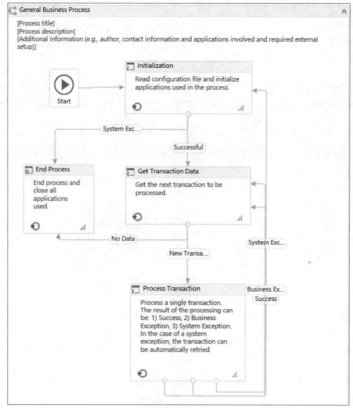

图 4-9 "机器人企业框架"模板

> **计算机知识小讲堂：什么是事务**
> 在 UiPath 中，一项事务是指执行特定任务所需的一条数据。例如，查询某家银行交易流水，需要网银地址、银行账号、密码等信息，这些数据就构成一项事务。

4.3 变量、参数与数据类型

在 UiPath Studio 中，有两种用来保存数据的类型：参数和变量。它们两个都用来存储数据，但是参数可以将数据从一个工作流文件传递到另一个工作流文件，而变量只能在本地文件中使用和访问。

4.3.1 变量

变量的概念来源于数学，在 $X=3$ 的方程式中，X 是变量，3 是变量值；在 $X+Y=5$ 中，Y 也是变量，计算得出 Y 的值是 2。在计算机语言中，变量引申为能存储计算结果或某个值的抽象概念，变量值的类型不只是数字，也可以是文本、数据表、日期和时间等。我们可以把变量看作存放不同类型数据的箱子，用于保存程序运行时用户输入的内容、特定运算的结果和展示给用户的一段信息等，如图 4-10 所示。

在 UiPath Studio 中，变量除了用于存储数据，另一个关键用处是通过改变其数值以实现多种自动化目的，例如控制循环体的运行次数等。

按照作用范围，变量分为全局变量和局部变量。全局变量在定义后在整个工程文件内都有效，局部变量只在定义它的范围内有效。局部变量与全局变量作用范围示意如图 4-11 所示。

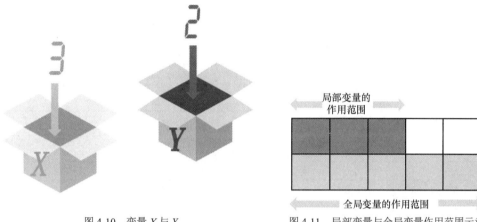

图 4-10　变量 *X* 与 *Y*　　　　　　图 4-11　局部变量与全局变量作用范围示意

可以把机器人程序想象成一列火车，在不同的车厢里放置着许多不同的变量，全局变量是整列火车上的人都可以访问、查看的，而局部变量是只有部分车厢中的人可以访问、查看的。在定义变量时就要确定好其作用范围，建议遵循最小作用范围的原则。

就像每个人都有名字一样，需要给每个变量起一个有意义的名称，如 strMyFirstVar、dtTimeSheet、nameList 等。在 UiPath Studio 中，通过访问变量名来获取变量值。变量名是变量的唯一标识，因此即使变量的作用范围不同，也不能使用相同的名称表示不同的变量。在定义变量时，变量名可以是字母、数字和下划线的组合，但也不是任意的组合都可以。在 RPA 项目中定义的变量应遵循特定的命名约定，便于理解其用途与后期维护。

4.3.2　参数

参数是一种特殊的变量，它有两个作用，一个是存储数据，另一个是传递数据。在一个程序文件中调用另一个程序文件的某个数据时，需要参数作为桥梁。参数在定义它的整个程序文件中可见，是全局变量。按照数据传递的方向，参数分为输入（in）参数、输出（out）参数、输入/输出（in/out）参数，前两者较常用。

如图 4-12 所示，程序文件 A 中有一个输出参数 out_ResultA，程序文件 B 中有一个输入参数 in_ResultB，通过将 out_ResultA 的数据赋值给 in_ResultB 来完成数据传递。（本书将在第 6 章详细讲解如何在 UiPath Studio 中完成数据传递。）

图 4-12　参数的输出与输入

4.3.3 数据类型

变量的类型规定了其所能存储的数据类型,在声明变量时也要指定其类型。UiPath 支持大量数据类型,从泛型值、文本、数字、数据表、时间、日期到任何的.NET 变量类型。此外,UiPath Studio 也支持一些 RPA 机器人开发所特有的变量类型。

开发机器人常用的变量类型如表 4-1 所示。

表 4-1 开发机器人常用的变量类型

变量类型	说明
对象类型(Object)	对象可以是一个变量、一个数据结构,也可以是一个函数。在某些情况下,在程序代码中要对一些并不能事先确定类型的对象进行操作,就可以将变量设定为对象类型
字符串类型(String)	字符串类型的变量只能存储字符串数据,如姓名、用户名和其他任何文本类的信息
布尔类型(Boolean)	布尔类型的变量只有 True(真)和 False(假)两个值。在决策时经常用到布尔类型的变量,它能更好地控制流程走向
整型(Integer)	数值类型,整型可表示带符号的整数值
双精度浮点型(Double)	数值类型,双精度浮点型可以表示 15 或 16 位有效数字
小数型(Decimal)	数值类型,小数表示的数字精度更高,可表示 28~29 位有效数字
列表类型(List)	列表是数据项按照一定的线性顺序排列而成的集合。使用列表可以随时查找、添加和删除其中的元素等,数据项不一定为同一类型
数组类型(Array)	数组是用于存储同一类型数据的固定大小的集合。数组在确定后,无法随意添加或删除数据项
日期时间类型(DateTime)	日期时间类型的变量用于存储与日期和时间有关的信息
数据表类型(DataTable)	数据表类型的变量用来存储二维表结构信息。此变量可用于保存从本地 Excel 工作簿中读取的数据表格,或者将特定的数据从一个数据库迁移到另一个数据库,又或者保存从网站上提取的数据信息
字典类型(Dictionary)	字典由键(key)和值(value)组成,每个键对应一个值,键是唯一的,但值不需要唯一;它们之间用冒号分隔,用花括号{}标识,如 d={key1:value1, key2:value2}
泛型值类型(GenericValue)	泛型值类型的变量可以存储任何类型的数据,包括字符串、数值、日期和数组,并且是 UiPath Studio 特有的。泛型值类型的变量可以自动转换为其他类型,以便执行某些操作,但是所转换成的变量并非总是恰当的,务必谨慎使用此变量类型
用户界面元素类型(UiElement)	用户界面元素类型的变量用于存储捕获到的用户界面元素

4.4 用户界面元素

RPA 机器人的功能之一就是可以与用户界面元素交互,如单击按钮、输入文本等。学习用户界面元素的相关知识是学习 RPA 的必要一环。

4.4.1 图形用户界面

现代个人计算机应用的主流操作系统是 Windows 和 macOS,这两个操作系统都采用图形方式显示用户的操作界面,称为图形用户界面(graphical user interface,GUI),如图 4-13 所示。

用户在 GUI 操作系统中通过鼠标、键盘等输入设备对计算机屏幕上的图标、按钮或菜单等进行操作，从而完成移动窗口、打开文件、启动程序或输入文字等一系列日常任务。

在 GUI 操作系统中，那些让用户看到和操作的图形对象就是用户界面元素，即构成应用程序的窗口、图标、复选框、文本框、按钮、下拉列表等，这些就是 RPA 技术人员经常提到的"元素"，也称为"控件"。与用户界面元素的交互分为输入操作和输出操作，如图 4-14 所示。UiPath Studio 将常见的用户界面元素的输入操作与输出操作封装成自动化活动，方便实现用户界面自动化。

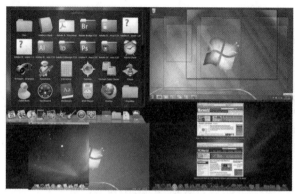

图 4-13　图形用户界面示例　　　　　　图 4-14　输入操作与输出操作

图形用户界面的概念与命令行界面相对应。命令行界面（command line interface，CLI）通过输入文字命令的方式来实现人机交互，需要用户记住复杂又烦琐的计算机命令，是图形用户界面诞生之前计算机中应用的系统界面。Windows 操作系统至今仍然保留着通过命令行操作系统的功能，如 cmd 命令提示符（见图 4-15）。

图 4-15　cmd 命令提示符

在 UiPath Studio 中，既可以通过操作用户界面元素实现自动化，也可以发送文字命令让计算机自动完成相应指令。

4.4.2 选取器

要与用户界面元素交互，就要识别它们，识别它们的方式有两种，一种是使用它们在屏幕上的位置坐标，另一种是使用选取器（selector）。前者不固定，因为元素的位置会随着窗口放大或缩小而发生改变；后者是 UiPath Studio 用来识别元素的方式，它以 XML 片段的形式存储用户界面元素及其父元素的属性。通常情况下，选取器由 UiPath Studio 自动生成，用户根据实际需要自行调整选取器。

选取器具有以下结构：

<node_1/><node_2/>…<node_N/>

选取器最后一个节点代表目标元素，而前面的所有节点都表示该元素的父元素。<node_1> 通常称为根节点，表示应用程序的顶部窗口。

以百度这一搜索引擎的首页为例。如图 4-16 所示，搜索按钮对应的网页源代码是<input class="bg_s_btn" id="su" type="submit" value="百度一下">，input 为此按钮元素的 HTML 标签，用于定义元素的类型，class、id、type 和 value 是该元素的属性，英文双引号内的值为属性值。网页元素的标签与属性就像一个人的姓名、身高、体重、性别和出生地等信息一样，通过部分属性的结合就可以唯一定位到这个网页元素。

图 4-16 搜索按钮与对应的选取器

UiPath Studio 捕获到该按钮元素后，从其众多标签和属性中自动选择出它认为能够唯一定位到该元素的组合。针对"百度一下"这一元素，UiPath 自动生成的选取器如下：

<html title='百度一下，你就知道' /><webctrl tag='INPUT' type='submit' />

机器人每次执行任务都会按照上述选取器的内容去寻找元素，即在标题为"百度一下，你就知道"的网页上寻找标签为 INPUT、类型为 submit 的元素。

> **计算机知识小讲堂：选取器的变量类型**
>
> 在 UiPath Studio 中，使用字符串类型的变量存储识别到的用户界面元素的选取器。

4.4.3 用户界面探测器

在 UiPath Studio 中，通过用户界面探测器（Ui Explorer）这一工具来识别特定用户界面元素，允许用户自定义选择标签与属性，了解和调整用户界面元素的选取器。它内嵌在 UiPath Studio 中，也可作为一款独立的工具来使用。已经安装好 UiPath Studio 的用户可单击"设计"功能区中的"用户界面探测器"按钮来启动工具，如图 4-17 所示。

图 4-17　用户界面探测器

单击"用户界面探测器"窗口中的"指出元素"按钮，若成功捕获到搜索引擎的搜索栏，可以在其中看到该元素的所有标签与属性，如图 4-18 所示。

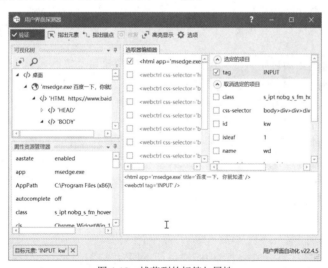

图 4-18　捕获到的标签与属性

"用户界面探测器"窗口左侧的"可视化树"中展示了应用程序的层级结构，左下方为元素的"属性资源管理器"。在窗口右侧可以看到该元素的"选定的项目"和"取消选定的项目"。选定的项目表示 UiPath Studio 根据这些标签去定位元素，用户可根据需求和经验自定义勾选或者取消选定项目，选定的项目构成元素的选取器。

在使用用户界面探测器识别页面元素时，有 3 种用户界面框架可供选择，分别是默认、主动式辅助和用户界面自动化，如图 4-19 所示。这 3 种用户界面框架分别采用不同的方式来识别元素。当勾选"默认"选项无法识别到元素时，可以切换使用其他框架。

图 4-19　用户界面框架

4.4.4　对象存储库

对象存储库将用户界面元素捕获为类似 DOM（document object model，文档对象模型）的存储库中的对象（可跨项目共享）来确保用户界面元素的统一管理、可重用性和可靠性，方便后期运维。

在复杂的大型自动化项目中，交互的用户界面元素数量可能高达数百个，而且与同一用户界面元素的交互往往不止一次。在没有统一管理的情况下，如果用户界面元素出现变动，逐一查找与修改起来比较烦琐，很容易遗漏。当使用对象存储库时，仅需在对象存储库中重新编辑元素的描述符（选取器的集合）即可。此外，当多个自动化项目均需与同一系列用户界面元素交互时，使用对象存储库跨项目重复使用用户界面元素能够大幅缩减开发的时间。

如果要启用对象存储库，需要在"项目设置"中启用"新式设计体验"，如图 4-20 所示。

将两个搜索引擎的页面元素均捕获并存放在对象存储库中（见图 4-21），如需使用，从"对象存储库"面板中将元素拖放到活动面板中即可。

对象存储库具有树结构，其中每个节点都是一个表示屏幕或元素的对象，所有对象都是应用程序下的分层对象。下面看一下图 4-21 中标注的各个结构。

（1）应用程序：可以是移动端应用程序或桌面/网页端应用程序。

（2）版本：同一个应用程序可以有多个版本。

（3）屏幕：用户界面的作用域，属于同一个页面。

（4）用户界面元素：屏幕上具有描述符和元数据的对象，可以有多种类型。

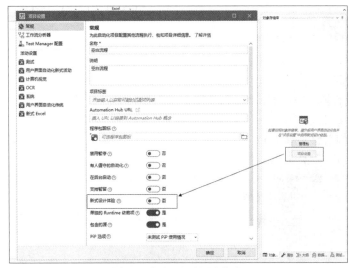

图 4-20　启用"新式设计体验"

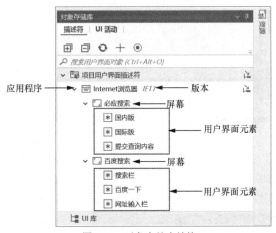

图 4-21　对象存储库结构

4.5　活动、包与依赖项

第 1 章介绍过"UiPath 活动是自动化流程的基本构成模块"。如果把构建机器人比喻成建造房屋，那么活动就是砖头。包（package）是一系列相关活动的集合，以 .nupkg 文件的形式保存。

新建空白项目时已默认安装了 UiPath.System.Activities、UiPath.UIAutomation.Activities 和 UiPath.Excel.Activities 等包，开发过程中用户可以通过添加、删除或升级包来增加、删除或更新活动，安装在特定自动化项目中的包也被称为项目依赖项。

在创建自动化流程的过程中，遇到"活动"面板中的活动无法满足开发需求时，应该先想到寻找包含所需活动的包，而不是放弃自动化流程的创建或者编写大量底层代码。在实现机器人流程自动化的过程中，编写底层代码永远是最后的选择。

4.5.1 管理程序包

本节就来介绍一下如何新增依赖项、下载依赖项和更改依赖项版本。

1. 新增依赖项

当引用模板或者新建空白项目时，会有预设的默认项目依赖项，但是在自动化某些特定的场景时需要用户自行添加包以使用相关活动。以 UiPath.Word.Activities 为例，这个包没有预装在 UiPath Studio 中，如果要完成 Word 自动化，需要单击"设计"功能区中的"管理程序包"选项来打开"管理包"面板，默认展示"项目依赖项"，如图 4-22 所示。

图 4-22 "管理包"面板

"所有包"选项卡包含所有来源的包。在搜索栏中输入关键词"word"或者包准确的名称，浏览搜索结果，找到目标包后左键单击，在对话框右侧会展现其详细信息。在选择所需版本（建议选择最新版本）后依次单击"安装"与"保存"按钮，如图 4-23 所示，即可等待包安装完毕。

图 4-23 安装包

2. 卸载依赖项

当不再需要某包时，可将其卸载。下面以卸载"UiPath.Mail.Activities"依赖项为例，介绍两种卸载包的方法。

（1）打开"管理包"面板，在"项目依赖项"中单击要卸载的包，然后依次单击面板右侧的"卸载"与"保存"按钮，如图 4-24 所示。

（2）在"项目"面板中右键单击要卸载的依赖项，在弹出的上下文菜单中单击"删除依赖项"，如图 4-25 所示。

图 4-24　通过"管理包"面板卸载

图 4-25　通过"项目"面板卸载

3. 更改依赖项版本

如果安装在 UiPath Studio 中的依赖项版本较旧，或者所使用的依赖项版本与其他合作者的不一致，那么需要更改依赖项版本。

打开"管理包"面板，选择"项目依赖项"，单击要更改版本的依赖项，在面板右侧的"版本："下拉列表中选择需要的版本，然后依次单击"更新"和"保存"按钮，如图 4-26 所示。

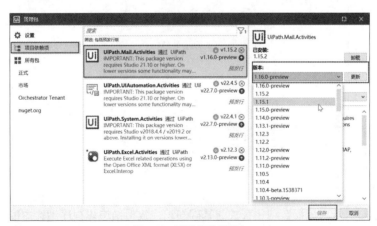

图 4-26　更改依赖项版本

4.5.2　管理包的来源

UiPath Studio 通过设置"管理包"面板中的包来源来管理包的来源，如图 4-27 所示。

图 4-27　管理包的来源

UiPath Studio 中默认配置以下包来源。
- 正式：UiPath 官方发布的包。
- 市场：包含在 UiPath 市场上发布的所有活动。
- Orchestrator Tenant：当前登录账户所属的 Orchestrator 租户中的程序包。
- nuget.org：微软公司的 NuGet 包的公用主机。

除了默认包来源，用户也可以自定义包来源，"来源"文本框中可以输入本地计算机路径或网络路径。例如，在本地计算机 D:\UiPath\Package 文件夹中存放了一些待安装到 UiPath Studio 中的包，要将此路径添加到包来源中，先单击 + 按钮，然后在"来源"文本框中输入本地路径，在"名称"文本框中输入自定义的名称"LocalD"，接着依次单击"添加"和"保存"按钮即可，如图 4-28 所示。

图 4-28　添加用户定义的包来源

4.6　小结

本章介绍了与机器人流程自动化有关的基础知识，包括结构化程序设计中的 3 种基本逻辑结构、工作流类型、变量和参数、常用的数据类型、用户界面元素，以及活动、包与依赖项等，帮助读者夯实开发 RPA 机器人的基础。

第 5 章将介绍自动化项目周期，带领读者看看从头创建一个 RPA 机器人都要经历哪些阶段，讲解过程中会结合作者过往项目的一些经验并提出一些实用的建议。

第 5 章 自动化项目周期

机器人流程自动化项目的生命周期一般需要经历流程梳理、流程设计、开发与调试、部署 4 个步骤。这也是创建 RPA 机器人必经的 4 个阶段。第 1 章提到 RPA 机器人对环境高度敏感以及部署后运维压力大等问题，因此 RPA 机器人运行的稳定性至关重要，是衡量项目质量的重要指标之一。稳定性主要取决于前期流程梳理的透彻度与实施团队的经验，稳定性不足会造成后期运维成本大幅增加。

5.1 流程梳理

开发 RPA 机器人可以简单理解为教新入职的"虚拟员工"如何完成工作任务。流程梳理主要是为了弄明白业务人员要完成的业务目标是什么以及如何完成这一目标。流程梳理大体上分为数据梳理、规则梳理、功能梳理、逻辑梳理和异常梳理，在此过程中要逐步细化人工步骤与方式，考虑出现异常情况时的应对方案，必要时对流程进行优化以提升执行效率，以便设计出合理的自动化方案。

无论流程是简单还是复杂，流程梳理都是至关重要的一步，可以通过绘制流程图与编写流程定义文档（process definition document）的方式将操作步骤和逻辑展示出来，避免因功能考虑不周全或逻辑混淆导致重复开发和后期运维工作的增加。

5.1.1 数据梳理

数据梳理的对象分为 3 个部分：数据源、过程数据与结果数据。

数据源梳理要考虑以下几点。

- 实现业务目标需要哪些数据。
- 数据的提供方，数据是由机器人从业务系统下载的还是由人工提供的。
- 数据的提供频率，如按日、按周、按月还是不定期。
- 数据的提供方式，如通过邮件发送给机器人、存放在固定的本地路径下等。
- 数据的展现形式，如 Excel 工作簿、PDF、Word 文本等。
- 数据的样例，如文件样例、内容样例等。

注意一点，能从信息化系统中获取的数据就不要从线下人工手动记录的台账中获取。这是因为人工记录的数据通常不完整且不规范，容易导致机器人运行出错，影响其运行效率，反而增加技术人员的运维负担。如果不得不从人工手动记录的台账中读取数据，建议在进行数据处理之前增加必要的数据检验环节。

过程数据是指从机器人读取数据源之后到生成最终结果之前生成的一些中间数据，包括要存入数据库的数据等。有些时候，过程数据是业务流程中不可或缺的一部分，而有些时候，为了优化流程，过程数据是在充分了解数据源和业务规则后找到的一个实现业务目标的更优解。以获取多家银行的网银流水数据，并与内部系统账务核对这个业务场景为例，由于不同银行的流水数据格式可能不同，分别处理比较麻烦，因此要选取一些通用的关键字段，然后将这些原始流水数据转换成同一种格式的标准流水数据，汇总后统一与内部系统账务进行核对，那么标准格式的流水数据就属于过程数据。

结果数据是业务流程的目标，要了解清楚在经过一系列数据处理后，机器人最终要展示给终端用户的结果是什么，是把运算结果填写到某个业务系统中就算完工还是要生成数据文件，终端用户希望如何获取结果数据，这些问题都是进行结果数据梳理时要考虑的。

5.1.2 规则梳理

在完成数据梳理之后，数据源与结果文件应该就一目了然了。那么如何从数据源得到结果文件呢？这一过程就需要进行规则梳理，其目的是明确流程中包含哪些操作步骤，例如要访问系统的哪些页面，有哪些数据处理规则等。要尽可能地梳理规则的细节，最好自己动手操作一遍，逐一确认其正确性。在实践过程中，除了梳理当前人工处理的流程规则，还可根据机器人的特性进行流程优化，就像计划旅行时确认路线一样，根据途经地规划出一条最合理的路线，避免出现走回头路等浪费人力、物力的情况。

除了梳理现有规则，还要注意未来的可变之处。以计算公司员工五险一金为例，每月财务人员从人力资源部门拿到工资单后，要计算每个员工的公司应缴与个人应缴金额。缴纳地会影响计算规则与取数位置，目前公司员工的缴纳地是上海和北京，但未来缴纳地可能会增加或者减少。当开发者了解到这些可能出现的变化之处后，在开发机器人时就可以编写出能够适应这些规则变化的机器人。

5.1.3 功能梳理

功能梳理以规则梳理为基础，让思维从细节走向宏观。规则梳理主要是指了解清楚人工完成业务的操作步骤，当对业务流程有了清晰的认知后，将需求点、重复出现的操作步骤等整合成功能，明确每个功能要实现的目标，剔除或修正不必要的功能，站在产品设计的角度上划分功能类别。

功能梳理主要是为了在开发时知道如何将流程拆分成不同的工作流文件和不同的代码块，避免重复开发相同的功能，将逻辑中可能变化的部分采用变量或者不同的代码块来实现。仍以计算公司员工的五险一金为例，在进行规则梳理后可以得知在整个业务流程中需要登录公司的网盘两次，两次登录的用户名和密码不同，因此将"登录网盘"作为一个功能，用户名和密码作为该功能模块的变量；而计算五险一金时，两个分公司的计算规则明显不一样，无法通过变量的方式来实现，因此分别将计算分公司 A 员工的五险一金与计算分公司 B 员工的五险一金作为两个功能。从规则梳理到功能梳理的过程如图 5-1 所示。

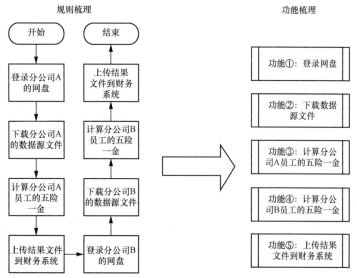

图 5-1 从规则梳理到功能梳理

5.1.4 逻辑梳理

逻辑梳理是指弄清楚各个功能之间的关系,以及这些功能是以什么样的逻辑连接在一起的,是否存在选择、循环等逻辑结构。除了确认当前人工处理的流程逻辑,还可根据机器人的特性优化流程逻辑,并据此梳理出一个高效的流程逻辑。仍以计算公司员工的五险一金为例,其逻辑梳理如图 5-2 所示。

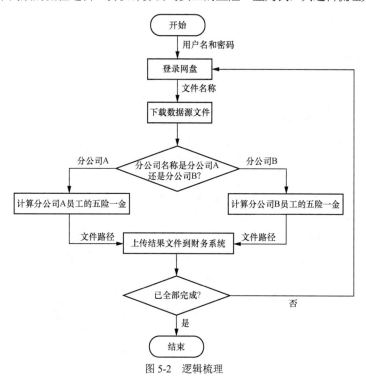

图 5-2 逻辑梳理

5.1.5　异常梳理

任何程序都可能会遇到异常，机器人也不例外。理想情况下，机器人可以顺利地完成指定的任务，但真实世界中总有意料之外的事情发生。因此，异常梳理至关重要。异常会影响机器人的运行稳定性，要在流程梳理时充分考虑各种异常情况，并且与业务用户沟通异常的反馈与处理机制。

在流程自动化中，异常的来源有业务异常（business exception）与系统异常（system exception）。业务异常是因为机器人在执行任务的过程中遇到了特殊的业务情景而无法继续，如用户输入的数据格式错误、待下载的文件不存在、余额不足等业务数据缺失或业务条件不满足等；系统异常是因为运行环境中的问题机器人无法继续运行，如系统登录失败、交互页面元素发生变动、数据库不响应、网络超时等。

在梳理异常时，可以尝试用一个清单简单罗列可能出现的情况。以使用搜索引擎搜索关键字为例，清单如下：

- 网络异常导致无法打开搜索主页（系统异常）；
- 搜索框或者搜索按钮不可用（系统异常）；
- 搜索结果中没有需要的信息（业务异常）；
- ……

以上这些在梳理时可以想到的异常是已知异常（known exception），还有一些异常是之前从未遇到过的且无法预知的异常，它们未被罗列在上述清单中，称为未知异常（unknown exception）。

5.2　流程设计

流程设计是指将流程需求分解成更适合用程序来表达的方式。在这一过程中要将业务思维转换为 IT 思维。

5.2.1　拆分工作流文件

在相对复杂的自动化项目中，通常采用一个主流程与多个子流程的工作流文件结构。

在创建一个新的自动化项目时，要为主流程与子流程分别选择合适的工作流（见 4.2 节）。主流程建议使用流程图或者状态机，因为这两者都可以清晰、直观地表达流程的逻辑结构，所以在大型自动化项目中一般用于搭建整体逻辑框架，在框架中使用"调用工作流文件"活动来调用子流程，从而把主流程与一个个子流程连接起来。子流程是相对独立的任务模块，可以选择使用序列或者流程图，如果在流程中有较多逻辑分支，建议优先考虑流程图。

在主工作流文件中通常不涉及具体的业务处理，主工作流文件用于搭建整个流程的逻辑、传递任务数据、清理和准备环境等。那么如何拆分出子工作流文件呢？可以考虑以下几个方面。

- 是否可复用：将业务流程中可以重复使用的功能抽离出来作为一个子工作流文件。
- 是否有交互系统：在业务流程中涉及多个系统时，通常以系统作为拆分依据。
- 是否有数据处理：通常将数据处理部分作为单独的子工作流文件，方便调试。

5.2.2 合理地表达逻辑

在开发过程中要选择合适的逻辑表达方式。4.1 节介绍了顺序、选择与循环 3 种基本逻辑结构，读者可以稍加回顾。

对于选择结构的表达，UiPath Studio 中有"IF 条件"活动、"切换"活动、"流程决策"活动和"流程切换"活动，"流程决策"活动和"流程切换"活动仅在流程图中可用。"IF 条件"活动和"流程决策"活动用来表示二分支选择，要尽量避免使用多层嵌套的"IF 条件"活动，而使用"切换"活动与"流程切换"活动来表示多分支选择。

对循环结构的表现，UiPath Studio 中有"后条件循环"活动、"先条件循环"活动、"遍历循环"活动和"对于数据表中的每一行"活动，这 4 个活动表示不同的循环场景。此外，也可以调整流程图中的箭头方向来实现循环，如图 5-3 所示。

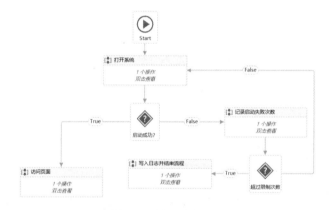

图 5-3　流程图中的循环

在此强调一下，务必设置循环退出的机制，尤其是在采用"先条件循环"活动和"后条件循环"活动或直接使用流程图来表现循环时。图 5-3 中使用失败次数限制了循环打开系统的次数，避免因异常情况导致机器人陷入循环无法自拔。不合理的循环表现方式如图 5-4 所示。除了必要的循环条件，还可以用"计时"或"计次"作为额外的循环条件来控制循环的执行时长或次数。

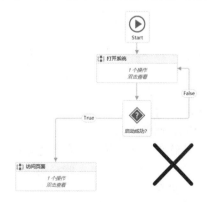

图 5-4　不合理的循环表现方式——未控制循环次数

5.2.3 恰当地处理异常

工作流设计也包括异常处理机制的设计。异常捕获与处理是机器人开发过程中非常重要的部分，也是不容易把握的部分。程序中没有异常处理机制或者采用了不恰当的方式来捕获与处理异常都会影响机器人的工作效率，增加运维负担，影响机器人使用者的体验感。

实际上，在图 5-3 中，当启动失败时进行重试就是一种异常处理机制。正常的业务流程是打开系统，然后访问页面（见图 5-5a），但是基于过往经验，系统启动时经常会遇到启动失败的异常情况，因此要把这种异常考虑进来，重试几次，如果重试超过限制次数仍然失败，则将启动失败次数记录在日志中并结束流程（见图 5-5b）。

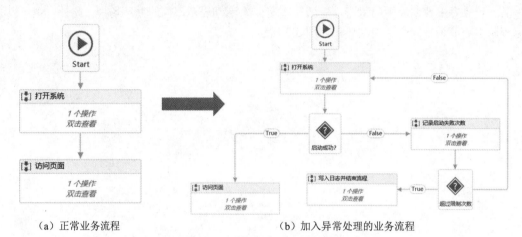

（a）正常业务流程　　　　　　　（b）加入异常处理的业务流程

图 5-5　正常业务流程与加入异常处理的业务流程

要基于不同的业务场景、最终业务用户的要求和异常类型，设计不同的异常处理机制。当出现异常时，通常有以下几种后续处理方式：
- 忽略该异常，继续执行下一个活动；
- 重试当前异常活动；
- 重新从第一个活动开始执行；
- 暂停运行，等待人工介入；
- 终止工作流。

如果事先知道哪些环节容易出现异常，例如在系统登录时可能会失败，那么开发时可以在此处设置有限次重试机制，当重试失败后终止工作流或抛出异常信息。如果是未知异常，通常使用"Try Catch 异常处理"活动来应对，将工作流文件或者代码模块放在 Try 功能模块中，在"Catch"中设置当出现异常时要完成的后续步骤。

当异常出现时，如果需要人工介入，通常有两种方式：一是机器人暂停运行，等待人工实时处理后继续运行；二是抛出异常信息后终止运行，人工排查问题。再以系统登录为例，有些时候登录页面出现需要手机验证码等偶发性异常情况，机器人的终端用户不希望机器人因此停下来，此时机器人就需要暂停运行，等待人工输入验证码后继续下一步操作。诸如此类的异常处理机制要在创建机器人之前进行流程梳理时就与业务人员沟通清楚。

除了一些用来处理异常的活动，UiPath 官方还为广大开发者提供了"Global Exception Handler"（全局异常处理程序）这一用于处理异常的通用模板，如图 5-6 所示，开发者可在此基础上按需调整。如果在调试过程中遇到执行错误，则可以跳入全局异常处理程序，根据设置的选项来决定工作流的行为，如 Continue（继续）、Ignore（忽略）、Retry（重试）和 Abort（中止）。

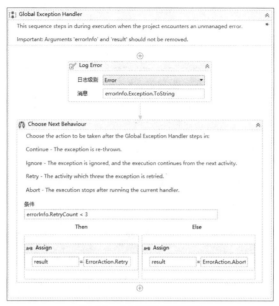

图 5-6　全局异常处理程序

5.3　开发规范与调试

UiPath Studio 是基于 VB.NET 开发的低代码开发平台，第 6 章将详细介绍如何使用 UiPath Studio 开发机器人。除了掌握 UiPath Studio 中的活动和功能，在机器人流程开发过程中还可能会用到 VB.NET、数据库操作语句、Visual Basic 等其他编程语言，如果读者想进一步提高开发机器人的能力，可以参阅相关资料进行学习。

5.3.1　开发规范建议

本节我们根据过往经验和 UiPath 官方的建议提供一些创建流程机器人的开发规范，供读者参考。

1. 充分使用配置文件

在开发过程中应该尽量避免硬编码，充分使用配置文件。与传统 IT 项目相比，使用 RPA 技术实现自动化的业务流程发生变化的可能性更大。通过使用配置文件，在业务流程发生变动时仅需调整配置文件即可完成更新，方便用户按需调整，有效减轻运维压力。

建议将流程中容易发生变化的配置项写入配置文件，配置文件可以是 Excel 工作簿、CSV 文件或者 JSON 文件。文件路径、网址、电子邮件通知内容、收件人、执行时间等均可通过配置化来增加自动化流程的灵活性。自动化流程配置示例如表 5-1 所示。

表 5-1 自动化流程配置示例

配置项	值	说明
搜索引擎网址	www.****.com	所使用的搜索引擎网址
搜索关键字	变量	输入搜索文本框中的关键词
本地保存路径	D:\Search_result.xlsx	保存搜索结果的本地路径
异常通知方式	电子邮件	出现异常时通知用户的方式
异常接收人	***	用户名称
接收地址	****@**.com	用户电子邮件地址

每个自动化流程的配置项各有不同，很难在设计初期考虑全面，通常需要通过实操逐步积累经验。将机器人投入使用后，在遇到变动时，应该考虑是否能通过新增配置项来处理这种变动。

2. 及时修改活动名称

在开发过程中，及时修改活动名称非常有必要。UiPath 提供默认活动名称，但它一般不足以清晰地描述活动要实现的功能，建议用描述性的名称命名每个活动，并且保持名称唯一，如图 5-7 所示。这样做有两个好处：一是便于阅读和理解代码，二是便于出现异常时快速定位问题。

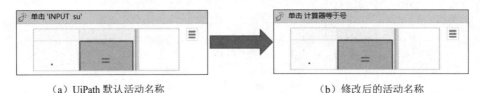

（a）UiPath 默认活动名称　　　　　　（b）修改后的活动名称

图 5-7　修改默认活动名称

当发生异常时，UiPath Studio 中异常对象的来源属性会指示失败活动的名称。如果选择不重命名活动，那么在程序崩溃时，异常来源就可能变得毫无意义。

3. 统一命名规范

在自动化项目或者 RPA 实施团队中应该建立统一的命名规范，包括变量与参数名、工作流文件名、配置文件名、活动名以及自动化项目名等的命名规范。

常用的变量命名规范有以下几种。

- 大/小驼峰命名法：大驼峰命名法是每个单词的首字母都大写，其他字母则小写，如 FirstName、MyTestData 等；小驼峰命名法是第一个单词字母小写，后面的每个单词的首字母大写，如 firstName、myTestData 等。
- 匈牙利命名法：以变量类型的缩写开头，通过变量名就能知道其数据类型，如 strFirstName、dtMyTestData，这样很容易明白第一个变量的数据类型是 String，第二个变量的数据类型是 DataTable。
- 下划线命名法：名称中的每一个逻辑断点都用一个下划线来标记，如 First_Name、my_test_data 等。

UiPath 官方建议参数名应采用大驼峰命名法，并用前缀来指明参数传递方向，如 in_DefaultTimeout、in_FileName、out_TextResult 和 io_RetryNumber 等。

除了上述常见的命名规范，RPA 实施团队还可以自定义命名规范，只要名称有意义、统一、规范即可。

4. 安全保存密码

密码绝对不能以明文形式存放在配置文件中，而应该以密文形式保存。出于对用户信息安全与数据安全的考虑，有两种存放密码的方式：一是存放在 Windows 的"控制面板→用户账户→凭据管理器"中，二是存放在 UiPath Orchestrator 的凭据管理中。在开发时，使用相应的活动读取存储的用户名及密码。

5. 重视日志

日志可以帮助我们追踪机器人的运行痕迹，提供错误信息与异常信息。日志对审计与运维人员来说相当重要，UiPath Studio 可以对其主要组件进行日志记录。"日志消息"活动如图 5-8 所示。

图 5-8 "日志消息"活动

日志级别有 5 种，如表 5-2 所示。

表 5-2 日志级别及其说明

日志级别	说明
Fatal（严重）	指出严重的错误事件
Error（错误）	记录业务异常与系统异常，消息中至少应该包含异常来源（exception source）与异常信息（exception message），使用"Try Catch 异常处理"活动时要将"日志消息"活动放在 Catch 块中
Warn（警示）	有些信息不是错误信息，但是也要给出一些提示，如"未在目标文件中搜索到用户"
Info（信息）	记录机器人的运行过程，以便追踪。一般在流程开始、关键逻辑决策点和流程结束时记录日志
Trace（追踪）	细粒度记录事件信息，对调试程序非常有帮助

一般在流程开始、关键逻辑决策点和流程结束处添加"日志消息"活动，以便了解机器人的运行情况。在捕获到异常时也要添加日志，日志消息中至少要包含异常来源和异常信息。

5.3.2 调试

调试是机器人开发过程中必不可少的一个步骤，可以帮助开发者发现机器人程序中的以下 3 类错误。

- 语法错误：这类错误在开发时就能发现，如果程序中有语法错误，那么 UiPath Studio 将会用红色感叹号的警示标识指出错误的地方及错误的原因等信息，如图 5-9 所示。

图 5-9 语法错误

- 运行错误：如果用户输入了不正确的信息或者让机器人打开不存在的文件等，可能在运行时才能发现。可以使用多个测试场景与案例对程序进行调试，并根据调试结果针对这些异常适当增加异常处理机制。
- 逻辑错误：机器人程序完整、顺畅地运行结束，却未能实现业务目标，这意味着机器人流程的逻辑可能出现了偏差。通常要把调试的结果提供给业务人员，与其一同验证逻辑的正确性。

在调试过程中，要编写不同的测试用例来测试机器人程序的逻辑正确性与健壮性。一般要经过单元测试、集成测试、功能测试与用户测试等步骤，通过全部测试后才能进入部署阶段。

5.4 部署

当机器人流程通过重重考验后，就要交付给最终用户使用了。让开发好的机器人程序能够在用户的计算机中运行起来的过程就是部署。在部署时要格外注意机器人程序最终的运行环境与开发及测试的环境是否相同，例如，由于操作系统、浏览器类型、应用程序版本等环境具有差异，已经开发及测试好的机器人程序需要在运行环境中进行调试与适配。

可以将机器人程序部署在本地或者 UiPath Orchestrator 上。当部署在本地时，需要将程序文件或者打包好的程序包存储在本地计算机中，由用户按需启动或者采用 Windows 操作系统的任务计划程序来定时启动机器人程序。当部署在 UiPath Orchestrator 时，需要把程序文件以包的形式发布并存储在 UiPath Orchestrator 上，由管理端指定或者分配计算机来运行包。

5.5 小结

本章介绍了自动化项目周期，从流程梳理到部署，着重说明项目实施的方法论，希望读者能够把这些方法和经验运用在流程机器人自动化项目的实践中。

第 6 章将基于 UiPath Studio 手把手地指导读者创建机器人！

第 6 章

UiPath Studio 用户界面自动化开发

在了解流程自动化的基础知识后，本章我们把目光转回安装好的 UiPath Studio 上，详细介绍如何使用 UiPath Studio 创建机器人。

本书内容主要基于 UiPath Studio 社区版 2022.4.3（UiPath Studio Community 2022.4.3）展开，因为 UiPath Studio 的版本持续更新，所以读者使用的软件版本可能有所不同，但是用于创建自动化项目的核心活动与方法是相似的。读者在学完本章后能够了解 UiPath Studio 核心活动的使用，并能够举一反三自行构建 RPA 机器人。

表 6-1 中汇总了本章各节中涉及的活动和关键信息。

表 6-1 本章各节中涉及的活动和关键信息

节编号	涉及的活动	关键信息
6.1 节	打开浏览器、输入信息、单击等	录制开发与手动搭建、捕获用户界面元素、3 种单击与输入方式等
6.2 节	获取文本、写入行、数据抓取、输出数据表、分配等	创建变量、选择器调整与优化、用户界面探测器、捕获单条数据等
6.3 节	打开应用程序、启动进程、设置文本、发送热键、输入信息、选择项目、单击、关闭窗口、关闭应用程序、终止进程等	及时调整选择器、同功能活动的使用等
6.4 节	重试范围、流程决策、分配、是匹配、存在元素、查找元素、在元素出现时、日志消息、Else If、流程切换、切换等	预防异常、质量控制、有限次数循环、条件控制、执行前检查等

6.1 与网页交互

在日常办公与生活中，我们经常要与网页打交道，如从网站中下载文件、搜索查询信息等，如何通过 RPA 机器人自动操作网页是机器人流程自动化的重要环节。与网页中用户界面元素的互动，如模拟鼠标和键盘操作，均属于用户界面自动化的范畴，这也是 RPA 区别于其他自动化技术的一个重要特征。

本节将以使用搜索引擎搜索关键词为例，指导读者使用 UiPath Studio 创建自动操作网页的流程机器人，同时带领读者感受实现机器人流程自动化的全过程，该过程一般包括新建项目、流程开发和调试与运行 3 个部分。

6.1.1 新建项目

在开发自动化项目之前，需要新建空白流程，作为流程机器人功能生根发芽的土壤。

1. 新建空白流程

打开 UiPath Studio，单击主界面右侧"新建项目"下的"流程"，如图 6-1 所示。

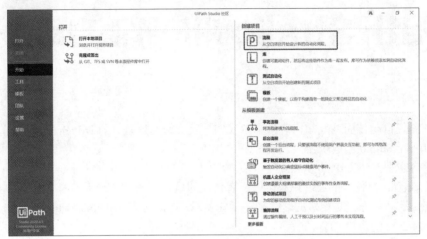

图 6-1　新建流程

在弹出的"新建空白流程"对话框中自定义流程名称和流程保存位置（路径），也可以增加自定义说明。如图 6-2 所示，在 UiPath 默认路径下创建名称为"搜索查询"的空白流程，单击"创建"按钮即可完成空白流程的创建。

图 6-2　自定义流程名称与流程保存位置

2. 项目文件夹构成

完成空白流程的创建后会在指定路径下自动生成名为"搜索查询"的文件夹，其中包含与"搜索查询"自动化项目相关的文件，如图 6-3 所示。

图 6-3　"搜索查询"自动化项目文件夹

自动化项目文件夹的常见组成部分及其说明如表 6-2 所示。

表 6-2　自动化项目文件夹的常见组成部分及其说明

组成部分	说明
Main.xaml	主工作流文件,是自动化项目的入口。主工作流在简单项目中可单独作为一个流程,在复杂项目中可作为连接各子流程的主干
project.json	针对项目自动生成的配置文件,包含自动化项目的信息,如项目名称、项目描述、主工作流文件名称、引用的依赖项及版本、项目编程语言和 UiPath Studio 版本等。初级开发者请勿随意修改该文件中的信息
.entities	实体文件夹。在 UiPath Orchestrator 上启用数据服务(Data Service)后方可使用实体。实体用于收集、更新自动化流程中的数据,并将其传递给其他自动化流程
.settings	配置文件夹,包含项目的调试与发布信息,刚创建完的自动化项目中不包含此文件夹
.screenshots	屏幕截图文件夹。刚创建完毕的自动化项目中不包含此文件夹,后续开发中若涉及捕获元素会自动生成此文件夹,用于保存用户界面元素的屏幕截图文件

6.1.2　流程开发

UiPath Studio 提供录制开发与手动搭建两种开发方式。

(1)录制开发:使用 UiPath Studio 提供的录制器(recorder),记录用户在计算机中的操作并将其自动转换为一系列活动,节省用户开发用户界面自动化流程的时间,帮助不熟悉 UiPath Studio 的用户快速上手。

(2)手动搭建:该方式由开发者通过将活动拖入设计器面板中,从零开始搭建机器人流程,可实现更加丰富的功能,体现更复杂、更清晰的逻辑结构,适用于已经了解 UiPath Studio 使用方法的开发者。

本节将介绍如何通过这两种方式完成同一个用户界面自动化流程的开发,在实际开发中,读者可根据个人情况选择合适的开发方式。

1. 录制开发

在刚开始使用 UiPath Studio 进行开发时,如果不知道应该使用哪些活动、如何组织各个活动,就可以使用录制器将人在计算机上的操作录制下来。

下面就介绍一下录制开发的过程。

(1)启动录制功能。单击"设计"功能区的"录制"按钮会显示图 6-4 所示的 6 种录制方式。本例的搜索操作在网页中进行,因此选择"网页"。

这 6 种录制方式及其适用场景如表 6-3 所示。

图 6-4　录制方式的选择界面

表 6-3　录制方式及其适用场景

录制方式	适用场景
基本	单个操作
桌面	桌面应用程序操作
网页	网页应用程序和浏览器操作
图像	虚拟环境(如 VNC[①]、虚拟机、Citrix 等)或 SAP[②] 环境中的操作

---

① 虚拟网络控制台(virtual network console,VNC)。
② 服务访问点(service accessing point,SAP)。

续表

录制方式	适用场景
原生 Citrix	桌面应用程序操作，同时适用于 Citrix 环境
计算机视觉	使用计算机视觉技术在无法获取选取器的情况下识别页面元素

（2）开始录制。启动后的"网页录制"工具栏如图 6-5 所示。

图 6-5 "网页录制"工具栏

先用 Edge 打开搜索引擎主页，然后单击"网页录制"工具栏中的"打开浏览器"，可以看到页面被蓝色覆盖，如图 6-6 所示。这意味着已经进入录制模式，接着将鼠标指针移动到搜索引擎主页上的任意位置后单击鼠标左键。

图 6-6 进入录制模式

稍等片刻，UiPath Studio 会自动解析出该网址的 URL（uniform resource locator，统一资源定位符），弹出确认框，如图 6-7 所示。若自动提取的 URL 有误，也可手动修改。确认无误后，单击"确定"按钮，即完成"打开浏览器"步骤的录制。

图 6-7 解析 URL 弹窗

接着，单击图 6-5 所示的"网页录制"工具栏中的"录制"按钮，继续录制后续的网页操作。

将鼠标指针移动到搜索框的位置，单击选中输入框，UiPath Studio 会自动判断该区域可以输入文字，并弹出列表框，如图 6-8 所示。在文本框内输入要录入的关键词"变量"，按 Enter 键提交。

在录制模式下单击网页的查询按钮，UiPath Studio 会自动录制这一人工单击操作。

（3）结束录制。在完成全部操作的录制之后，按 Esc 键退出录制，然后单击"网页录制"工具栏中的"保存并退出"按钮，就能在 UiPath Studio 中看到自动生成了相应操作的流程，如图 6-9 所示。默认生成的活动名称通常可读性较差，要按照 5.3.1 节介绍的命名规范重命名各个活动。

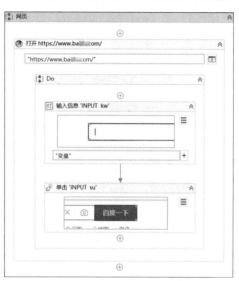

图 6-8　输入关键词　　　　　　　　　图 6-9　录制方式生成的部分流程

录制开发的方式无须开发者依次处理各个活动流程，为不熟悉 UiPath Studio 活动的初学者提供了便捷的开发方式。但是，录制开发难以展现顺序之外的逻辑，录制生成的代码在大多数情况下无法直接使用，还需要进行人工二次开发与调整，因此 RPA 开发者在日常开发实践中大多数采用手动搭建的开发方式。

2. 手动搭建

手动搭建指的是在新建项目后通过手动添加活动的方式搭建流程。在"活动"面板中单击活动，并将该活动拖放到设计器面板中后松开，或直接双击"活动"面板中的活动，均可实现活动的添加。

下面介绍一下手动搭建的过程。

（1）打开浏览器。为了实现在浏览器中搜索查询信息的功能，需要先打开浏览器。在左侧"活动"面板的搜索栏中输入"浏览器"，找到"打开浏览器"活动，并将其拖入设计器面板中，如图 6-10 所示。

当在空白的设计器面板中添加第一个活动时，UiPath Studio 会自动补充"序列"工作流控件，用于存储流程中的各个活动。

此时，活动上有醒目的感叹号，表明该活动的必需属性项未设置或设置不符合要求，待设置完成后感叹号会自动消失。

接下来，需要在"打开浏览器"活动中指定待打开的网页地址，可以在设计器面板中此活动的文本框中输入，也可以在右侧"属性"面板中的"URL"中输入。网页地址为文本形式，所有的文本均需放置于英文双引号之间。此时默认的活动名称不具备唯一指向性，根据命名规范建议，可双击活动的标题或在右侧"属性"面板中将活动的"显示名称"修改为"打开浏览器 搜索引擎"。"打开浏览器 搜索引擎"活动及其"属性"面板如图 6-11 所示。

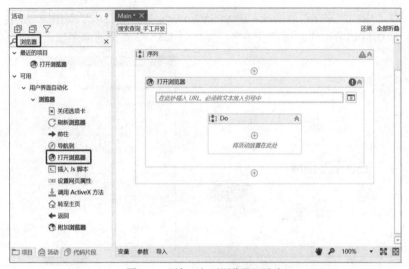

图 6-10　添加"打开浏览器"活动

图 6-11　"打开浏览器 搜索引擎"活动及其"属性"面板

"打开浏览器 搜索引擎"活动默认使用 Internet Explorer 打开网页,因 Internet Explorer 现已停止服务,可在右侧"属性"面板的"浏览器类型"中选择其他浏览器类型,如"Edge"(Edge 插件已默认安装,部分浏览器需安装相应的插件后 UiPath Studio 才能支持)。

(2)添加"输入信息"活动。打开搜索引擎主页之后,需要在搜索框中输入待查询的文字信息,使用"输入信息"活动即可模拟键盘在指定用户界面元素中输入文本信息。

在左侧"活动"面板的搜索框中输入"输入",找到"输入信息"活动,将其拖入设计器面板的"打开浏览器 搜索引擎"活动的"Do"中,并通过双击活动的标题或在右侧"属性"面板中将活动的"显示名称"修改为"输入信息 变量",如图 6-12 所示。

(3)获取搜索框的用户界面元素。在使用 UiPath Studio 进行开发的过程中,涉及与用户界面交互的活动时,都需要通过"获取元素"指定交互的目标。

图 6-12 添加"输入信息 变量"活动

在打开搜索引擎主页后,单击"输入信息 变量"活动中的"指出浏览器中的元素",UiPath Studio 会自动最小化并展示刚才打开的搜索引擎主页(如无法展示所需界面,参照 8.2 节解决),此时进入用户界面元素选择状态。移动鼠标指针时可以看到 UiPath Studio 用淡蓝色的方框覆盖了一些用户界面元素区域,当淡蓝色框与搜索框重合时意味着 UiPath Studio 已经识别到了该搜索框,如图 6-13 所示,此时单击鼠标左键即可指定搜索框为待输入信息的区域。

图 6-13 捕获搜索框的用户界面元素

如果在获取完毕后需要修改已设定的用户界面元素,单击"输入信息 变量"活动中的选项按钮,并单击"指明在屏幕上",如图 6-14 所示,即可再次进入用户界面元素选择状态,重新指定要输入信息的用户界面元素。

在"输入信息 变量"活动的文本框中输入待查询的关键词,并将其放在英文双引号中,如图 6-15 所示,即指定了要在搜索输入框中输入""变量""。

图 6-14 重新指定用户界面元素

图 6-15 设置输入信息为""变量""

(4)调整"输入信息 变量"活动的属性项。在右侧"属性"面板中可以看到"输入信息 变量"活动的属性项,如图 6-16 所示。

"输入信息 变量"活动的"属性"面板中的常用属性项及其含义与默认值如表 6-4 所示。当活动默认的配置无法实现功能时,可以尝试通过调整属性项来实现。

图 6-16 "输入信息 变量"活动的"属性"面板

表 6-4 "输入信息 变量"活动的"属性"面板中的常用属性项及其含义与默认值

属性项	含义	默认值
出错时继续	若勾选,在本活动执行出错时不报错,继续执行后续活动	未勾选
在此之前延迟	在执行活动之前的等待时间(以 ms 为单位),如延迟 1 s 则输入 1000	300
在此之后延迟	在执行完本活动之后到执行下一个活动之前的等待时间(以 ms 为单位),如延迟 1 s 需输入 1000	200
显示名称	活动在设计器面板中的显示名称	输入信息
文本	待写入指定用户界面元素的文本	空
等待准备就绪	执行操作之前,等待目标准备就绪。可选项包括无(不等待目标准备就绪,不建议使用此选项)、交互(等待目标元素可交互)、完成(等待加载整个应用程序)	空
超时(毫秒)	指定最长等待时间(以 ms 为单位),如果超出该时间后活动并未执行,系统便会抛出错误	30000
选取器	指定用户界面元素后 UiPath Studio 自动获取的选取器信息,以文本形式存储特定的用户界面元素属性	空
发送窗口消息	若勾选,则使用发送窗口消息模式输入信息	未勾选
模拟键入	若勾选,则使用模拟键入模式输入信息	未勾选
激活	若勾选,系统会将指定的用户界面元素置于前台,并在写入文本之前将其激活	勾选
空字段	若勾选,系统会在写入文本之前将指定用户界面元素中已有的内容全部清除	未勾选
键之间延迟	两次按键之间的延迟时间(以 ms 为单位),最大值为 1000	10
键入前单击	若勾选,系统会在写入文本之前单击指定用户界面元素	未勾选

UiPath Studio 提供了 3 种输入模式:默认模式、模拟键入模式和发送窗口消息模式。

- 默认模式:使用硬件驱动程序模拟按键,运行速度最慢,不能在后台工作(可以看到桌面上鼠标指针的移动),可兼容所有桌面应用程序。使用这种模式时,运行前要保证计算机的键盘为英语模式(ENG),中文模式可能会导致输入失败。
- 模拟键入模式:通过虚拟的方式在目标应用中输入信息,是运行速度最快的方法且可在后台工作。这种输入模式不受计算机键盘中英文模式的影响。
- 发送窗口消息模式：该模式会向目标应用程序发送一条特定消息以实现信息输入，可在后台工作且兼容大多数桌面应用程序，但并不是运行速度最快的模式。

在"属性"面板中通过勾选"模拟键入"复选框或"发送窗口消息"复选框选择对应的输入模式，若两者均未勾选则使用默认模式。一些应用程序的用户界面元素可能不支持模拟键入模式和发送窗口消息模式，读者可测试比较上述 3 种输入模式，并按需选择。

（5）添加"单击"活动。搜索流程中的最后一步为单击查询按钮，需要用到"单击"活动来模拟鼠标操作。操作步骤与添加"输入信息 变量"活动一致，在"活动"面板中搜索"单击"，并将搜索到的"单击"活动拖放到设计器面板中，并放到"输入信息 变量"活动之后，接着单击活动中的"指出浏览器中的元素"，并在搜索引擎主页中捕获查询按钮的用户界面元素。

在右侧"属性"面板中可以看到设置好属性项的"单击"活动的"属性"面板，如图 6-17 所示。

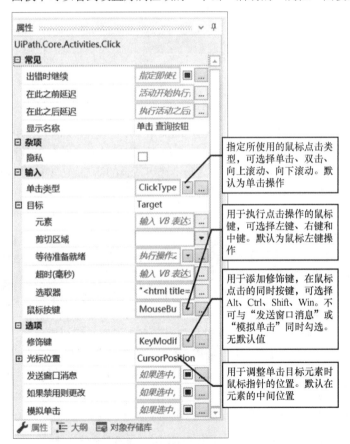

图 6-17 设置好属性项的"单击"活动的"属性"面板

同样，UiPath Studio 提供的单击模式也分为默认模式、虚拟键入模式和发送窗口消息模式，作用原理与"输入信息 变量"的 3 种输入模式相同，此处不赘述，读者可以尝试切换这 3 种单击模式，了解它们的不同之处。

至此，流程开发完毕，部分流程如图 6-18 所示。我们通过手动搭建方式完成了与录制开发方式几乎一样的效果。

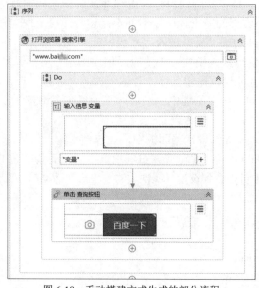

图 6-18 手动搭建方式生成的部分流程

考虑到初学者难以熟练掌握每个 UiPath Studio 活动,在后续实际开发中可以在"活动"面板中搜索待实现功能的关键词,如"输入""单击"等,也可以搜索与交互工具相关的关键词,如"浏览器""鼠标""键盘"等,并在搜索出的活动中选用适合的活动。6.4.3 节给出了常用用户界面自动化活动及其功能对照表,读者可根据需要查阅和参考。

6.1.3 调试与运行

在流程开发完成后,设计器面板中没有感叹号仅意味着流程中不存在语法错误,想测试流程是否存在设计或逻辑错误还需要进行调试。

单击"设计"功能区中"调试文件"的下拉按钮,可看到另外 3 种运行模式,如图 6-19 所示。

"调试"可以逐个执行活动,并展现过程信息,遇到问题时便会暂停于出错位置并高亮显示,便于定位问题,适用于代码测试与优化阶段;"运行"是完整地运行程序,运行速度高于调试,但程序一旦出错则整个流程中止,建议在代码调试完成后使用。

图 6-19 调试与运行功能

4 种调试与运行模式的功能及其对应的快捷键如表 6-5 所示。

表 6-5 调试与运行模式的功能及其对应的快捷键

模式	功能	快捷键
调试文件	仅调试当前文件	F6
运行文件	仅运行当前文件	Ctrl+F6
调试	调试整个项目,从主工作流开始调试	F5
运行	运行整个项目,从主工作流开始运行	Ctrl+F5

因为本例中的自动化项目仅有一个文件，即主工作流文件（Main.xaml），因此选择"调试文件"和"调试"的效果一样，都是从主工作流文件开始调试的。如果自动化项目中有多个工作流文件，在子工作流文件中分别选择"调试文件"和"调试"就能看到不同的调试起点。

1. 调试

除了上述"设计"功能区的 4 种调试选项，UiPath Studio 还设有专门的"调试"功能区，提供了更多在调试时使用的功能。

单击功能区中的"调试"，可看到"调试"功能区的调试操作，如图 6-20 所示。

图 6-20 "调试"功能区

常用的调试操作及其功能如表 6-6 所示。

表 6-6 常用的调试操作及其功能

调试操作	功能
进入	一次调试一个活动。触发此操作后，调试器会打开活动，并在执行该活动前对其进行高亮显示
跳过	一次调试当前活动后的一个活动集合（即设计器面板中一个方框内的活动），可为单个活动或多个活动的集合，执行完该集合内的活动后自动暂停
跳出	一次调试当前活动所在集合内的所有活动，执行完后自动暂停
重试	调试遇到异常而暂停时可选择该操作，重新执行上一个活动，系统会高亮显示引发异常的活动
忽略	调试遇到异常而暂停时可选择该操作，忽略遇到的异常，继续执行下一个活动
重新启动	从项目的第一个活动开始重启调试流程。建议结合"慢步骤"操作降低调试速度，并适当检查活动执行后的情况
断点	设定在可能触发执行问题的活动中，调试至该活动时会自动暂停
慢步骤	改变调器从一个活动执行到下一个活动的速度，用于在调试过程中更仔细地查看任何活动。多次单击"慢步骤"按钮可切换速度，以 1 倍速调试时速度最慢，以 4 倍速调试时速度最快
日志活动	单击"日志活动"按钮后，调试活动将在"输出"面板中显示为详细的跟踪日志，记录每个步骤

熟悉了这些可以使用的调试操作后，我们一起动手操作一下。单击"调试"功能区的"调试文件"按钮，可以看到 UiPath Studio 进入了调试状态，如图 6-21 所示。

在调试状态下，可以看到在窗口的左上方有"本地""观看"和"立即"3 个选项卡。这 3 个选项卡的作用如下所述。

（1）本地：在中断调试时展示当前文件的参数和当前执行活动可以访问的变量信息，即全局变量和适用于该活动的局部变量的值，此时也可以手动修改变量信息。此外，在中断调试时还展示了当前活动和上一个活动的属性项和属性值。因本例中不涉及变量与参数，故仅展示了活动的属性值，如图 6-22 所示。

（2）观看：在调试过程中，手动设定并全程监控重点关注的变量和参数信息。在中断调试状态下单击"添加观看"，并在"表达式"中输入重点关注的变量或参数名，即可在"观看"面板中看到该变量或参数的实时值。因本例中不涉及变量与参数，故仅展示了"添加观看"的空白面板，如图 6-23 所示。

52 第 6 章 UiPath Studio 用户界面自动化开发

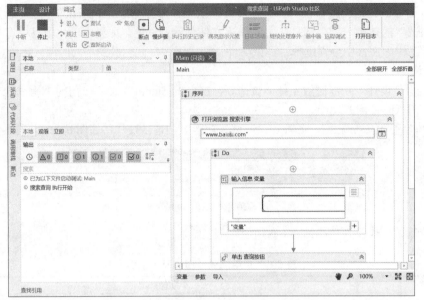

图 6-21 调试状态

图 6-22 "本地"面板

图 6-23 "观看"面板

（3）立即：在图 6-24 中用方框圈出的输入栏内输入命令或函数，按 Enter 键提交后就可以立即返回结果。例如，输入变量名称并执行后就会立即返回对应的值，输入 now.ToString 并执行后会立即返回当前时间。

在调试过程中，UiPath Studio 输出的详细调试日志可以在"输出"面板中查看，如图 6-25 所示。

当流程较长时，将全流程从头到尾调试的方式效率较低，难以满足针对性的调试需求。在实际开发与调试工作中，往往需要从中间某个活动开始调试、调试到中间另一个活动为止，或者仅调试单个活动。

如需进行针对性的调试，右键单击目标活动会弹出快捷菜单，其中有"运行至此活动""从此活动运行"和"测试活动"3个选项，如图6-26所示。

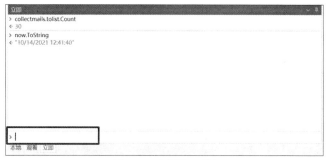

图6-24 "立即"面板

图6-25 "输出"面板显示详细调试日志

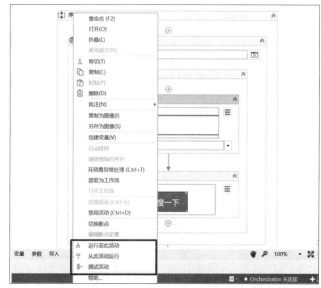

图6-26 目标活动快捷菜单中的调试选项

- 运行至此活动：从工作流文件的第一个活动开始调试，到所选中的活动暂停调试，即调试到当前活动的上一个活动，不会运行当前活动。
- 从此活动运行：可以跳过工作流文件在此活动之前的部分，直接从当前选中的活动开始调试，并可以为调试部分在"本地"面板中设置变量和参数值后再开始调试，若无须设置可以单击"调试"功能区中的"继续"或"进入"按钮直接开始测试，如图6-27所示。
- 测试活动：以测试"单击 查询按钮"活动为例，在选择"测试活动"后会让用户先在"本地"面板中设置变量和参数值再开始调试，若无须设置可以单击"调试"功能区中的"继续"或"进入"按钮直接开始测试。一般情况下，该功能只执行当前选中的活动，但因为当前活动位于"打开浏览器 搜索引擎"活动内，测试时会先打开搜索引擎主页再执行"单击 查询按钮"活动。

图 6-27　从此活动运行

2．运行

在调试阶段确认流程无误后，可以单击"调试"功能区的"运行"按钮或使用快捷键"Ctrl+F5"查看程序在正常运行速度下的效果。

一旦开始运行程序，UiPath Studio 会自动最小化，并在桌面状态栏中新增图 6-28 所示的运行图标，此时请勿人工移动鼠标或通过键盘输入，以免影响机器人的正常运行。

图 6-28　运行图标

在机器人运行结束后，状态栏中的运行图标会自动消失，并恢复 UiPath Studio 界面。

单击 UiPath Studio 界面下方的"输出"，打开"输出"面板可以看到机器人的运行情况与日志消息，如图 6-29 所示。

读者可以比较一下图 6-25 和图 6-29 所示的"输出"面板信息。在调试状态下"输出"面板显示的信息更详细，便于跟进流程的运行情况及问题排查；运行状态"输出"面板显示的信息更简略，便于在流程稳定时保证运行速度。

图 6-29　运行结束时的"输出"面板

计算机知识小讲堂：关于计算机的键盘模式

　　如果自动化流程中包含"输入信息 变量"等键盘操作类活动，那么在调试或运行时要保证当前计算机的键盘模式为英语键盘模式，如果为中文键盘模式，可能会造成输入失败。

6.2　获取数据

在 6.1 节中，我们完成了输入关键词进行搜索的步骤，此时网页上展示了一系列搜索"变量"

的结果,接下来要从网页中获取搜索结果信息。本节将在 6.1 节搭建的流程的基础上辅以其他场景来介绍如何稳定地获取搜索结果记录的标题,以及在面对无法下载到本地的网页数据表时如何将其批量获取到数据表中。

6.2.1 获取第一条搜索结果

下面以在搜索到结果后获取第一条搜索结果为例介绍如何获取网页中的信息。

1. 获取文本

获取网页或应用程序中的文本信息一般使用"获取文本"活动。将"获取文本"活动拖放到设计器面板中,放到"打开浏览器 搜索引擎"活动的下方,如图 6-30 所示。

图 6-30　添加"获取文本"活动

参照 6.1.2 节所述的获取元素的方式,通过选择"指明在屏幕上"获取第一条搜索结果的标题,如图 6-31 所示。

之前介绍的操作类活动,如"单击""输入信息 变量"等,只执行鼠标或键盘操作,没有任何输出信息,而"获取文本"活动是一个有输出的活动。"获取文本"活动的"属性"面板如图 6-32 所示。

图 6-31　获取搜索"变量"的第一条搜索结果的标题

图 6-32　"获取文本"活动的"属性"面板

对于有输出的活动,如果要在后续自动化过程中使用输出值,就需要创建指定类型的变量来存储。以"获取文本"活动为例,其输出的变量类型必须为字符串,因此需要创建字符串类型的变量来存储输出值。

2. 创建变量存储输出值

创建变量有两种常用的方式。

(1)使用快捷键创建。单击"属性"面板的"输出"属性项的"值"的文本框后,按下快捷键"Ctrl+K",弹出"设置变量:",在其后输入待创建的变量名称"WenBen",并按 Enter 键确认,即可新建一个字符串类型的变量,用于存储获取的文本信息,如图 6-33 所示。

使用这种方式可以自动创建符合输出要求的变量类型,便于在不确定活动所需的输出变量类型时创建变量。在 UiPath Studio 界面下方的"变量"面板中可以查看到创建变量的名称、变量类型和范围。同时默认范围为该活动所处的最小范围,范围可根据需要进行调整。

单击"变量"面板中变量 WenBen 的"范围"下拉按钮(见图 6-34),可以看到"Do"和"序列"两个选项。

图 6-33 创建字符串类型的变量 WenBen

由于"获取文本"活动在"序列"范围中,而不在"Do"范围中,因此默认范围是"序列"。由于这也是整个工作流文件的最大范围,故变量 WenBen 是全局变量。假设"获取文本"活动在"Do"范围中(也在"序列"中),此时的默认范围就会变成"Do",在"Do"范围内的变量(局部变量)仅供同样在"Do"内的活动访问与使用。读者可以尝试根据实际需求调整变量的作用范围,将变量在局部变量(作用局部范围的变量)和全局变量(作用整个工作流范围的变量)之间进行调整。

图 6-34 调整范围

(2)从"变量"面板创建。在"变量"面板中单击"创建变量",在"名称"栏中输入"WenBen",设置变量类型为 String,范围为"序列",可同样实现创建变量的功能。

创建完毕后,在"获取文本"活动的"属性"面板的"输出"属性项的"值"的文本框中输入"WenBen",可以看到 UiPath Studio 自动联想出了已创建的变量,选择下拉列表中的"WenBen",即将其设置为存储"获取文本"活动输出值的变量,如图 6-35 所示。

3. 查看输出值

"写入行"活动能够将文本信息展示在"输出"面板中,主要用于开发阶段的调试工作中,可以在运行工作流文件时确认变量内的文本信息,或输出指定文本记录机器人运行情况。

从"活动"面板中将"写入行"活动拖放到"获取文本"活动之后,在"写入行"活动的文本框中输入"WenBen"并执行,即可展示出从网页中获取的文本信息,如图 6-36 所示。

图 6-35　在活动中调用变量

配置完成后，单击"设计"功能区的"运行文件"来启动机器人，待机器人运行结束，可在下方"输出"面板中看到刚从网页中获取的第一条搜索结果的标题信息，如图 6-37 所示。

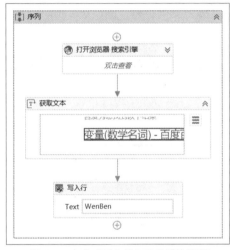

图 6-36　加入"写入行"活动后的界面

图 6-37　"写入行"活动结果展示

6.2.2　调整选取器

在 6.2.1 节中，使用"获取文本"活动获取了搜索"变量"的第一条搜索结果的标题，在指定用户界面元素后，UiPath Studio 会自动生成默认选取器。默认选取器能方便、快捷地指向指定用户界面元素，但其通用性和稳定性较差，如用户界面元素的底层代码不稳定或默认选取器中存在不合适的属性项，默认选取器就难以适配，可能在下一次运行时就无法准确地找到用户界面元素。

因此，在指定用户界面元素后，往往需要人工确认并调整选取器的内容，使它能够稳定地、准确地指向待获取的用户界面元素，确保机器人稳定地进行界面操作。

1. 自动修复选取器

UiPath Studio 自带选取器修复功能，能够自动优化选取器中不稳定的属性项，但是该功能存在局限，不一定能完全满足需求，自动修复后仍需根据经验确认或手动调整。

（1）查看默认选取器。指明要获取文本信息的用户界面元素后，UiPath Studio 会自动生成选取器。单击"获取文本"活动的选项按钮 ≡ 并选择"编辑选取器",如图 6-38 所示。

在弹出的"选取器编辑器"界面中可以看到 UiPath Studio 自动生成的默认选取器,如图 6-39 所示(该选取器是笔者编写本书时获取的,由于用户界面元素的底层代码调整,后期可能无法适配,在实际开发中这种情况很常见)。"选取器编辑器"界面左上方的"验证"按钮显示为红色,说明该选取器无法识别到网页中的元素,需要调整。

图 6-38 "获取文本"的"编辑选取器"选项

(2)自动修复选取器。单击"选取器编辑器"中的"修复"按钮(见图 6-39),并重新在网页中指明搜索"变量"的第一条搜索结果,UiPath Studio 可自动调整选取器以适配当前的用户界面元素。若选取器更新成功,会有对应对话框提示。此时再看回该活动的"选取器编辑器",可以看到选取器有所变化,部分内容以通配符"*"替代,"选取器编辑器"界面左上角的"验证"按钮也变成了绿色,如图 6-40 所示。

图 6-39 默认选取器

图 6-40 更新后的"选取器编辑器"

> **计算机知识小讲堂:什么是通配符**
>
> 通配符可以指代某些不确定的字符,*可以指代任何长度的字符。在无法确认字符内容或字符内容可能变化时,可使用通配符代替。

注意,绿色的"验证"按钮仅代表当前存在符合该选取器的用户界面元素,该元素不一定是预期的元素。因此,为了确认该选取器是否指向预期的用户界面元素,可单击"高亮显示"按钮,UiPath Studio 会将目标元素置于前台,并以红框高亮显示该选取器指向的用户界面元素。UiPath Studio 在搜索结果界面中用红色框标识第一条"变量"的搜索结果的标题,说明可以通过该选取器正确定位到元素,如图 6-41 所示。

自动修复后的选取器可以适配本次用户界面元素的调整,但是在选取器中仍可看到"百度百科"等指代性较强的属性值,若之后第一条搜索结果不再来自百度百科,该选取器仍存在因用户界面元素调整而无法适配的风险，因此在自动修复后仍存在手动调优的可能性。

图 6-41　高亮显示抓取信息的界面

2. 手动优化选取器

选取器的自动修复功能存在一定局限性，无法适配于每种场景，相对稳定的选取器调整方式是通过手动优化。

（1）属性优化规律。手动优化选取器没有最优的标准，往往依赖开发者以往的开发经验。为方便初学者快速上手，下面整理出一些常见的不稳定属性特征与对应的选取器调整方式，供读者参考。

- 属性中包含指向性很明确的表述，如本例中的"变量""百度百科"等，很明显无法适配于其他情况，可使用通配符*代替。
- 属性值包含"wenb&sc=0-12&sk=&cvid=187CD"等无意义的字符时，建议将这些字符以通配符*代替。
- 选取器中存在"idx"的标签且属性项的值是很大的数字，如"356"，说明该情况下属性变化的可能性很大，建议将"idx"的标签和属性值删除，避免属性变化造成的影响。
- 针对规律变化的属性值，可以考虑在选取器中添加变量，具体操作方式详见 6.2.3 节。

（2）打开"用户界面探测器"。在手动调整选取器时，除了在"选取器编辑器"中直接修改，还可以在专门用于确认和调整选取器的"用户界面探测器"窗口中调优。

可以在"设计"功能区中单击"用户界面探测器"，如图 6-42 所示，在指定用户界面元素后进行选取器调整，或者在指定活动的"选取器编辑器"中单击"在用户界面探测器中打开"，直接进入指定用户界面元素的调整界面。

图 6-42　"设计"功能区的"用户界面探测器"

"用户界面探测器"窗口如图 6-43 所示。

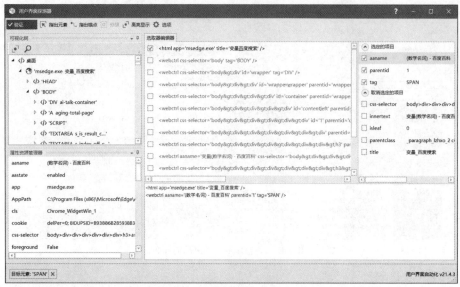

图 6-43　"用户界面探测器"窗口

"用户界面探测器"窗口默认展示指定用户界面元素的内部属性,可根据需要进行调试与测试,其功能区大致可以分为 5 个部分。

- 窗口字段面板包含选取器编辑器功能,如指出元素、指出锚点、修复、高亮显示等,其中使用"指出锚点"功能可以选择一个相对目标用户界面元素的锚点,用于辅助指定用户界面元素。
- "可视化树"面板显示用户界面的层次结构,通过单击每个节点前面的箭头,可以在各节点中导航,便于了解指定用户界面元素底层代码的大致结构。在默认情况下,当第一次打开"用户界面探测器"时,此面板中会显示所有打开的应用程序并以英文字母顺序排列。双击"可视化树"中的用户界面元素(或右键单击并选择"设置为目标元素"),将会自动把该用户界面元素的属性填充至"选取器编辑器""选取器属性"和"属性资源管理器"面板中。
- "属性资源管理器"面板显示在"可视化树"面板中指定的用户界面对象可以具有的所有属性,包括选取器中没有出现过的属性,这些属性无法更改。
- "选取器编辑器"面板显示指定用户界面对象的选取器,使开发者能够对其进行自定义调整。此面板的顶部可以查看选取器中的所有节点,通过勾选或取消勾选前面的复选框可以添加或消除不必要的节点,在"选取器属性"面板中将会显示选中的节点的详细属性。此面板的底部显示实际选中的节点的 XML 代码。在确定所需的选取器后,可以从这里复制,然后将其粘贴到活动的"属性"面板的"选取器"属性项中。
- "选取器属性"面板显示在"选取器编辑器"面板中选中的节点的所有可用属性,通过勾选或取消勾选每个属性前面的复选框可以添加或消除某些属性,也可以更改已选中的属性的值。

（3）在"用户界面探测器"中调整。选取器没有最优的标准，在调整选取器时也没有固定的方式、方法，往往需要多次调整各项属性值，经过不断尝试与试验，直到找到一个稳定、通用的选取器。根据以往的经验，下面整理出大致的调试步骤，供读者参考。

① 在"可视化树"面板和"属性资源管理器"面板中确认指定用户界面元素为所需元素，若不是则在"可视化树"面板中双击节点进行调整，或单击"指出元素"重新指定。

② 根据本节开头介绍的属性优化规律，在"选取器编辑器"面板中勾选或取消勾选节点，并在"选取器属性"面板中勾选或取消勾选属性，使选取器尽可能满足优化规律。

③ 手动修改选取器内容，以通配符*替代指向性较强或存在不稳定的属性。

④ 每进行一步调整，均单击"窗口字段"面板中的"验证"和"高亮显示"，确认选取器是否可以稳定地指向指定用户界面元素。

在获取"变量"关键词的第一条搜索标题的示例中，已通过多次执行以上步骤将选取器调整为较为稳定的状态，调整操作分为几步，供读者参考。

（1）取消勾选"选取器属性"面板中默认节点的"aaname"属性，避免包含"百度百科"等字眼导致指向性太强，如图 6-44 所示。

图 6-44 调整"选取器属性"面板中的属性

（2）目前选取器中包含较大的 idx 值，仍存在不稳定因素。勾选"选取器编辑器"面板中的"<webctrl css-selector='body>div>div>div>div>div>h3' parentid='1' tag='H3' />"节点（见图 6-45a），并取消勾选"选取器属性"面板中默认节点的 css-selector 属性（此时"选取器编辑器"面板中的选取器会同步调整（见图 6-45b），使选取器更稳定地指向搜索结果的标题，如图 6-45 所示。

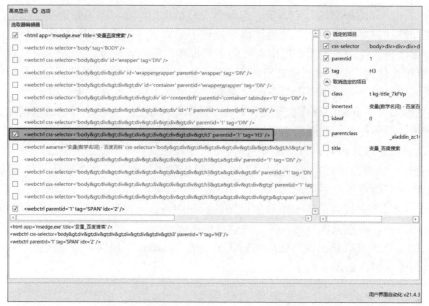

(a)勾选"选取器编辑器"面板中的节点

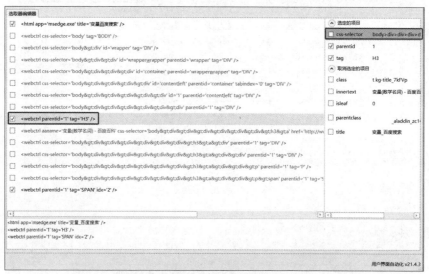

(b)取消勾选"选取器属性"面板中默认节点的 css-selector 属性

图 6-45 调整"选取器编辑器"中的节点

(3)手动将 title 属性值调整为通配符*,避免包含具体的搜索标题,指向性太强,带来不稳定隐患,如图 6-46 所示。

(4)完成调整后"验证"按钮显示为绿色,且可正常高亮显示第一条搜索结果的标题,如图 6-46 所示,说明该选取器已调整得较为稳定。

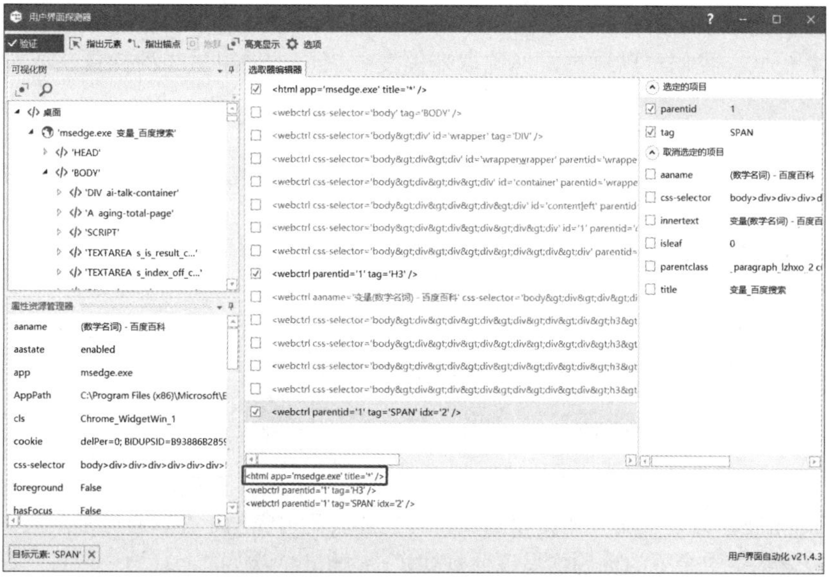

6.2 获取数据　63

图 6-46　手动修改"选取器编辑器"中的内容

（5）将更新的选取器复制到指定活动（本例中的"获取文本"活动）的选取器编辑器中，或单击"用户界面探测器"中的"保存"按钮，如图 6-47 所示。

图 6-47　更新指定活动的选取器

（6）单击"确定"按钮，即完成了通过"用户界面探测器"进行的手动优化操作，此时的选取器更为健壮和稳定，可以较好地避免因页面底层代码调整等原因造成的选取器失效，减轻后期的运维工作量。

6.2.3　获取余下搜索结果

在 6.2.2 节中，使用"获取文本"活动获取了搜索"变量"的第一条搜索结果的标题，接着还可以继续获取页面中余下的全部搜索结果的标题。但是，通过逐个调整选取器并运行机器人实现抓取的效率较低，我们可以通过发现选取器的变化规律，采用另一种批量获取页面元素的获取方式。

1. 探索选取器变化规律

在"设计"功能区中打开"用户界面探测器"，然后单击"指出元素"按钮，依次获取第二条和第三条搜索结果的标题并记录选取器内容。

获取第二条搜索结果的标题后的默认选取器的内容如下：

```
<html app='msedge.exe' title='变量_百度搜索' />
<webctrl parentid='2' tag='A' />
```

获取第三条搜索结果的标题的默认选取器的内容如下：

```
<html app='msedge.exe' title='变量_百度搜索' />
<webctrl parentid='3' tag='A' />
```

比较这两个元素的选取器可以发现，两者仅有 parentid 发生了变化，parentid=2 时对应第二条搜索结果，parentid=3 时对应第三条搜索结果，其他选取器内容均不变。通过多次测试比较可以发现，第一页搜索结果中余下的标题均呈现此规律，parentid 依次为 2、3、4……11，因此我们可以通过改变 parentid 的值获取各搜索结果的标题。

2. 使用变量控制循环

为了实现 parentid 递增的效果，可以使用变量控制循环的方式来批量获取多条搜索结果的标题。

循环逻辑的流程图如图 6-48 所示，其中引入了一个变量 ID 来表示要获取第几条搜索结果，即选取器中 parentid 的值，并通过循环逻辑逐次调整变量 ID 的值，获取一条搜索结果的标题后将变量的值加 1，以获取下一条搜索结果的标题，直至 ID 为 11（即获取当前页面最后一条搜索结果的标题）为止。

在 UiPath Studio 的实际操作中，首先需创建一个名称为"ID"、变量类型为 Int32（整型）、默认值为 2 的变量（见图 6-49），这意味着该变量的初始值为 2。

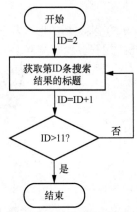

图 6-48 循环逻辑的流程图

图 6-49 创建默认值为 2 的整型变量

在 UiPath Studio 中，表达循环逻辑常使用"先条件循环"和"后条件循环"两个活动，这两个活动均可实现循环的效果，区别仅在于是先进行循环条件判断还是先执行循环体内的操作。

将"先条件循环"和"后条件循环"两个活动拖放到设计器面板中，并将循环的判断条件设为"ID>1 and ID<12"，用于指定变量 ID 的循环范围为 2~11，超出该范围即跳出循环，不再执行循环体内的操作。接着将"获取文本"活动和"分配"活动拖放到循环中，"分配"活动用于调整变量 ID 的值，每执行一次，变量的值加 1，"获取文本"活动用于实际的信息获取操作，流程搭建完成后的结果如图 6-50 所示。

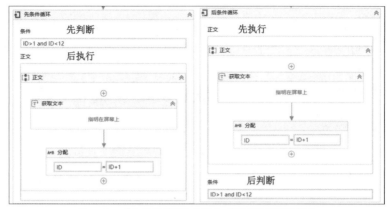

图 6-50 "先条件循环"活动与"后条件循环"活动

3. 将变量添加到选取器中

以"先条件循环"活动为例,单击"获取文本"活动中的"指明在屏幕上"获取第二条搜索结果的标题;然后选中活动,在右侧"属性"面板中找到"选取器"属性项的文本框(在选取器中添加变量时,必须通过"属性"面板来操作),单击文本框使光标置于其中,将选取器的内容更改为:

<html app='msedge.exe' title='变量_百度搜索' /><webctrl parentid='"**+ID.ToString+**"' tag='A' />

因选取器是字符串类型,默认以英文双引号标识。在增加变量时需输入英文双引号标识原有选取器,并以加号(+)作为原有选取器与变量的连接;如果变量的类型不是字符串类型(如本例中的整型变量 ID),需要在变量后增加".ToString"转换成文本。调整"获取文本"活动后的选取器如图 6-51 所示。

图 6-51 将变量添加到选取器中

4. 验证是否成功

在选取器中添加完变量后，通过"获取文本"活动的"编辑选取器"打开的是图 6-52 所示的"表达式编辑器"，而不是"选取器编辑器"，自然就无法通过"验证"按钮的颜色与高亮显示来判断调整后的选取器是否能正确定位到元素。

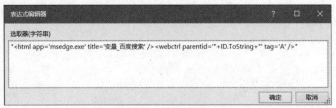

图 6-52　表达式编辑器

这时，要再次使用之前创建的变量 WenBen 与"写入行"活动，将"获取文本"活动的输出值保存在变量 WenBen 中，并通过"写入行"活动展示出来。添加"写入行"活动后的"先条件循环"流程如图 6-53 所示。

运行主工作流文件，"输出"面板的结果如图 6-54 所示，可以看到页面中的 10 条搜索结果的标题均已正常获取。

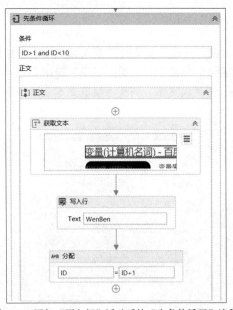

图 6-53　添加"写入行"活动后的"先条件循环"流程

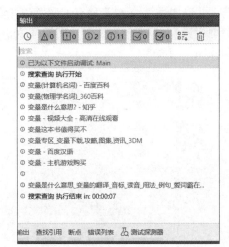

图 6-54　输出结果

6.3　与应用程序交互

除了网页操作，在日常工作中也常常需要操作应用程序，如在记事本中记录信息、操作网银客户端进行余额查询等。本节将以计算机中默认安装的记事本应用为例，实现在新建的记事本中输入信息并保存的功能。人工操作记事本的步骤如图 6-55 所示，下面将按照图 6-55 中的步骤介绍如何通过 UiPath Studio 实现与应用程序交互。

图 6-55　人工操作记事本的步骤

先新建一个空白项目文件并打开主工作流文件，在 UiPath Studio 的"活动"面板中搜索"流程图"，并将搜索到的"流程图"活动拖放到设计器面板中，如图 6-56 所示。流程图能够以更加直观的方式展现顺序、判断与循环等多种工作流的逻辑结构，本节将使用流程图来完成流程自动化。

图 6-56　将"流程图"活动拖放到设计器面板中

6.3.1　打开记事本

使用 UiPath Studio 打开应用程序有两种方式，即通过"打开应用程序"活动或"启动进程"活动，两者均可实现相同的功能。

- "打开应用程序"活动：通过指定应用程序的用户界面元素启动，通用性较好，但存在不稳定的情况。
- "启动进程"活动：通过指定应用程序名称启动，后台操作稳定性较好，但仅适用于打开已知安装路径或已知运行程序名称的程序。

本节将分别介绍这两个活动的使用方式，读者在实际使用中可根据需要选择合适的方式打开应用程序。

1. 使用"打开应用程序"活动

手动打开空白记事本文件后，在 UiPath Studio 的"活动"面板中搜索"打开应用程序"活动，并将搜索到的"打开应用程序"活动拖放到流程图起始节点"Start"的下方，如图 6-57 所示。

图 6-57　添加"打开应用程序"活动

在流程图中，第一个活动需要与起始节点"Start"连接起来。将鼠标指针移到"Start"上，会发现 4 个边缘"长"出了凸起，如图 6-58 所示，这些凸起就是与其他活动连接的连接点。

单击"Start"下方的连接点，按住鼠标左键并拖动鼠标画出连接线，拖至"打开应用程序"活动上方的连接点后松开（见图 6-59），带箭头的连接线指定了机器人的运行顺序，表明在启动之后执行的第一个活动是"打开应用程序"。

图 6-58　连接点

图 6-59　连接活动

连接完毕后，双击活动，再单击活动上的"指出屏幕上的窗口"，指定刚刚新建的空白记事本，将活动的"显示名称"修改为"打开应用程序-记事本"，如图 6-60 所示。

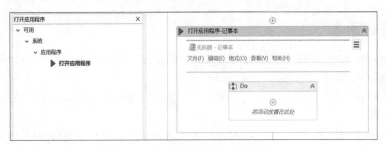

图 6-60　"打开应用程序-记事本"活动

完成用户界面元素指定之后，需要确认 UiPath Studio 获取的默认选取器是否可以适配所需场景，若存在不稳定的属性值，可以参照 6.2 节中介绍的方式调整选取器。打开"打开应用程序-记事本"活动的选取器，发现 title 属性的值"无标题 - 记事本"的指向较明确，为了避免记事本名称变化造成无法识别的情况，可使用通配符优化该属性的值，保证活动的稳定性，如图 6-61 所示。

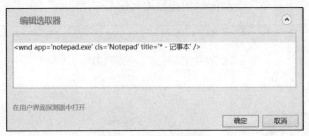

图 6-61　调整后的选取器

后续每个涉及用户界面元素的活动均需进行选取器确认与调整工作，读者要养成及时优化调整的习惯。

此时"打开应用程序-记事本"活动的"属性"面板中展示了 UiPath Studio 自动获取的默认信息，常用的属性项为"参数""文件名"和"选取器"，它们的使用说明如图 6-62 所示。

图 6-62　"打开应用程序-记事本"活动的"属性"面板及常用属性项的使用说明

2. 使用"启动进程"活动

使用"启动进程"活动可以实现与"打开应用程序"活动类似的效果。在"活动"面板中搜索"启动进程"，并将搜索到的"启动进程"活动拖放到设计器面板中，使用前面讲过的活动连接方式将其与"Start"连接，然后将活动的"显示名称"修改为"启动进程-记事本"。

"启动进程-记事本"活动上方的文本框用于指定"文件名"，即待启动应用程序的.exe 文件在本地的路径。系统自带的应用程序安装于默认路径下，可直接输入执行程序的名称，如"notepad"；若应用程序安装于自定义路径或者并非系统自带应用程序，需要输入执行程序在本地的完整路径，如"C:\Windows\System32\notepad.exe"。

"启动进程-记事本"活动下方的文本框用于指定进程的"参数"，即待打开的指定文件。本例在指定程序为"notepad"后保持参数为空即可新建记事本文件，如图 6-63 所示。如需使用应用程序打开本地的指定文件，可输入待打开文件在本地的完整路径，例如，输入"D:\RPA 学习.txt"即代表使用记事本打开保存在 D 盘根目录下名为"RPA 学习.txt"的文本文件。

图 6-63　"启动进程-记事本"活动的配置

6.3.2　输入文本内容

新建空白文件后，可根据需要在记事本中输入信息。

在 UiPath Studio 中，常用于输入信息的活动有"输入信息""设置文本""发送热键"等，各种活动的原理不同但均可以实现相似的功能。在实际使用中，若遇到其中一种活动无法满足输入文本的需求，可尝试通过其他活动实现。

因为"输入信息"活动在 6.1.2 节中已介绍过，本节将介绍如何使用其他活动完成文本信息输入，读者可根据需要进行选择。

1. 通过"设置文本"活动输入文本内容

在"启动进程"活动下添加"设置文本"活动,将活动的"显示名称"修改为"设置文本-写入记事本"后选择新建的记事本用户界面元素,并在"设置文本-写入记事本"活动下方的文本框中输入待写入记事本的文字(如"RPA学习"),如图6-64所示,即可实现在新建的记事本中输入文字"RPA学习"的功能。

2. 通过剪贴板复制文本内容

通过剪贴板复制文本内容的方式是通过模拟人工复制的操作,将指定文本存入剪贴板,并通过复制快捷键"Ctrl+V"实现输入文本。

首先在"启动进程"活动下添加"设置为剪贴板"活动,将活动的"显示名称"修改为"设置为剪贴板-RPA学习"并在输入框中写入"RPA学习",如图6-65所示,即将指定文本存入剪贴板。

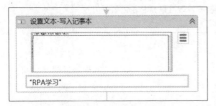
图6-64 使用"设置文本-写入记事本"活动写入文字

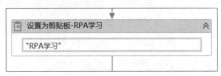
图6-65 "设置为剪贴板"活动

然后添加"发送热键"活动,将活动的"显示名称"修改为"发送热键-输入文本"并指定用户界面元素为记事本应用。在活动配置面板中可看到4个常用的修饰键,即Alt、Ctrl、Shift和Win,勾选对应的复选框即可模拟该键的输入。单击最右侧"键值"的下拉按钮,有更多键可供选择,如esc和tab等,如图6-66所示。

"键值"中的键可与左侧4个常用修饰键组合使用,模拟人工同时按下的效果。本例中需要通过同时按下修饰键Ctrl和字母键V来实现粘贴文本功能,即在左侧修饰键中勾选Ctrl,并在"键值"文本框中输入字母V,如图6-67所示。

图6-66 "发送热键"活动

图6-67 使用"发送热键"活动实现粘贴文本功能

3. 通过"发送热键"活动输入文本内容

"发送热键"活动除了支持通过"键值"下拉按钮选择，还可以直接通过在"键值"的文本框中输入文本，实现文本输入功能。

在指定用户界面元素为记事本后，在"键值"的文本框中输入"RPA学习"（无须输入英文双引号），如图 6-68 所示，同样可实现文本输入功能。这种方法需在输入法为英文时使用，使用频率较低。

图 6-68　使用"发送热键"活动输入指定文本

6.3.3　保存至指定路径

完成文本内容输入后，需将写好的记事本文件保存在指定路径下。

因为保存涉及多个界面操作，建议在 6.3.2 节使用的"发送热键-输入文本"活动之后添加"序列"活动，用于存储与保存记事本相关的活动，将活动的"显示名称"修改为"序列-保存至指定路径"，这样会使整个代码架构的逻辑更加清晰，如图 6-69 所示。

图 6-69　添加"序列"活动并将活动的"显示名称"修改为"序列-保存至指定路径"

1. 点击至保存界面

在实现记事本保存操作时，一般在记事本的"文件"菜单中选择"保存"选项，如图 6-70 所示。在 UiPath Studio 中使用两个"单击"活动即可实现记事本保存。

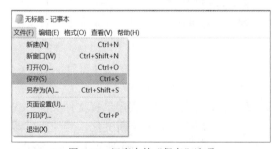

图 6-70　记事本的"保存"选项

首先添加一个"单击"活动，指向记事本的"文件"菜单；再添加一个"单击"活动，指向

"文件"下拉列表中的"保存"选项。

因为"文件"菜单的下拉列表仅在单击"文件"后出现,一旦单击其他位置,该下拉列表就会自动收起,这个特性使得选择"保存"选项的用户界面元素十分困难。为了解决这个问题,在单击活动的"指明在屏幕上"后,可通过快捷键 F2 实现延迟后选择功能,如图 6-71 所示。

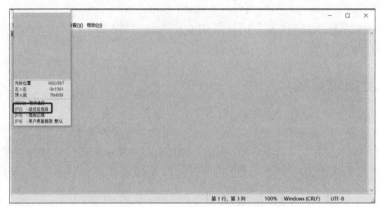

图 6-71 "指明在屏幕上"快捷键功能示例

按下 F2 键后将会有 3 秒延迟,并在屏幕右下角显示倒数计时,如图 6-72 所示。

在此期间可正常进行界面操作,如打开"文件"的下拉列表,UiPath Studio 将在倒计时结束后进入用户界面元素指定的状态,此时便可正常指定"保存"选项。完成设置的活动如图 6-73 所示。

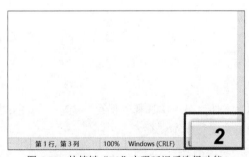

图 6-72 快捷键"F2"实现延迟后选择功能

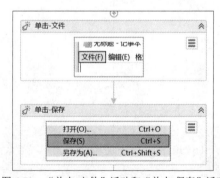

图 6-73 "单击-文件"活动和"单击-保存"活动

2. 输入保存地址

在记事本中选择"保存"选项后,会弹出"另存为"窗口,如图 6-74 所示。此时需要配置保存记事本的相关信息,如文件名、保存类型和编码等。

手动保存文件时,往往习惯于通过在窗口一层层选择文件夹的方式指定路径。但是,在选择过程中界面不断变化,即待单击的用户界面元素不断变化,若使用机器人模拟文件夹的选择并保存文件,存在较大的不确定性与不稳定性。因此,在使用 UiPath Studio 开发时,只让机器人照抄人工的操作方式是远远不够的,需要寻找更适合机器人操作的方式。

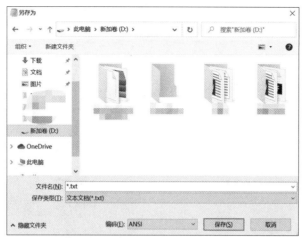

图 6-74 记事本的"另存为"窗口

通过多次尝试可以发现,在指定记事本的保存路径时,还可以在"文件名"文本框中输入完整的路径,如"D:\RPA 学习.txt",将该记事本命名为"RPA 学习"并保存在 D 盘根目录下。这种方式固定在"文件名"文本框中输入信息,仅需改变输入信息的内容即可改变保存的路径,较为通用且稳定,符合机器人的特性,可使用"输入信息"等活动实现。

在设计器面板中拖入"输入信息"活动,将活动的"显示名称"修改为"输入信息-RPA"后指定"文件名"文本框这个用户界面元素,并输入包含记事本名称的完整路径"D:\RPA 学习.txt"。

除以上配置外,记事本的"文件名"文本框中存在默认值"*.txt",为了避免默认值对机器人录入信息的影响,需要在"输入信息"活动的"属性"面板中勾选"空字段",使机器人在进行录入操作之前清空文本框中的信息。

3. 更换编码

记事本的默认编码为 ANSI,由于兼容性的问题往往需要改为 UTF-8 格式,在保存记事本时可通过"编码"下拉列表调整。针对下拉列表的选择操作在 UiPath Studio 中可以通过两个"单击"活动实现,但比较烦琐且不稳定,使用"选择项目"活动可以更便捷、稳定地支持下拉列表操作。

在设计器面板中拖入"选择项目"活动,将活动的"显示名称"修改为"选择项目-编码",捕获"编码"下拉列表后,UiPath Studio 会自动获取下拉列表的全部选项,并默认选择在捕获时展示的选项,如图 6-75 所示。此时在"选择项目-编码"活动的下拉列表中选择 UTF-8 选项,即可实现调整"编码"选项的功能。

4. 单击保存

完成上述设置后,需要单击"保存"按钮提交保存设置,完成保存操作。

从"活动"面板中将"单击"活动拖到"序列"中的"选择项目-编码"活动之后,将活动的"显示名称"修改为"单击-保存"并捕获记事本的"保存"按钮,即可通过 UiPath Studio 实现保存操作,如图 6-76 所示。

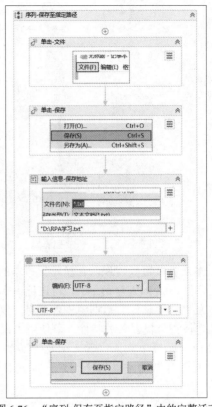

图 6-75 "选择项目-编码"活动　　　　图 6-76 "序列-保存至指定路径"中的完整活动

6.3.4 关闭记事本

在完成新建记事本的保存操作后，需要将已打开的记事本窗口关闭，做到有始有终。在 UiPath Studio 中，关闭应用程序窗口的常用活动有 3 种，即"关闭窗口""关闭应用程序"和"终止进程"。三者的原理和适用场景稍有不同，但均可以实现关闭记事本的功能。在一种活动无法实现时，可尝试切换至其他活动。

（1）"关闭窗口"活动：关闭当前打开的窗口。若一个程序或页面中同时打开了多个窗口，仅可关闭指定的某一个，关闭的范围较小。

（2）"关闭应用程序"活动：基于用户界面元素关闭程序。若指定程序存在对话框，可与程序一并关掉。

（3）"终止进程"活动：关闭指定的 Windows 进程。通过强制关闭进程的方式实现最为彻底的关闭效果，结束活动在计算机后台的进程。

1. 使用"关闭窗口"活动关闭记事本

在"活动"面板中搜索"关闭窗口"，将搜索到的"关闭窗口"活动拖放到设计器面板中，然后将活动的"显示名称"修改为"关闭窗口-记事本"，单击"指出屏幕上的窗口"，选择刚刚保存的"RPA 学习"记事本文件，如图 6-77 所示，即可完成配置。

图 6-77 "关闭窗口-记事本"活动

若选择用户界面元素时记事本尚未进行保存操作，获取的选取器可能因为标题未更新等原因存在不准确的情况，导致机器人未来运行出错。涉及用户界面元素抓取时，请记得优化对应的选取器，确保活动可以稳定地运行。

2. 使用"关闭应用程序"活动关闭记事本

在"活动"面板中搜索"关闭应用程序"，将搜索到的"关闭应用程序"活动拖放到设计器面板中，然后将活动的"显示名称"修改为"关闭应用程序-记事本"，单击"指出屏幕上的窗口"，选择 6.3.3 节中保存的"RPA 学习"记事本文件，如图 6-78 所示，即可完成配置。

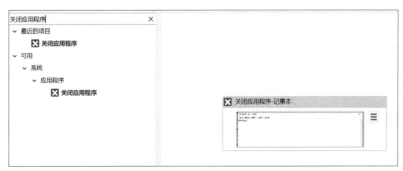

图 6-78 "关闭应用程序-记事本"活动

3. 使用"终止进程"活动关闭记事本

在"活动"面板中搜索"终止进程"，并将搜索到的"终止进程"活动拖放到设计器面板中，然后将活动的"显示名称"修改为"终止进程-记事本"，可以看到该活动主要的属性项为"流程"与"流程名称"，任选其一进行设置即可。

"流程"属性项通过输入流程类型的变量来终止指定进程，需事先定义待关闭的流程变量，一般较少使用；"流程名称"属性项通过字符串类型的变量来指定待关闭的进程名称（名称中不可包含".exe"等后缀），流程名称可以在 Windows 任务管理器的"详细信息"中查看，如图 6-79 所示，记事本程序对应的进程名称为"notepad"。

在本例中，在"流程名称"的文本框中输入"notepad"即可完成活动配置，如图 6-80 所示。

完成以上设置即在 UiPath Studio 中完成了整个流程的开发，如图 6-81 所示。调试或运行机器人即可实现新建记事本并将其保存在指定路径下的功能。

第 6 章　UiPath Studio 用户界面自动化开发

图 6-79　任务管理器的"详细信息"

图 6-80　"终止进程"活动设置

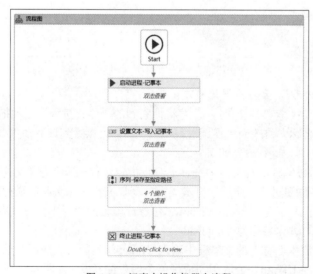

图 6-81　记事本操作机器人流程

在调试过程中，如果想从中间某个活动开始，除了使用"从此活动运行"功能，还可以在流程图中调整与起始点"Start"节点的连接，如图 6-82 所示，这意味着启动机器人后，将从"序列-保存至指定路径"活动开始运行至"终止进程-记事本"活动结束。

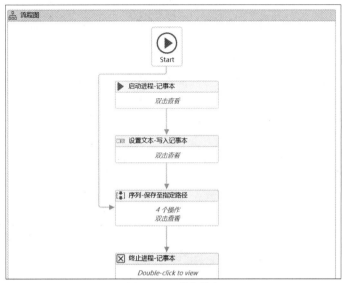

图 6-82　调整起始点

6.4　工作流控制与优化

当低代码平台弱化了自动化项目中的技术门槛后，开发 RPA 机器人的难点在哪里呢？明明每个活动都会用，也按照业务逻辑把活动组织起来了，为什么最终用户反馈使用效果差？其实，机器人开发的重点，也是容易被忽略的一点，就是工作流控制与优化。

就像制造业工厂里的生产流水线一样，RPA 机器人也是按照编译好的工作流程完成任务的，上一道工序会影响下一道工序，当某个环节出现问题时可能导致任务失败。RPA 机器人并没有自我检查每一步活动实际执行情况的功能，可能会因为各种各样的原因导致任务失败，因此需要在程序中添加质量控制的代码，当任务执行到某些关键环节时，让机器人检查当前的结果是否符合预期。因为用户的预期是最好不要有异常，也就是说要求 RPA 机器人可以预防异常，这仅通过异常处理很难实现，所以在开发时还需格外注意工作流的控制与优化。

6.4.1　序列控制与优化

6.1 节通过网页搜索关键词介绍如何在序列中将一系列活动组织起来，实现特定的自动化流程。我们设想机器人会一个活动接着一个活动地完成指定的动作，一切都很顺利，但是这些顺序组织起来的活动在实际调试、运行的过程中可能会出现一些问题。例如，RPA 机器人在搜索栏中只输入了部分关键词，如在程序中明明写的是"汇率表"，但是运行后机器人只输入了"率表"，就直接单击了"搜索"按钮，导致搜索出来的结果与预期不符；RPA 机器人要单击某条搜索结果去捕获网页上展示的搜索结果，但在某一次运行中这个搜索结果不存在了。这些会导致 RPA 机器人不稳定的因素应该在流程梳理（见 5.1 节）时提前考虑清楚，这就要求开发者具备一些 RPA 项目经验。

本节将基于"搜索查询"案例来尝试简单地优化一下程序,以提升机器人运行的稳定性。

1. 检查输入信息

针对 RPA 机器人在搜索框中可能只输入了部分关键词这一问题,我们打算在"输入信息"活动后使用"获取文本"活动捕获输入的关键词,并通过"重试范围"活动判断输入的信息是否与关键词一致,若不一致则重新输入。

从"活动"面板将"获取文本"拖放到"输入信息 汇率表"活动的下方,并且创建字符串类型的变量 GetValue,用于保存从搜索框中捕获的文本信息,如图 6-83 所示。

图 6-83 获取搜索框文本

接着从"活动"面板中添加"重试范围"活动,再将"输入信息 汇率表"和"获取文本 搜索框"这两个活动按照原来的顺序拖放到"重试范围"活动的"操作"中,如图 6-84 所示。

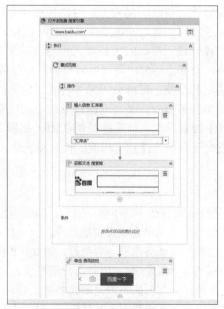

图 6-84 重试范围

"重试范围"活动在"条件"内的要求不满足或者"操作"内的活动发生异常报错时，会自动重新执行一定次数的"操作"内的活动。"重试范围"活动的"条件"可以留空，表示仅在发生异常报错时重试。并不是每个活动都可以作为重试条件，可以放在"条件"内的活动如表6-7所示。

表 6-7　可作为重试条件的活动

活动名称	说明
是匹配	验证字符串是否匹配正则表达式的模式
存在元素	验证是否存在特定的用户界面元素，即使元素不可见
存在图像	验证特定的图像是否存在于用户界面元素中
存在于集合中	特定的项目是否存在于某个集合中
存在文本	验证指定的文本是否存在于用户界面元素中
计算机视觉元素存在	基于计算机视觉技术搜索屏幕上特定用户界面元素是否存在，返回布尔类型的变量，表明是否找到该元素
检查 True	检查给定的布尔表达式是否为 True，并在表达式为 False 时生成包含特定消息的错误
检查 False	检查给定的布尔表达式是否为 False，并在表达式为 True 时生成包含特定消息的错误

本案例使用"是匹配"活动来检验 RPA 机器人在搜索框输入的内容是否满足预期。将"是匹配"活动拖放到"重试范围"的"条件"中。"是匹配"活动有两个必要的属性项，即"模式"与"输入"。简单来说"是匹配"活动的作用就是检查输入中的字符串是否符合指定的模式，一般用来检查字符串是否含有某些字符或者是否符合某个条件等。"模式"与"输入"这两个属性项的设置如图 6-85 所示，其含义是"GetValue=汇率表为真"。如果符合这个条件则跳出重试范围，如果不符合则继续重试。

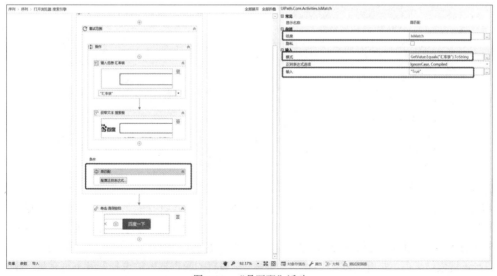

图 6-85　"是匹配"活动

"杂项"中的"结果"设置表示当字符串与正则表达式匹配时，其输出值为 True，否则为 False。当后续流程中需要匹配成功与否的结果时，可以创建布尔类型的变量来保存结果，此处为布尔类型的 IsMatch 变量。

设置"条件"后，当选中"重试范围"活动时，在右侧"属性"面板中可以看到有"重试次数"和"重试间隔"两个属性项，如图 6-86 所示。"重试次数"表示当条件不符合时要重试"操作"内活动的次数，填写整数，"重试间隔"表示每次重试之间的时间间隔，如"00:00:03"代表每次间隔为 3 秒。

在此强调一下常见的"出错时继续"属性项。假设已经重试了"操作"内的活动 3 次，仍然没有满足条件，在"出错时继续"设置为 False 时，程序会抛出异常后停止。我们不希望如此，因此将此属性项设置为 True。

图 6-86　"重试范围"活动的属性面板

后续获取搜索结果的标题以及单击某条搜索结果获取数据表都基于一开始 RPA 机器人正确地输入了搜索关键词，否则这条执行路径无意义。如果"是匹配"活动的输出结果 IsMatch 为 False，那么 RPA 机器人就要执行另一条路径。

将"IF 条件"活动添加至"重试范围"活动中之后，单击"显示 Else"，打开 Else 区域，并及时将"IF 条件"活动名称修改为"IF 条件如果匹配成功"。将条件设为 IsMatch，当 IsMatch 的值为 True 时，将执行 Then 中的活动，否则执行 Else 中的活动。

当 RPA 机器人正确地输入"汇率表"关键词后，才会继续执行"单击"等一系列活动。因此，我们将之前写好的活动拖动到 Then 区域中。当匹配不成功时，就关闭 Internet Explorer（也可以设置为其他执行路径），将"终止进程"活动拖放到 Else 区域中，然后根据 6.3.4 节介绍的方法找到浏览器对应的进程名称，如图 6-87 所示。

图 6-87　终止浏览器进程

2．判断元素是否存在

编写好的程序会让 RPA 机器人单击第一条搜索结果，然后在打开的第一条搜索结果的网页中进行数据抓取，但是这种指向性非常明显的配置往往通用性较差。因为搜索引擎的搜索结果变化较大，每次搜索出来的结果都可能不同，假如第一条搜索结果在某一次搜索后变成了其他网页，那么当 RPA 机器人单击第一条搜索结果后，打开的就是一个陌生的网页，原有的数据抓取的选择器就不再有效。此外，若页面加载失败或待抓取数据的网页发生界面变动，也可能会影响机器人的数据抓取功能。因此，当 RPA 机器人单击第一条搜索结果后，应该判断原有的元素是否还存在，如果存在再去抓取数据。

在 RPA 开发中有 3 个活动经常用来判断元素是否存在，即"存在元素""查找元素"和"在元素出现时"。下面逐一讲解如何使用这 3 个活动。

（1）"存在元素"活动。将"存在元素"活动从"活动"面板中拖放到"单击进入第一条搜索结果"活动的下方，如图6-88所示。

图6-88　添加"存在元素"活动

在打开的汇率网页中寻找一个标志元素。存在这个标志元素意味着RPA机器人打开了正确的网页，可以进行下一步操作。标志元素一般是目标页面中不容易发生变动的元素，如"起始时间"输入框，如图6-89所示。

图6-89　确定标志元素

单击"存在元素"活动中的"指出浏览器中的元素"，捕获"起始时间"输入框，记得捕获后及时调整选取器与活动名称。

选中"存在元素"活动，设置其"属性"面板，如图6-90所示，"显示名称"设置为"存在元素 起始时间输入框"；"等待准备就绪"设置为"WaitForReady.INTERACTIVE"（其含义见表6-8）；"超时(毫秒)"设置为"3000"，意味着RPA机器人会持续寻找此元素3秒，如果3秒后此元素仍为不可交互的状态，则输出结果并继续执行下一个活动；创建布尔类型的变量ElementExists，用于保存活动的输出结果"存在"。

图6-90　"存在元素 起始时间输入框"活动及其"属性"面板

合理的逻辑是当ElementExists变量的值为True（即出现标志元素）时，才会执行捕获数据等后续活动；否则将执行其他活动。此处又需要用到"IF条件"活动，ElementExists变量是条件，把名为"数据抓取"的序列活动拖放到"IF 条件"活动的"Then"中。

（2）"查找元素"活动。此活动也能根据选取器寻找元素，但与"存在元素"活动主要有以下 3 点不同。

- 如果超时且当"出错时继续"为 False 时，流程会抛出异常而停止。
- 活动的输出为用户界面元素，应创建数据类型为 UiElement 的变量来保存输出。
- "属性"面板中"选项"有"等待可见"和"等待激活"两个属性项。

> **计算机知识小讲堂：页面元素的几种状态**
>
> 在 UiPath 中，页面元素有 3 种状态：存在、可见与激活。存在是指可以根据选择器在底层代码中查找到对应的元素，但是存在的元素不一定在前端页面中可见，也不一定是激活状态（鼠标光标在元素处或者元素被选中）。因此，"等待可见"是指在元素存在的基础上已经在前端页面中可见；"等待激活"是指页面元素已被激活，进入可交互的状态。

为了让读者能够学会使用"查找元素"活动且了解其与"存在元素"活动的不同，我们使用"查找元素"来再次完成上述过程。从"活动"面板中搜索"查找元素"，并将搜索到的"查找元素"活动拖放到"单击进入第一条搜索结果"活动的下方，然后将活动的"显示名称"修改为"查找元素 起始时间输入框"，在打开的汇率网页中捕获标志元素，即起始时间输入框，如图 6-91 所示。

设置好属性项的"查找元素 起始时间输入框"活动的"属性"面板如图 6-92 所示。

图 6-91　"查找元素 起始时间输入框"　　　　图 6-92　设置好属性项的"查找元素
　　　　活动及其"属性"面板　　　　　　　　　　　　起始时间输入框"活动的"属性"面板

"查找元素 起始时间输入框"活动的主要属性项及其说明如表 6-8 所示。

表 6-8　"查找元素 起始时间输入框"活动的主要属性项及其说明

属性项	说明
出错时继续	设置为 True
等待准备就绪	设置为 WaitForReady.INTERACTIVE、WaitForReady.COMPLETE 或 NONE。其中，NONE 是指在执行操作之前，不等待除目标用户界面元素之外的任何元素存在，这显然不符合我们的目的，因为目标元素仅为判断标志，实际是与其他元素交互。因此，在实际应用中不使用 NONE
超时(毫秒)	设置为 3000，意味着 RPA 机器人会持续寻找此元素 3 秒
已找到的元素	创建数据类型为 UiElement 的变量 FoundElement，用于保存"已找到的元素"的输出结果
等待可见	勾选"等待可见"右侧的复选框

表 6-8 中的属性项的含义为机器人要在 3 秒内查找目标元素,并且其状态为可见,3 秒后将查找结果保存到 FoundElement 变量中,如果在限定时间内元素不存在或不可见,由于设置"出错时继续"为 True,因此不会抛出异常,会接着运行下一个活动。

配置完后,从"活动"面板中将"IF 条件"活动拖放到"查找元素"活动的下方,这时"条件"变成了"FoundElement ISNOT Nothing",即 FoundElement 变量中保存了一个用户界面元素,这意味着标志元素存在,可以继续捕获汇率表了,将数据抓取相关的代码拖放到"Then"中。

> **计算机知识小讲堂:关于等待激活**
>
> 读者可以自行尝试勾选"查找元素"活动中的"等待激活"属性项,然后在该活动之前添加"单击"活动,让机器人在查找目标元素之前先单击一下输入框,看看输入框在被选中的状态下"查找元素"活动的输出结果与未被选中状态下的有何不同。

(3)"在元素出现时"活动。此活动能够实现"查找元素"活动与"IF 条件"活动的组合功能,其含义是当指定元素出现时去执行此活动的"Do"中的后续活动,即可通过图 6-93 所示的方式实现同一个自动化流程。

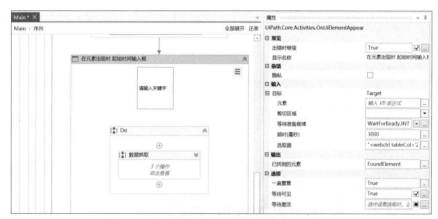

图 6-93 在元素出现时

至此,已经初步完成了序列工作流的优化,在一些关键节点添加了质量控制的代码。初步完成优化后的流程的流程图如图 6-94 所示。

3. 添加日志消息

日志消息除了用来记录异常信息,还可以用来记录机器人的运行轨迹,方便审计与回顾。在 UiPath Studio 中,可以通过单击"调试"功能区中的"打开日志"按钮来打开本地的日志文件路径,如图 6-95 所示。

图 6-95 中有很多种日志类型,如 UiPath.Studio.Project(启动自动化项目时的日志文件)、UiPath.Studio(UiPath Studio 的日志文件)、Execution(执行流程时产生的日志文件)、UiPath.Studio.Analyzer(流程分析日志文件)等。当前谈论的日志文件是指 Execution 日志文件,双击该文件后可以看到流程执行时产生的日志消息。

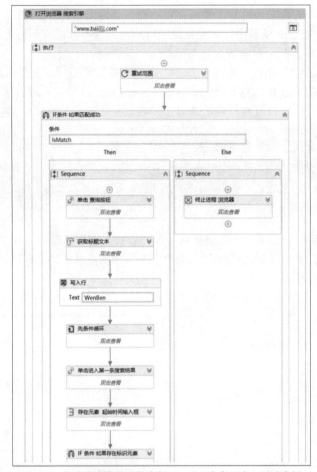

图 6-94　初步完成优化后的流程——以"存在元素"活动为例

图 6-95　打开日志文件本地路径

日志消息有两个来源,即默认日志与用户自定义日志。

(1) 默认日志是在工作流开始和结束执行时、发生错误而停止执行时或者日志记录设置被配置为记录每个活动的执行时默认生成的,如图 6-96 所示。为了方便读者理解,这里手动用空行将两段默认日志消息隔开。

6.4 工作流控制与优化 85

图 6-96 默认日志

（2）用户可以使用"写入行"活动或"日志消息"活动自定义日志消息的内容，前者的日志级别为 Trace，后者可以自定义日志级别。通过"写入行"活动自定义的日志消息如图 6-97 所示。

图 6-97 通过"写入行"活动自定义的日志消息

下面以一段日志消息为例分析一下日志消息的构成。日志消息由一些默认字段构成，包括 message（消息）、level（日志级别）、logType（日志类型）、timeStamp（时间戳）、fingerprint（信息指纹）、windowsIdentity（系统认证身份）、machineName（计算机名称）、fileName（流程文件名）、initiatedBy（启动程序）、processName（流程名称）、processVersion（流程版本）、jobId（作业 ID）、robotName（机器人名称）和 machineId（计算机 ID），如图 6-98 所示。

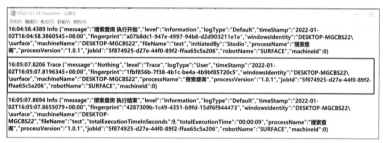

图 6-98 日志消息示例

除了上述系统默认的字段，还可以在 UiPath Studio 中使用"添加日志字段"活动自定义字段，并在生成后显示在所有后续日志中，除非它们被"删除日志字段"活动删除。

应该在流程中的关键节点处添加日志消息，以便业务人员追踪机器人运行历史记录，并方便运维人员定位问题。根据笔者的开发经验，一般会在流程开始、流程结束、流程分支处以及业务人员关心的要点处添加日志消息。在"搜索查询"案例中，将按照此思路添加几处日志消息。

在"活动"面板中搜索"日志消息"，并将搜索到的"日志消息"活动拖放到"序列"中，需要自定义"日志级别"和"消息"，将"日志级别"设置为"Info"，将"消息"设置为""开始执行搜索汇率表流程""，然后将活动的"显示名称"修改为"日志消息 开始流程"，如图 6-99 所示。这个日志消息表示当前工作流文件开始执行，仅作为通知。

配套资源验证码 210710

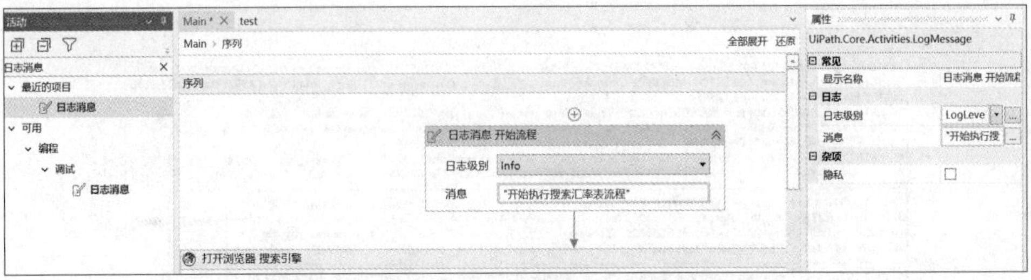

图 6-99 添加流程开始处的"日志消息"活动

"日志消息"活动的"消息"输入框所需的数据类型是字符串类型，也可以在其中添加字符串类型的变量。如图 6-100 所示，在第一个流程分支处添加一个字符串类型的消息作为示例，这样日志消息就可以实时显示获得的文本，"日志级别"设置为"Warn"，因为工作流中发生了与理想中不一致的情况，需要警示用户。

图 6-100 在日志消息中添加字符串类型的变量

读者可以参照以上"日志消息"活动添加其他"日志消息"活动。常用的"日志级别"见 5.3.1 节。

至此，使用控件对序列进行逻辑控制与优化告一段落。

6.4.2 流程图控制与优化

本节以 6.3 节的案例为例介绍流程图的控制与优化。在开始优化前，需要思考哪些步骤容易出现问题，根据笔者的开发经验，应在以下两个步骤增加检查点。

（1）在"启动进程-记事本"活动之后检查一下记事本是否如期地打开了，因为这一步是后面所有操作的基础，如果没有如期打开，需要重试。

（2）在"序列-保存至指定路径"活动后检查一下在指定路径下是否有保存的文件。

读者可以根据实际情况与需求自定义需要优化的地方，因为每个人的习惯、做法与需求场景都不一样。如果终端用户觉得"设置文本-写入记事本"活动中的内容很重要，要保证正确，就要在这个活动后面增加检查点。注意，流程机器人的稳定性与效率这两个指标之间有点矛盾。也就是说，在流程中设计很多检查点可以提升运行的稳定性，但是也牺牲了机器人的运行效率，在开发时需要衡量两个指标的重要性，适当增加质量控制的代码。

1. 检查启动进程

与 6.4.1 节中的判断元素是否存在一样，通过判断记事本中的某个标志元素是否存在来检查记事本是否已经打开。这里采用"存在元素"活动来检查标志元素。从"活动"面板中将"存在元素"活动拖放到"启动进程-记事本"活动与"设置文本-写入记事本"活动之间连接的箭头上，当鼠标指针右下角出现加号时松开鼠标左键，就可以看到在两个活动之间新增了"存在元素"，如图 6-101 所示。如果新增后页面布局混乱，可以手动调整各个活动的位置。

将"存在元素"的"显示名称"修改为"存在记事本元素"后双击该活动，捕获记事本程序的编辑区域，将其作为标志元素，每次捕获元素后都要记得修改、查看选取器，由于 UiPath Studio 的默认选取器中用到了"title"属性，此属性的值中包含记事本的文件名，而该文件名可能会发生变化，因此取消勾选"title"属性或者用通配符*取代属性值中的"无标题"，其他属性的值不易变化，不做调整。

接着创建布尔类型的变量 elementExists，用于存储"存在记事本元素"活动的输出值。当元素存在时，输出值为 True，否则输出值为 False；然后在"活动"面板中搜索"流程决策"，参照在流程图中新增"存在元素"活动的做法将"流程决策"拖放到"存在记事本元素"的下面，如图 6-102 所示。

图 6-101 在流程图中增加"存在元素"活动

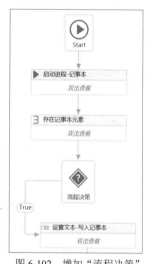

图 6-102 增加"流程决策"

"流程决策"仅用于流程图中的选择节点，它根据指定条件是否成立来控制流程的两个分支：当条件为 True 时，流程执行其中一个分支；当条件为 False 时，流程执行另外一个分支。在本例中，把"条件"设为 elementExists 或 elementExists=True，如图 6-103 所示。

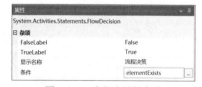

图 6-103 流程决策的条件

当标志元素存在时，正常执行后续的活动。但是，当标志元素不存在时，机器人要如何处理呢？遇到这种情况要与机器人的最终用户沟通解决方案，一般有以下几种解决方案。

（1）直接结束流程，不再进行后续处理。

（2）通知用户（使用邮件或即时通信软件等）后结束流程。

（3）通知用户暂停，等待人工介入。
（4）有限次重试前序步骤，即让机器人尝试启动几次，重试失败后再暂停或者结束流程。
（5）经过沟通商议后的其他处理方式。

本例选择第（4）种解决方案作为 False 分支。针对与人交互的步骤，7.3 节会详细说明。对于让机器人有限次重启程序，有一点要强调，在打开应用程序过程中如果涉及"用户名"和"密码"，一定要考虑重试次数的问题，有些应用程序如果连续输错 3 次密码就会导致账户被锁定，当机器人在生产环境中运行时，这会严重影响业务进展。

对于记事本应用程序，我们让机器人重启两次，如果两次都失败就直接结束流程。在此场景中，我们使用一个有限次的循环结构来实现。首先新建一个用于"计数"的整型变量 countInt，其默认值为 0，如图 6-104 所示。

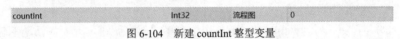

图 6-104　新建 countInt 整型变量

然后从"活动"面板中将"分配"活动与"流程决策"活动的 False 分支连接起来，并将"分配"活动的"显示名称"修改为"循环计数"，与 6.2.3 节中的做法相似，利用 countInt 来控制循环次数。由于循环有次数限制，因此在"循环计数"后要增加一个"流程决策"，用于判断循环的次数是否超过限制。如果计数值小于或等于 2，则启动记事本进程，依照此逻辑连接至"启动进程-记事本"活动。在启动进程之前以及计数大于 2 时，用"日志消息"活动记录下机器人在这两个关键节点的执行路径，启动记事本的日志消息的日志等级为"Info"，而计数大于 2 时，"日志等级"设置为"Warn"以突出提醒。完成后的流程图如图 6-105 所示。

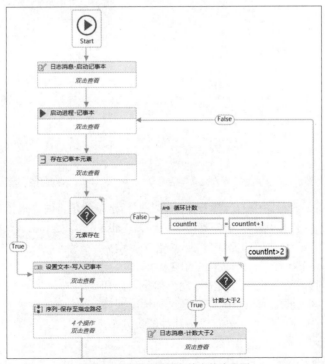

图 6-105　实现启动进程检查的流程图

2. 检查文件是否存在

"D:\RPA 学习.txt"文件是本流程最终的输出,最后要检查一下机器人运行完毕后该文件是否存在,以验证机器人是否完成了任务。

从"活动"面板中将"文件存在"活动拖放到"序列-保存至指定路径"的下方,文件路径与保存输出值的变量设置如图 6-106 所示。"序列-保存至指定路径"活动可以让机器人在指定的路径下搜索文件是否存在,并给出结果反馈。7.2 节会详细介绍 UiPath Studio 中的邮件自动化功能。

图 6-106　文件存在

然后又到了"选择"分支的时候。除了"IF 条件"活动和"流程决策"活动,在 UiPath Studio 中还有另外 3 个活动可以用于"选择"分支。下面来看一下这 5 个活动的用法以及示例。

(1)"IF 条件"活动。此活动用于判定给定的条件是否满足,根据判定的结果(True 或 False)决定执行两条路径中的哪一条,如图 6-107 所示。

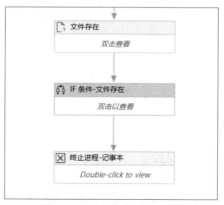

图 6-107　"IF 条件"活动流程

(2)"流程决策"活动。此活动仅用于流程图。与"IF 条件"活动用法类似,通过判断给定的条件是否满足来决定执行的是 True 路径还是 False 路径,如图 6-108 所示。

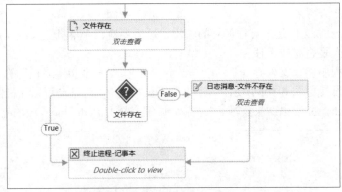

图6-108 "流程决策"流程

(3)"Else If"活动。"Else If"活动是"IF 活动"的升级版。此活动有 3 个主要的初始部分，即"条件""正文"和"添加"Else If "或"Else""按钮。如果不满足活动开头指定的条件，则"正文"中包含的活动将不会执行，"添加"Else If "或"Else""按钮允许添加"Else If"或"Else"条件，如图6-109 所示。

此活动有 2 种用法。

1）选择添加"Else"条件，如图 6-110 所示。

图6-109 "Else If"活动

图6-110 "If Else"结构

2）在单击"添加"Else If "或"Else""按钮后选择"Else If"选项可以增加条件语句，有多个选择分支。当面临的分支大于 2 时可以考虑使用此活动，如图6-111 所示。

(4)"流程切换"活动。此活动是"流程决策"活动的升级版，仅用于流程图。"流程决策"活动仅支持 True 或者 False 两个分支，其条件仅支持布尔型变量；而"流程切换"活动支持多个分支且支持整数、字符串、对象等变量类型。以计数 countInt 为例，把原来的"流程决策"活动替换成"流程切换"活动来尝试一下如何使用这一活动。假设当 countInt=1 时，直接重启记事本程序；当 countInt=2 时，弹出消息框；当 countInt=3 时，记录日志消息。"流程切换"活动示例如图 6-112 所示。

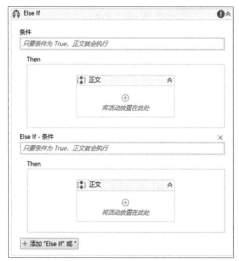

图 6-111　多条件语句结构

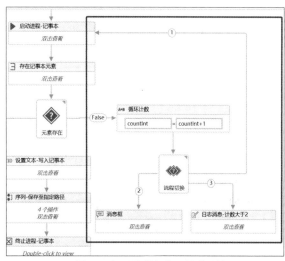

图 6-112　"流程切换"活动示例

此时"流程切换"活动的"表达式"为 countInt，可以调整"TypeArgument"来变更表达式的变量类型，如图 6-113 所示。

"流程切换"活动有一个 Default 分支，Default 分支的意思是当其他分支条件都不满足时，机器人就执行这个分支。在新设分支时，如果当前不存在 Default 分支，UiPath Studio 就会自动生成 Default 分支，如图 6-114 所示，如果不需要 Default 分支，单击选中分支连接线，在右侧"属性"面板中取消勾选"IsDefaultCase"，然后将"DefaultCaseDisplayName"的值改为该分支对应的变量值即可。

图 6-113　"流程切换"活动的属性

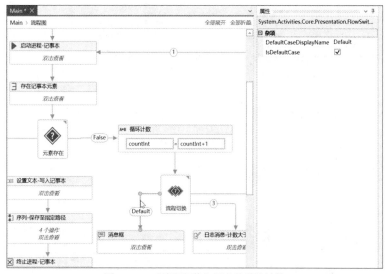

图 6-114　"流程切换"活动的默认连接

（5）"切换"活动。此活动的用法与"流程切换"活动的一致，"切换"活动既可以用于流程图，也可以用于序列。当在序列中需要用到多分支选择时，可以考虑使用此活动。"切换"活动示例如图 6-115 所示。

图 6-115　"切换"活动示例

由于本例仅为二分支选择（文件存在与文件不存在），因此"IF 条件"活动和"流程决策"活动均可使用，用于多分支选择的"Else If"活动也可以使用，但没必要。优化后的记事本流程图如图 6-116 所示。

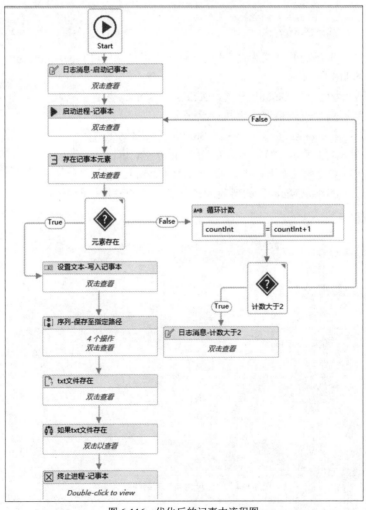

图 6-116　优化后的记事本流程图

6.4.3 常用开发技巧

本节根据开发经验，汇总了一些在用户界面自动化流程开发中需要注意的事项，请读者在实际开发时多多注意并养成良好的开发习惯，保证程序的稳定性与通用性。

1. 及时调整选取器

用户界面自动化开发过程中涉及的用户界面元素种类繁多，因系统界面存在变化的可能性，且部分系统底层代码存在不稳定的情况，UiPath Studio 获取的默认选取器很可能无法满足实际运行的需要，从而影响机器人的运行稳定性。

为了避免选取器变化造成的影响，读者每指定一次用户界面元素均要查看该选取器是否稳定、是否存在明显的易变属性，并及时调整，养成调整选取器的习惯。调整选取器是一个依赖于开发经验的主观操作，初学者可以参照 6.2.2 节介绍的方法和技巧。待积累了足够的开发经验就可以迅速判断出选取器的异常原因并做出适合的调整。

2. 常用用户界面自动化活动汇总

UiPath Studio 中的活动数量庞大，本节无法将所有的用户界面自动化活动都介绍一遍。表 6-9 中给出常用用户界面自动化活动及其功能对照，若表 6-9 中所列活动仍无法满足开发需求，读者可以在"活动"面板中搜索所需功能的关键词，或在互联网、UiPath 论坛中查阅相关内容。

表 6-9 常用用户界面自动化活动及其功能对照

活动类型	活动名称	功能
鼠标操作	单击	模拟鼠标左键或右键的单击操作
	双击	模拟鼠标左键或右键的双击操作
	悬停	模拟鼠标指针悬浮在某指定位置（不进行单击或者双击操作）
键盘操作	输入信息	模拟键盘输入操作，可输入文本、数字等
	发送热键	模拟键盘按键操作，如按 Alt、Ctrl、Shift 等键
	输入安全文本	输入密文字符，常用于输入密码等加密文本
控件操作	获取文本	获取指定用户界面元素中的文本
	设置文本	通过设置元素属性的方式写入文本
	选择项目	从下拉列表中选择指定项目
	选中	在复选框中进行勾选操作
截图操作	截取屏幕截图	截取指定用户界面元素的屏幕截图
	保存图像	将图像保存于本地硬盘中
浏览器操作	打开浏览器	在新的浏览器窗口中打开指定网页，可输出用户界面浏览器变量
	附加浏览器	指向已打开的浏览器页面，可输出用户界面浏览器变量
	关闭选项卡	关闭指定选项卡（需指定用户界面浏览器）
	刷新浏览器	刷新浏览器页面（需指定用户界面浏览器）
窗口操作	附加窗口	附加到已打开的窗口界面并在其中执行多项操作
	最大化窗口	最大化指定窗口（需指定窗口）
	最小化窗口	最小化指定窗口（需指定窗口）
	关闭窗口	关闭指定窗口（需指定窗口）

续表

活动类型	活动名称	功能
应用程序操作	打开应用程序	通过指定用户界面元素的方式打开应用程序
	关闭应用程序	通过指定用户界面元素的方式关闭应用程序
	启动进程	启动指定的应用程序进程
	终止进程	终止指定的 Windows 进程

3. 善用同功能的活动

在 UiPath Studio 中存在很多功能类似的活动，如 6.3.1 节介绍的"打开应用程序"和"启动进程"均可以打开指定的应用程序。这些相似的活动在大部分情况下可实现同样的功能，但是因为实现功能的原理不同，所以在开发时若遇到某种活动无法正常使用的情况，可以尝试使用类似活动，这样或许可以满足需求。

表 6-10 汇总了一些常用的同功能活动。

表 6-10 常用的同功能活动

实现功能	活动名称
输入文本信息	设置为剪贴板、发送热键（复制功能）
	输入信息
	设置文本
	发送热键
打开指定的应用程序	打开应用程序
	启动进程
关闭指定的应用程序	关闭窗口
	关闭应用程序
	终止进程

6.5 小结

本章首先以使用搜索引擎搜索关键词为例，介绍了流程开发的完整步骤，包含新建项目、流程开发、调试与运行，在实际开发过程中需要按照该顺序推进。

然后通过获取搜索结果的标题与捕获网页数据等示例介绍了用户界面自动化部分非常重要的知识点——选取器，开发者可根据经验判断哪些属性项的值存在不稳定的可能性，并及时进行调整。

之后本章不仅介绍了常用活动的使用方式，还提到了一些在用户界面自动化流程开发中需要注意的事项。读者在实际开发时要加以注意并养成良好的开发习惯，保证程序的稳定性与通用性。

本章还重点介绍了如何有效地提升机器人运行稳定性，优化用户体验。读者要在心中有个概念：由于机器人运行环境易改变，没有自我思维的机器人并不会百分之百地如期完成任务，因此要让机器人具有检查自己工作结果的能力。在梳理需求时，要与最终用户沟通并确认机器人运行中的任务关键点是什么。在开发过程中要基于经验增加检查点，在机器人正式投入运行后，也要基于用户体验不断地完善机器人功能。本章讲解的内容是从需求梳理到流程开发再到运维均要进行的工作。

第 7 章

UiPath Studio 办公常见应用案例

除了用户界面自动化、Excel 表格制作、邮件自动化、人机交互以及通过 UiPath Assistant 发布和启动流程也是在实际项目中经常遇到的应用场景。本章将继续通过常见的应用案例介绍 UiPath Studio 的功能和 UiPath Assistant。

表 7-1 汇总了本章各节中涉及的活动和关键信息。

表 7-1 本章各节中涉及的活动和关键信息

节编号	涉及的活动	关键信息
7.1 节	Excel 表格的相关活动（如"读取范围"活动、"写入范围"活动等）、数据表相关活动（如"筛选数据表"活动、"合并数据表"活动、"对于数据表中的每一行"活动）、文件夹相关活动（如"文件夹存在"活动、"创建文件夹"活动）等	数据抓取、与 Excel 交互、较复杂的流程图、日期变量、字符串截取、文件夹处理等
7.2 节	"获取 IMAP 邮件消息"活动、"获取安全凭据"活动、"请求凭据"活动、"增加凭据"活动、"获取用户名/密码"活动、"发送 SMTP 邮件消息"活动等	遍历邮件消息、邮件消息的常用方法、凭据保存等
7.3 节	"输入对话框"活动、"选择文件"活动、"浏览文件夹"活动、"消息框"活动、"工具提示"活动等	在机器人的使用过程中，因为部分流程的输入项或逻辑不固定，往往需要人工介入来判断与确认，如启动机器人、辅助机器人运行等。以网银转账流程为例，为避免系统故障等原因造成的经济损失，提交转账操作前需要人工确认机器人录入的金额等关键信息是否正确，并按需调整。在此情况下不适合由机器人完成完整流程中的全部操作，需要人与机器人的相互配合

7.1 Excel 与数据表

第 6 章已经介绍了如何让机器人与网页和应用程序交互，如打开指定网页、启动与关闭应用程序等。在网页中除了文本信息，还有各类表格数据，如实时汇率表。本章以"汇率机器人"为例讲解 Excel 与数据表的相关活动，同时复习讲过的一些活动的用法。

先描述一下本章的案例。由于公司与美国、新加坡、加拿大、日本、英国的公司有业务往来，其中与美国的公司相关的业务占比高达 80%，公司需要实时关注相关汇率，尤其是美元汇率，因此需要机器人每天从汇率网页中捕获汇率表，从中筛选出与公司业务有关的货币汇率数据，并生成 Excel 工作簿保存在本地，同时要把这些汇率表数据逐行录入公司业务系统的"汇率日报"模块；此外，每月月初要读取存储上个月每天汇率的 Excel 工作簿，将其中的美元汇率数据汇总生成月度美元汇率报表，通过邮件发送给管理人员。根据以上业务流程绘制的业务流程图如图 7-1 所示。

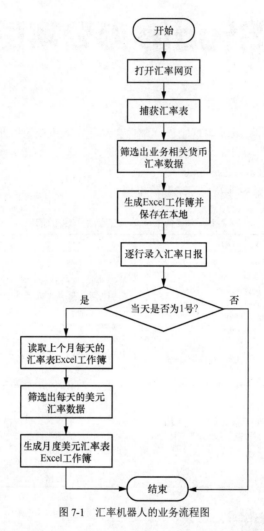

图 7-1 汇率机器人的业务流程图

注意，此业务流程图只是概略图，机器人至少要实现这些业务功能，实际开发时的流程图会比此图复杂，还要包含异常处理、工作流控制等。

新建一个名为"汇率机器人"的自动化项目，主工作流文件选择使用流程图。依据 5.2 节中的相关知识可知，在主工作流中要表达的逻辑较复杂，因此用流程图是一种更好的选择。

应用第 6 章中介绍的相关知识，创建图 7-2 所示的打开汇率网站的流程图，在创建过程中可以复习一下已学的知识，以达到学以致用的效果。

图 7-2 打开汇率网站的流程图

7.1.1 获取网页数据表

网页上没有下载/导出汇率表的按钮时，通过"获取文本"活动逐个单元格捕获的方式获取表格内的信息，效率十分低下，此时可使用数据抓取功能批量获取表格内的信息。

1. 抓取汇率表数据

单击"设计"功能区中的"数据抓取"按钮，如图 7-3 所示。

图 7-3 "设计"功能区中的"数据抓取"按钮

在弹出的"提取向导"对话框中展示了"数据抓取"功能的使用方法，如图 7-4 所示。

图 7-4 "数据抓取"功能的提取向导

单击"提取向导"对话框中的"下一步"按钮，进入用户界面元素选择状态，随意单击表格中的任一单元格，如图7-5所示，我们选择了第一列数据的表头。

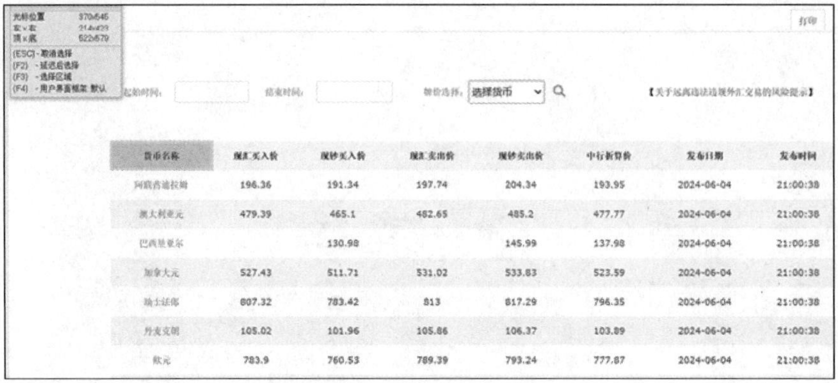

图7-5 捕获表头

UiPath Studio可自动识别表格信息，并提示是否从表格中提取数据，单击"确定"按钮，然后在"预览数据"中可以看到，UiPath Studio已将网页中的表格信息自动提取为结构化的表格形式，如图7-6所示。确认抓取的表格数据无误后，单击"完成"按钮。

图7-6 数据抓取情况预览

若网页中展示的表格跨多个页面，UiPath Studio还提供了自动翻页获取多页信息的功能。如需翻页可单击"是"，并单击网站中有翻页功能的按钮；如无须翻页，单击"否"即可。

UiPath Studio根据提取的表格数据的需求在设计器面板中自动生成了相应代码，同时自动定义了数据表（DataTable）类型变量ExtractDataTable，用于存储提取的二维表格数据，默认作用范围为"数据抓取"序列，如图7-7所示。

7.1 Excel 与数据表 99

图 7-7 "数据抓取"功能的默认代码及其"属性"面板

把 UiPath Studio 自动创建的"数据抓取"序列与"标志元素存在"流程决策活动的 True 分支连接起来，如图 7-8 所示。

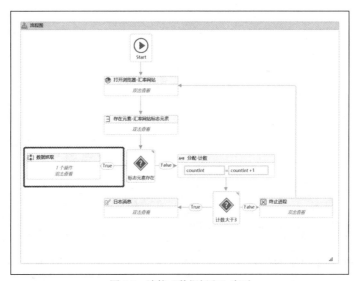

图 7-8 连接"数据抓取"序列

此时在流程图中是看不到 ExtractDataTable 变量的，因为它是仅作用于"数据抓取"序列的局部变量。由于还要在流程图中运用此变量，因此要调整此变量的作用范围。单击"数据抓取"序列，可以在"变量"面板中看到此变量。将"范围"从"数据抓取"变更为"流程图"，如图 7-9 所示。

图 7-9 调整 ExtractDataTable 变量的作用范围

2. 输出数据表

第 6 章中介绍和使用过"写入行"活动来帮助开发者查看字符串类型的变量的值。那么，对于数据表类型的变量，应该如何输出成文本以供开发者查看确认是否捕获正确呢？可以使用"输出数据表"活动将数据表类型的变量转换为字符串类型的变量，再结合"写入行"活动即可将字符串类型的变量的信息展示出来。在"活动"面板中搜索"输出数据表"，并将搜索到的"输出数据表"拖放到"数据抓取"序列中"附加浏览器"活动的下方，如图 7-10 所示。

在"输出数据表"活动的"属性"面板中设置输入的"数据表"为数据抓取的输出变量 ExtractDataTable，接着新建一个字符串类型的变量 StringExtractDataTable 用于存储输出值，即可将"提取结构化数据'TABLE'"活动输出的数据表信息转换为文本格式。设置好输入和输出属性项的"输出数据表"活动的"属性"面板如图 7-11 所示。

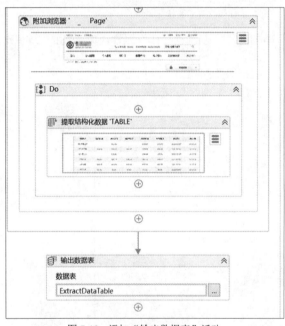

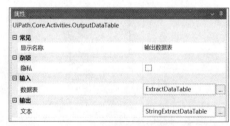

图 7-10 添加"输出数据表"活动　　　　图 7-11 设置好输入和输出属性项的
　　　　　　　　　　　　　　　　　　　　　　"输出数据表"活动的"属性"面板

设置完毕后，在其后添加一个"写入行"活动以输出 stringExtractDataTable，即可将文本格式的输出展示出来。修改好活动名称的流程图如图 7-12 所示。

完成配置后，运行机器人并确认 UiPath Studio 中的"输出"面板中的结果，部分结果如图 7-13 所示。

注意，"输出数据表"与"写入行"这两个活动在此场景下仅用于开发者调试流程，对实际业务的运行没有起任何作用，开发调试完毕后可以将其删除。

7.1 Excel 与数据表 101

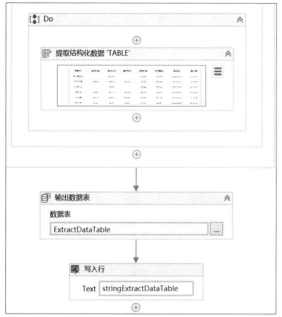

图 7-12 修改好活动名称的流程图

图 7-13 获取网页数据表部分结果

7.1.2 生成 Excel 工作簿

7.1.1 节中，我们利用"数据抓取"序列从网页中捕获了一个汇率表，并将其存储在名为 ExtractDataTable 的数据表类型的变量中，数据表以行与列的二维形式保存数据，然后把这个数据表转换成了文本格式。本节要将这个数据表类型的变量中包含的数据写入 Excel 工作簿，保存在本地计算机中。使用 Excel 相关活动的前提是本地计算机中安装了 Microsoft Office Excel。

首先将"Excel 应用程序范围"活动从"活动"面板中拖放到流程图中，如图 7-14 所示。

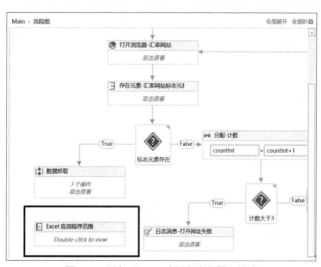

图 7-14 添加"Excel 应用程序范围"活动

双击"Excel 应用程序范围"活动,可以看到"Excel 应用程序范围"活动的"属性"面板,需要确定 Excel 工作簿的路径。由于需要每天生成一个汇率表,然后在每月月初时读取上个月每天的汇率表,因此建议以"yyyyMM"的形式命名文件夹,如 2022 年 1 月的文件夹命名为"202201";以"yyyyMMdd"的形式命名 Excel 工作簿,如 2022 年 1 月 1 日下载的汇率表命名为"20220101",确定好规则后就可以开始动手。

1. 创建文件夹

在创建 Excel 工作簿之前,需要判断一下当月的文件夹是否存在,可能当天是 1 号,本身就没有当月的文件夹,也可能在日常操作中,人为地重命名、移动或不小心删除了该文件夹。如果文件夹不存在,会造成 Excel 工作簿生成失败。

"当月"可理解为一个变量,因此先创建一个名为 currentMonth 的字符串类型的变量,默认值为 now.tostring("yyyyMM"),如图 7-15 所示。now.tostring()是用来将当前日期变量转换成文本的函数,括号内用来定义输出文本的格式。

名称	变量类型	范围	默认值
elementExists	Boolean	流程图	输入 VB 表达式
countInt	Int32	流程图	0
ExtractDataTable	DataTable	流程图	New System.Data.DataTable
currentMonth	String	流程图	now.tostring("yyyyMM")
创建变量			

图 7-15 currentMonth 变量

接着,从"活动"面板中将"文件夹存在"活动拖放到"数据抓取"序列的下方,如图 7-16 所示。

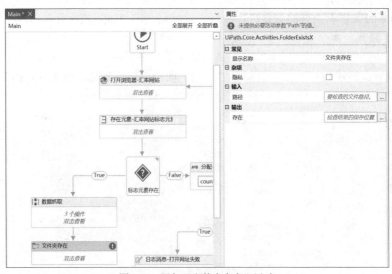

图 7-16 添加"文件夹存在"活动

6.4.2 节中介绍过"文件存在"活动可以用来判断某个文件是否存在,此处使用的"文件夹存在"活动是专门用来判断指定文件夹是否存在的。在 UiPath Studio 中还有"路径存在"活动,既可以用来判断文件也可以用来判断文件夹,仅需修改属性项即可。

可以看到,在"文件夹存在"活动的"属性"面板中,"路径"和"存在"均设置为变量,因为其他活动还要用到这些变量的值。创建字符串类型的 folderPath 变量，以当月为 2022 年 1 月为例，folderPath 变量的值为 "D:\202201"，此变量的值是由一个常量"D:\"与另一个字符串类型的变量 currentMonth 拼接而成的，即 folderPath 的值为 "D:\"+currentMonth，如图 7-17 所示。

创建布尔类型的 folderExists 变量来保存输出"存在"。设置好属性项的"文件夹存在"活动的"属性"面板如图 7-18 所示。

名称	变量类型	范围	默认值
elementExists	Boolean	流程图	输入 VB 表达式
countInt	Int32	流程图	0
ExtractDataTable	DataTable	流程图	New System.Data.DataTab
currentMonth	String	流程图	now.tostring("yyyyMM")
folderPath	String	流程图	"D:\"+currentMonth

图 7-17　folderPath 变量

图 7-18　设置好属性项的"文件夹存在"活动的"属性"面板

接着，用"流程决策"活动创建两个分支，如果文件夹存在，则使用"Excel 应用程序范围"创建 Excel 工作簿；否则先使用"创建文件夹"活动创建当月的文件夹并将"显示名称"设置为"创建当月文件夹"，再创建 Excel 工作簿，如图 7-19 所示。"创建当月文件夹"活动的属性"在文件夹中-路径"属性项设置为变量 folderPath。

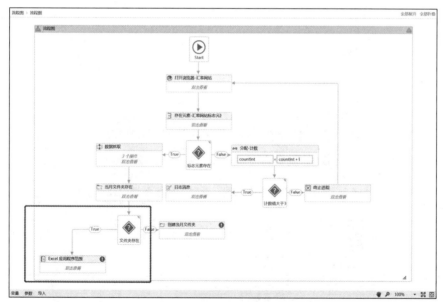

图 7-19　判断文件夹是否存在

2. 创建 Excel 工作簿

现在来设置"Excel 应用程序范围"活动的属性项。该活动定义了一个 Excel 工作簿文件，该活动的"执行"内的活动均基于该文件。凡是与 Excel 有关的活动均需放置在"Excel 应用程序范围"活动内，关键是要确定 Excel 工作簿文件的路径，本节的前面已经确定了基于每天的日期来命名文件名，因此创建一个新的字符串类型的变量 currentDay，那么 currentDay=now.tostring ("yyyyMMdd")，如图 7-20 所示。

名称	变量类型	范围	默认值
elementExists	Boolean	流程图	输入 VB 表达式
countInt	Int32	流程图	0
ExtractDataTable	DataTable	流程图	New System.Data.DataTable
currentMonth	String	流程图	now.tostring("yyyyMM")
folderPath	String	流程图	"D:\"+currentMonth
folderExists	Boolean	流程图	输入 VB 表达式
currentDay	String	流程图	now.tostring("yyyyMMdd")

图 7-20　创建 currentDay 变量

那么属性项中"工作簿路径"设置为"folderPath+"\"+currentDay+".xlsx""，设置好属性项的"Excel 应用程序范围"活动的"属性"面板如图 7-21 所示。

图 7-21　设置好属性项的"Excel 应用程序范围"活动的"属性"面板

"Excel 应用程序范围"活动的重要属性项及其说明如表 7-2 所示。

表 7-2　"Excel 应用程序范围"活动的重要属性项及其说明

属性项	说明
现有工作簿	可以使用保存在数据类型为 UiPath.Excel.Application 的变量中的工作簿对象
密码	使用密码打开工作簿文件
编辑密码	设置编辑工作簿所需的密码
工作簿	将指定的工作簿文件输出并保存在变量中，以便后续使用
保存更改	保存对工作簿文件做出的更改
只读	以只读的方式打开工作簿文件，不可修改
可见	可以看到在计算机上打开的 Excel 工作簿文件。若取消勾选，则在后台操作 Excel 工作簿文件
如果不存在，则进行创建	如果不存在指定的工作簿文件，则进行创建。若取消勾选，当指定工作簿文件不存在的时候，会报错
宏设置	开启或禁止工作簿文件中的宏
实例缓存时间	缓存 Excel 实例的时长

截至目前，可以尝试运行或调试文件查看当前步骤执行的成果，可以看到在 D:\中生成了新的文件夹和 Excel 工作簿。此时打开 D:\202202\20220220.xlsx 文件看到的是空白的工作簿，还需要把从网页上捕获到的汇率表写到 Excel 工作簿中。

3. 将数据表写入工作簿

从“活动”面板中将“写入范围”活动拖放到“Excel 应用程序范围”活动的“执行”中。“写入范围”活动及其“属性”面板如图 7-22 所示。

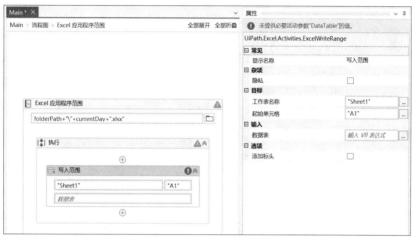

图 7-22 “写入范围”活动及其“属性”面板

可以看到，“属性”面板中已经默认填写好了“工作表名称”和“起始单元格”，前者比较好理解，后者代表从指定工作表的第几个单元格开始输入数据表，默认为“"A1"”单元格，接着勾选“添加标头”，这样就可以将 ExtractDataTable 的数据标头也写入工作簿中，配置完成后再次运行程序，打开 Excel 工作簿后可以看到图 7-23 所示的结果。

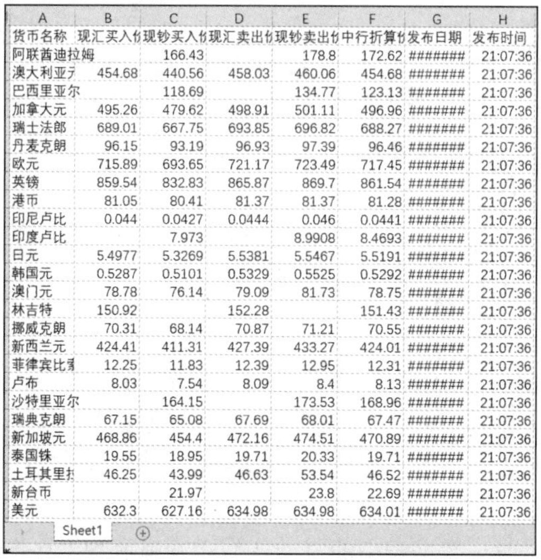

A	B	C	D	E	F	G	H
货币名称	现汇买入	现钞买入	现汇卖出	现钞卖出	中行折算	发布日期	发布时间
阿联酋迪拉姆		166.43		178.8	172.62	#######	21:07:36
澳大利亚	454.68	440.56	458.03	460.06	454.68	#######	21:07:36
巴西里亚尔		118.69		134.77	123.13	#######	21:07:36
加拿大元	495.26	479.62	498.91	501.11	496.96	#######	21:07:36
瑞士法郎	689.01	667.75	693.85	696.82	688.27	#######	21:07:36
丹麦克朗	96.15	93.19	96.93	97.39	96.46	#######	21:07:36
欧元	715.89	693.65	721.17	723.49	717.45	#######	21:07:36
英镑	859.54	832.83	865.87	869.7	861.54	#######	21:07:36
港币	81.05	80.41	81.37	81.37	81.28	#######	21:07:36
印尼卢比	0.044	0.0427	0.0444	0.046	0.0441	#######	21:07:36
印度卢比		7.973		8.9908	8.4693	#######	21:07:36
日元	5.4977	5.3269	5.5381	5.5467	5.5191	#######	21:07:36
韩国元	0.5287	0.5101	0.5329	0.5525	0.5292	#######	21:07:36
澳门元	78.78	76.14	79.09	81.73	78.75	#######	21:07:36
林吉特	150.92		152.28		151.43	#######	21:07:36
挪威克朗	70.31	68.14	70.87	71.21	70.55	#######	21:07:36
新西兰元	424.41	411.31	427.39	433.27	424.01	#######	21:07:36
菲律宾比	12.25	11.83	12.39	12.95	12.31	#######	21:07:36
卢布	8.03	7.54	8.09	8.4	8.13	#######	21:07:36
沙特里亚尔		164.15		173.53	168.96	#######	21:07:36
瑞典克朗	67.15	65.08	67.69	68.01	67.47	#######	21:07:36
新加坡元	468.86	454.4	472.16	474.51	470.89	#######	21:07:36
泰国铢	19.55	18.95	19.71	20.33	19.71	#######	21:07:36
土耳其里	46.25	43.99	46.63	53.54	46.52	#######	21:07:36
新台币		21.97		23.8	22.69	#######	21:07:36
美元	632.3	627.16	634.98	634.98	634.01	#######	21:07:36

图 7-23 汇率表 Excel 工作簿

如果人工核对汇率表 Excel 工作簿中的数据与汇率网站上的数据一致，添加"终止进程"活动来关闭浏览器。写入 Excel 工作簿后的流程图如图 7-24 所示。

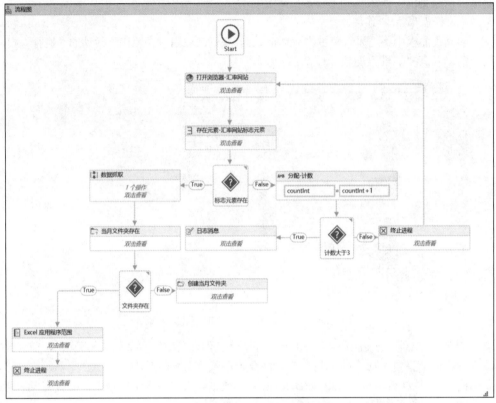

图 7-24　写入 Excel 工作簿后的流程图

7.1.3　逐行录入系统

因业务需要，从汇率网站捕获的数据表需要逐行录入汇率系统。由于每天早上系统管理员都会登录业务系统，机器人运行的时候无须再登录，直接将数据表录入"汇率日报"模块即可。"汇率日报"页面如图 7-25 所示。

图 7-25　业务系统的"汇率日报"页面

对于数据表中的每一行，机器人都需要单击"添加记录"，然后在添加记录页面中逐个录入所需的数据，如图 7-26 所示。

从"活动"面板中将"对于数据表中的每一行"活动拖放到"终止进程-IE 浏览器"活动的下方，并与其连接起来，然后双击"对于数据表中的每一行"活动，查看右侧的"属性"面板。"对于数据表中的每一行"活动的"输入"为数据表类型的变量,即 7.1.1 节中捕获的数据表 ExtractDataTable。数据表由数据行和数据列组成。"对于数据表中的每一行"活动会从数据表的第一行开始(不包含数据表的标题行)循环执行"正文"中的活动,数据表第一行的索引值为 0,依次递增。

在"正文"中先添加"单击"活动,并将"显示名称"修改为"单击-添加记录",捕获"添加记录";然后逐个输入当前行所需列的值,将"输入信息"活动拖放到"正文"中,修改好名称后,在输入文本框中输入"CurrentRow.item("货币名称").ToString",如图 7-27 所示。

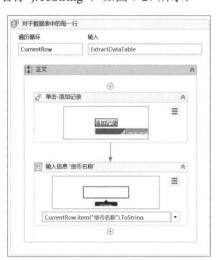

图 7-26 添加记录页面

图 7-27 输入当前数据行的"货币名称"列对应的值

CurrentRow.item("货币名称").ToString 这一函数的意思是:将当前行中"货币名称"列对应的数据项转换成字符串。对于数据表中的第一行,"货币名称"列对应的数据项是"阿联酋迪拉姆",如图 7-28 所示。使用列名来获取数据项的做法要求数据表中列名不能改变,如果数据表中不存在此列名,就会报错。

图 7-28 第一行的"货币名称"列

当数据表的列名不固定但列所处位置固定时,可以使用列的索引值来获取对应的数据项,索引同样从 0 开始。由于"货币名称"目前在第一列,因此使用 CurrentRow.item(0).ToString 同样也能获取"阿联酋迪拉姆"。

接着继续逐一输入其他数据,直到要输入"发布日期"。由于业务系统上要求发布日期的填写格式为 YYYY-MM-DD,而 Excel 中的日期格式为 YYYY/MM/DD,因此需要使用 Cdate(CurrentRow.item("发布日期")).ToString("yyyy-MM-dd")来转换一下日期格式,Cdate()函数可以把有效的日期和时间表达式转换为日期(Date)类型,并返回结果;.ToString("yyyy-MM-dd")可以把返回的日期转换为括号内指定的格式,如 2022/3/1 经过此函数后可以转换为 2022-03-01。

完成后继续输入"发布时间"，如图 7-29 所示。

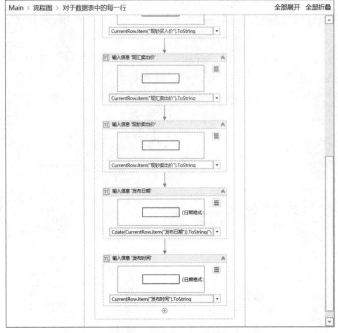

图 7-29　逐行输入汇率数据

7.1.4　判断日期

根据图 7-1 所示的汇率机器人的业务流程图，完成数据录入后要判断当天是否为 1 号，这涉及截取字符串，即看日期的最后两位是否为"01"。可以使用字符串（String）的 substring() 方法来截取日期中的最后两位数字，此方法有以下两种用法。

（1）substring(startIndex as Integer)，在方法的括号内输入开始截取字符串的索引。注意，索引从 0 开始。返回给用户的是从指定索引处开始的后续字符串信息，如图 7-30 所示。

日期字符串：2 0 2 2 0 2 0 1

索引：　　　0 1 2 3 4 5 6 7

图 7-30　"20220201"字符串对应的索引值

（2）substring(startIndex as Integer, length as Integer)，在括号内输入两个参数，一个是索引，另一个是要截取的字符串长度，方法的输出值为从索引处开始截取指定长度的字符串。以"20220201"为例，若截取月份，startIndex=4，length=2。

对于在本案例中要截取日期字符串的最后两位，以上两种用法均可，分别为 currentDay.substring(6) 和 currentDay.substring(6, 2)。截取好日期的最后两位后要判断这两位是否等于"01"，可以使用字符串的 equals() 方法，那么"流程决策"活动的条件表达式如图 7-31 所示。

有关字符串类型的变量的方法，可以在"表达式编辑器"中输入"currentDay."，然后会自动弹出可以使用的方法，并且会显示每个方法的用法，有兴趣的读者可以自行查阅相关资料。表 7-3 展示了字符串常用的方法及其作用。读者也可以通过查阅微软.NET 相关的文档来了解更多方法的详细用法。

图 7-31　判断当天是否为 1 号的条件表达式

表 7-3　字符串常用的方法及其作用

方法	作用
Substring()	截取部分字符串，返回新字符串
Concat()	将多个字符串拼接为一个新字符串，返回新字符串
Equals()	对比两个字符串是否一样，返回布尔值
Contains()	判断一个字符串是否包含另一个字符串，返回布尔值
EndsWith()	判断字符串结尾处的字符串是否与指定的字符串匹配，返回布尔值
StartsWith()	判断字符串开端处的字符串是否与指定的字符串匹配，返回布尔值
Remove()	从字符串中删除指定字符串后，返回新字符串
Replace()	将当前字符串中指定的 Unicode 字符或字符串的所有匹配项都替换为另一个指定的 Unicode 字符或字符串后，返回新字符串
ToLower()	返回将当前字符串转换为小写后的字符串
ToUpper()	返回将当前字符串转换为大写后的字符串
Trim()	从当前字符串的开端与结尾处删除空格字符后，返回新字符串

7.1.5　读取 Excel 工作簿

判断好当天为 1 号之后，就要去读取上个月的汇率文件夹中的每个 Excel 工作簿了。

1. 获取上个月月份

添加"序列"活动，将活动的"显示名称"修改为"读取上个月汇率表文件"，然后新建字符串类型的变量 LastMonth，使用 AddMonths()方法来获取上个月的月份，如图 7-32 所示，在括号内输入-1 表示从现在这个时间点往过去倒推一个月，如果是+1 则从现在向未来前进一个月。同样，可以在输入"now."后查阅可使用的方法。

名称	变量类型	范围	默认值
LastMonth	String	读取上个月汇率表文件	now.AddMonths(-1).tostring("yyyyMM")

图 7-32　AddMonths()方法

日期时间（DateTime）常用的方法及其作用如表 7-4 所示。

表 7-4 日期时间（DateTime）常用的方法及其作用

方法	作用
ToString()	将日期转换成字符串
AddDays()	在当前日期实例的基础上增加天数后返回新的日期
AddMonths()	在当前日期实例的基础上增加月数后返回新的日期
AddYears()	在当前日期实例的基础上增加年数后返回新的日期
Subtract()	返回从该实例的值中减去指定的时间或期间后得到的值，返回值为时间范围（TimeSpan）或日期（DateTime）
Parse()	将日期和时间的字符串形式转换为等效的日期时间

2. 遍历文件夹中的每个文件

在获取上个月文件夹中的文件名称时要先判断上个月文件夹是否存在，与 7.1.2 节中的做法一样，此处不赘述。判断上个月文件夹是否存在的"IF 条件-上月文件夹存在"活动的流程图如图 7-33 所示。

然后将"适用于文件夹中的每个文件"活动拖放到"IF 条件-上月文件夹存在"中的 Then 分支中，此活动可以用来遍历指定文件夹中的每个文件。此活动自带一个局部变量 CurrentFile，此变量的类型为文件对象。设置文件夹路径为""D:\"+lastMonth"，筛选依据设置为""*.xlsx""，表示从文件夹中筛选出 Excel 工作簿，如图 7-34 所示。

图 7-33 判断上个月文件夹是否存在的"IF 条件-上月文件夹存在"活动

图 7-34 "适用于文件夹中的每个文件"活动

3. 读取 Excel 工作簿

下面就用图 7-35 所示的"适用于文件夹中的每个文件"的流程图来示意接下来的步骤。

要读取每个筛选出来的 Excel 工作簿中的表格数据，文件路径设置为 CurrentFile.FullName，可以使用的文件对象的方法同样可以在输入"."后自动弹出，FullName()方法可以获取到 CurrentFile 的全路径，如图 7-36 所示。

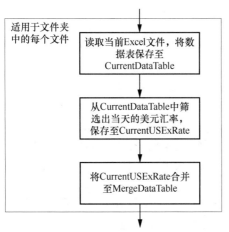

图 7-35 "适用于文件夹中的每个文件"的流程图

图 7-36 文件路径

要使用"读取范围"活动读取 Excel 工作簿中的工作表,默认读取的工作表名称为"Sheet1",读取范围使用英文双引号标识,代表读取全部有数据的单元格范围。若要读取的 Excel 工作表名称为"汇率表",读取范围为从单元格 A1 到 E10,那么这两个属性项的值分别为""汇率表""和""A1:E10""。在本例中默认值与实际相符,不做修改。

设置好属性项的"读取范围"活动及其"属性"面板如图 7-37 所示。

图 7-37 设置好属性项的"读取范围"活动及其"属性"面板

"读取范围"活动的部分属性项及其说明如表 7-5 所示。

表 7-5 "读取范围"活动的部分属性项及其说明

属性项	说明
数据表	将读取的数据表保存在数据表类型的变量中
使用筛选器	决定是否使用筛选器。若勾选此复选框,则在读取数据表时会应用在 Excel 工作簿中已经定义好的筛选条件,输出筛选后的数据表

属性项	说明
保留格式	决定是否保留单元格中显示的数值格式,如日期、时间及货币等,由于 UiPath Studio 要逐个读取单元格范围,因此勾选后读取效率会有所降低
添加标头	决定是否将数据表的首行视为数据表的标头

4. 筛选数据表

在将当前 Excel 工作簿中的数据表保存至 CurrentDataTable 变量后,要从中将美元汇率筛选出来并保存在新的数据表类型的变量 CurrentUSExRate 中,就要用"筛选数据表"活动新建数据表类型的变量 CurrentUSExRate,用于存储筛选后的数据表,如图 7-38 所示。

图 7-38 设置好的"筛选数据表"活动

单击"筛选数据表"活动中间的"配置筛选器"按钮,打开"筛选器向导",配置筛选条件,如图 7-39 所示。

图 7-39 筛选器向导

可以对数据行与数据列分别使用"保留"或"删除"来保留或者删除符合条件的数据。在本例中,需要保留数据表中"货币名称"列为"美元"的数据,剔除其他无关数据行,输出全部列,那么要做的筛选配置如图 7-40 所示。

图 7-40　在"筛选器向导"中配置筛选条件

5. 合并数据表

新建数据表类型的变量 MergeDataTable,使用默认值 new datatable()来初始化该变量,如图 7-41 所示。

图 7-41　初始化数据表类型的变量

然后从"活动"面板中将"合并数据表"活动拖放到"筛选数据表"活动的下方,数据表的"来源"设置为"CurrentUSExRate",要合并到的"目标"设置为 MergeDataTable,如图 7-42 所示。

图 7-42　"合并数据表"活动

"合并数据表"活动属性中的"架构操作缺失"是指在合并数据表时数据表来源与目标数据表的列不相同时的操作,一共有以下 4 个选项。

- Add：添加必需的列以完成架构。
- Ignore：忽略额外列。
- Error：如果缺少指定的列映射，则生成错误。
- AddWithKey：添加必需的列和主键信息以完成架构。

由于本例中只要汇率网站对数据表的列不做更新，那么每天从同一网页中捕获的数据表架构就是一致的，因此这 4 种选项不会造成结果的差异，但是当两个数据表架构不同的时候，就会造成差异。

7.1.6 生成月度美元汇率表 Excel 工作簿

将上个月每天汇率表文件中的美元汇率都合并到 MergeDataTable 变量后，就要用这个数据表类型的变量生成本地 Excel 工作簿。生成上个月的月度美元汇率表 Excel 工作簿还是基于"上月文件夹存在"这个前提的，因此从"活动"面板中将"Excel 应用程序范围"拖放到"适用于文件夹中的每个文件"的下方，再将"写入范围"活动拖放到"执行"中，以 2022 年 2 月为例，要生成的月度汇率表 Excel 工作簿的全路径为 "D:\202202\202202_US.xlsx"，转换成代码为 ""D:\"+CurrentMonth+"\"+CurrentMonth+"_US.xlsx""，在"写入范围"活动的"属性"面板中勾选"添加标头"，如图 7-43 所示。

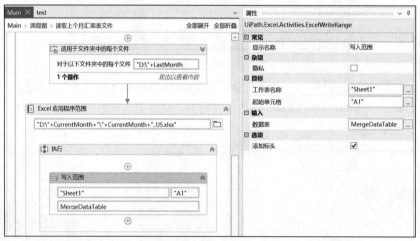

图 7-43　设置好的"写入范围"活动及其"属性"面板的属性项

最后在必要的位置添加相应的日志活动，完成后的汇率机器人的流程图如图 7-44 所示。

至此，已经完成了汇率机器人的开发，可以运行、调试流程，看一下汇率机器人是否能够如期完成任务。本例使用日期作为判断条件，为了测试全部分支，并不是真的等到下个月的 1 号才可以测试月度汇率表的分支流程，在测试时可以手动更改本地计算机的日期为 1 号来进行测试，或者使用测试变量来替换"当天为 1 号"这一判断条件实现测试。

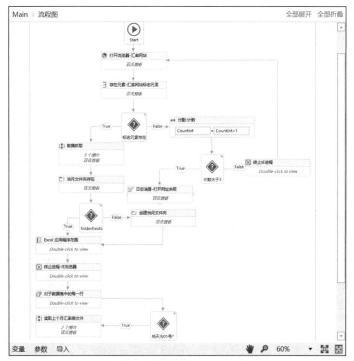

图 7-44 汇率机器人的流程图

7.2 邮件自动化

作为职场人士,在日常办公中一定少不了与文件和邮件打交道的场景,包括读取邮件,下载邮件附件,创建、复制与移动文件等。

本节将以人力资源部门为例,讲解一下简历自动处理机器人的设计。人力资源专员(HR)的招聘邮箱中经常会收到应聘不同职位的邮件并在邮件中附有简历文件,但是有些应聘者会忘记在所发送的邮件里添加附件。机器人需要每天登录 HR 的招聘邮箱,筛选出没有附件的邮件并自动回复,提醒应聘者;对于包含附件的邮件,机器人下载附件后依次将其移到本地固定路径下的文件夹中,文件名以邮件的标题重命名。这一示例对应的业务流程图如图 7-45 所示。

新建一个名为"简历自动处理机器人"的自动化项目,主工作流文件的架构采用流程图。针对这种包含循环、判断等复杂逻辑的业务流程,流程图是一种很好的选择。

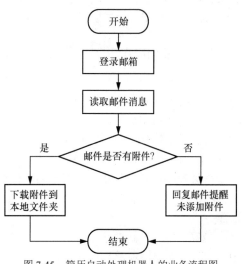

图 7-45 简历自动处理机器人的业务流程图

7.2.1 UiPath.Mail.Activities 包

UiPath Studio 的 UiPath.Mail.Activities 包中包含一些常用的邮件活动，支持 Microsoft Exchange、IBM Notes 和 Microsoft Office Outlook 邮箱的自动化，并支持所有遵循 IMAP（internet mail access protocol，因特网信息访问协议）、POPv3（post office protocol version 3，邮局协议第 3 版）和 SMTP（simple mail transfer protocol，简单邮件传送协议）的邮箱。在"活动"面板的搜索栏中输入"邮件"就能看到所有相关的可用的活动。

使用与 Microsoft Exchange、IBM Notes 和 Microsoft Office Outlook 相关活动的前提是已经在本地计算机中安装、配置好了对应的邮箱客户端，然后调用活动并且设置了必要的活动属性项。当没有安装客户端或者使用其他类型的邮件服务时，可以使用与 IMAP、POPv3 和 SMTP 这 3 种协议相关的活动实现收发邮件自动化。这 3 种协议的区别如表 7-6 所示。

表 7-6 IMAP、POPv3 与 SMTP 的区别

协议	说明
IMAP	开启 IMAP 后，在邮箱客户端上收取的邮件或进行的操作都能同步到服务器上。该协议仅能用来收取消息。UiPath Studio 提供了"移动 IMAP 邮件消息"和"获取 IMAP 邮件消息"两个活动
POPv3	仅用来收取邮件消息。与 IMAP 的区别在于，用户在客户端上的操作不会同步到服务器上。UiPath Studio 提供了"获取 POPv3 邮件消息"活动供用户使用
SMTP	一种基础的邮箱协议，仅能用来发送消息。UiPath Studio 中的相关活动为"发送 SMTP 邮件消息"

部分邮箱服务仅支持 POPv3 和 SMTP，不支持 IMAP，因此在使用相关活动前请确认是否支持相关协议。假设本例中使用的邮箱是 Microsoft Office Outlook，我们计划采用"获取 IMAP 邮件消息"活动来读取邮件，这一活动对不同的邮箱类型较通用。接下来向读者展示在安装了 Microsoft Office Outlook 客户端的情况下如何采用"获取 Outlook 邮件消息"活动实现同样的功能。

7.2.2 获取 IMAP 邮件消息

在 UiPath Studio 中，机器人不需要像人那样，打开网页或者客户端来输入用户名和密码，再前往收件箱逐封读取邮件（当然也可以通过操作用户界面实现），只需要通过一个活动就可以实现这几个步骤。从"活动"面板中将"获取 IMAP 邮件消息"活动拖放到设计器面板中。设置好属性项的"获取 IMAP 邮件消息"活动的"属性"面板如图 7-46 所示。

"获取 IMAP 邮件消息"活动的"属性"面板中需要设置的属性项及其说明如表 7-7 所示。

图 7-46 设置好属性项的"获取 IMAP 邮件消息"活动的"属性"面板

表 7-7 "获取 IMAP 邮件消息"活动的"属性"面板中需要设置的属性项及其说明

属性项	说明
服务器	所使用邮箱的服务器地址，可以从邮件服务商处获得
端口	服务器获取邮件的端口，可以从邮件服务商处获取
邮件文件夹	获取邮件的文件夹，默认为 ""Inbox""
安全密码	以安全字符串保存的邮箱密码，此处创建了数据类型为 SecureString 的变量 EmailPassword，当不知道属性项中所需的变量类型时可以直接用快捷键"Ctrl+K"进行创建，UiPath Studio 会自动创建正确类型的变量
密码	与安全密码二选一，以字符串形式明文保存的邮箱密码
电子邮件	要登录访问的邮件地址，要求为字符串类型
消息	使用快捷键"Ctrl+K"创建名为 ListOfMails 的变量，用于保存读取的邮件消息，创建后可以在"变量"面板中看到此变量的类型为 List<MailMessage>，这意味着可以将读取的一系列有序的邮件保存在此变量中
标记为已读	勾选该复选框，针对机器人已经读取过的邮件要及时标记，以免下次重复读取

读者可能会好奇，如何在"变量"面板中找到 SecureString 这个类型。假设现在通过"变量"面板来创建此变量，编写好名称后，单击"变量类型"下拉列表，从中选择"浏览类型..."，如图 7-47 所示。

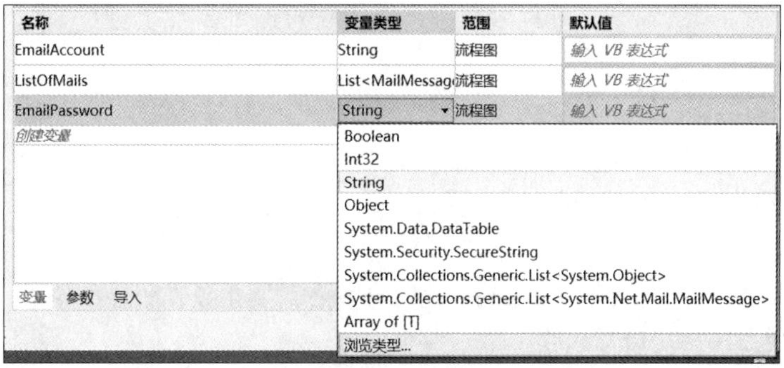

图 7-47 选择变量类型

然后在弹出的"浏览并选择.NET 类型"对话框的"类型名称"中输入类型的名称，搜索类型的名称，选中类型名称后的对话框如图 7-48 所示。这种方式适合已经熟悉 UiPath Studio 变量类型的读者，对于刚接触 UiPath Studio 变量类型的读者，建议采用在"属性"面板中使用快捷键创建变量的方式，让 UiPath Studio 自动选择正确的类型。

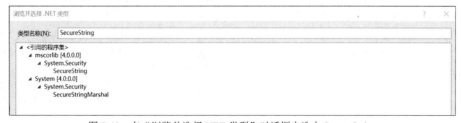

图 7-48 在"浏览并选择.NET 类型"对话框中选中 SecureString

如果已经在本地计算机上安装了 Microsoft Office Outlook 客户端，可以通过"获取 Outlook 邮件消息"活动来获取邮件消息。

7.2.3 安全地保存用户名和密码

机器人需要用户名和密码来登录应用程序，诸如上文中要求提供邮箱用户名与密码的情况很常见，除此之外，机器人还会遇到需要登录业务系统的情况。作为开发者，有义务与责任保障用户名和密码安全，这些用户名和密码一旦泄露，会对用户名所有者的隐私、财产等造成严重损害。

如果可以，给机器人申请专用的用户名和密码，且仅为其提供必需的用户权限，这样做一方面可以保障信息安全，另一方面可以区别人类用户的操作，方便审计。

在 UiPath Studio 中有 3 种处理密码的方法，第一种是在 UiPath Studio 中使用"获取密码"活动实现安全地保存用户名和密码，第二种是通过 Windows 凭据管理器实现安全地保存用户名和密码，第三种是在 UiPath Orchestrator 中设定资产来保存用户名和密码。

1. 在 UiPath Studio 中使用"获取密码"活动实现安全地保存用户名和密码

在 UiPath Studio 中使用"获取密码"活动，将密码输入该活动的"密码"属性项的文本框中，保存在字符串类型的变量 StringEmailPassword 中，如图 7-49 所示。

图 7-49 "获取密码"活动及其"属性"面板

这种方法的缺点是，当用户名和密码变化时开发者需要重新在程序中修改，这样做会增加运维工作量，不方便终端用户自行修改。

2. 通过 Windows 凭据管理器实现安全地保存账号和密码

下文将介绍如何使用这种方法逐步实现安全地保存账号和密码。

（1）获取安全凭据。以 Windows 10 系统为例，通过"控制面板→用户账户→凭据管理器→Windows 凭据→添加普通凭据"进行设置，如图 7-50 所示。

接着进入"添加普通凭据"对话框，在"Internet 地址或网络地址："中输入凭据的名称，随后依次输入用户名和密码，如图 7-51 所示，单击"确定"按钮完成添加普通凭据。

设置完 Windows 凭据管理器，就可以在 UiPath Studio 中调用此凭据。首先在 UiPath Studio 中安装 UiPath.Credentials.Activities 包，然后从"活动"面板中将"获取安全凭据"（Get Secure Credential）活动拖放到"Start"（开始）的下方，接着在此活动的"属性"面板中设置其属性项，如图 7-52 所示。

图 7-50　在 Windows 凭据管理器中添加普通凭据

图 7-51　输入凭据信息

图 7-52　"获取安全凭据"活动及其"属性"面板

"获取安全凭据"活动的"属性"面板中的主要属性项及其说明如表 7-8 所示。

表 7-8 "获取安全凭据"活动的"属性"面板中的主要属性项及其说明

属性项	说明
结果	布尔类型的变量,输出是否在 Windows 凭据管理器中找到了目标凭据
目标	在 Windows 凭据管理器中设置的凭据名称,即"Internet 地址或网络地址:"中的值
密码	凭据的密码
用户名	凭据的用户名

设置好属性项的"获取安全凭据"活动的"属性"面板如图 7-53 所示。

图 7-53 设置好属性项的"获取安全凭据"活动的"属性"面板

这种保存用户名和密码的方法方便用户自行在本地计算机上修改对应的用户名和密码,但其缺点是,在大规模部署客户端且要统一管理用户名和密码时会有不便之处。

(2)新增用户名/密码。假如之前从未在 Windows 凭据管理器中配置过名称为"Outlook 凭据"的凭据,那么"获取安全凭据"活动的输出结果 PingJuExists 的值为 False。可以增加"凭据不存在"流程决策活动来判断是否存在指定凭据,False 分支处有两种处理方法在 Windows 凭据管理器中让机器人新增凭据。

第一种方法是通过"请求凭据"(Request Credentials)活动和"增加凭据"(Add Credentials)活动新增凭证。

这两个活动需要增加 UiPath.Credentials.Activities 包,然后在 False 分支依次添加,如图 7-54 所示。

设置好属性项的"请求凭据"活动的"属性"面板如图 7-55 所示。

"请求凭据"活动执行后的效果如图 7-56 所示。

7.2 邮件自动化　**121**

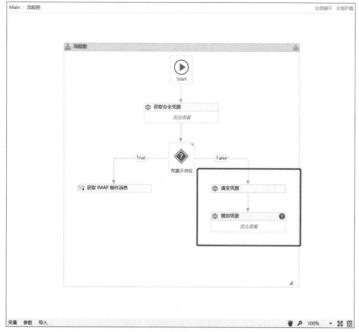

图 7-54　添加"请求凭据"活动和"增加凭据"活动

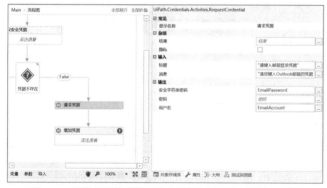

图 7-55　设置好属性项的"请求凭据"活动的"属性"面板

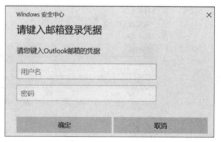

图 7-56　"请求凭据"活动执行后的效果

　　在对话框中输入的用户名和密码信息会分别保存在 EmailAccount 和 EmailPassword 两个变量中。然后通过"增加凭据"活动把刚才输入的用户名和密码保存在 Windows 凭据管理器中。
　　设置好属性项的"增加凭据"活动的"属性"面板如图 7-57 所示。当执行"增加凭据"活动后，就可以在 Windows 凭据管理器的普通凭据中看到新增了"Outlook 凭据"。
　　第二种方法是通过"获取用户名/密码"活动新增凭据。
　　通过"获取用户名/密码"活动直接获取用户输入的凭据信息，并保存在 Windows 凭据管理器中（若未在"活动"面板上查找到此活动，则需将依赖项 UiPath.System.Activities 升级到 2021.10 版本及以上）。
　　添加"流程决策"活动来判断是否存在指定凭据后，在该活动的 False 分支中添加"获取用户名/密码"活动，单击"获取用户名/密码"活动中的"请选择凭据"下拉列表，并选择"添加新凭据"，如图 7-58 所示。

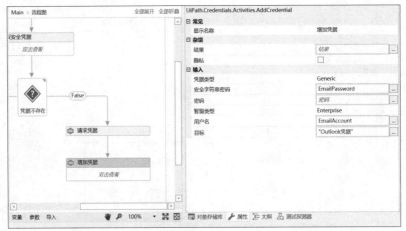

图 7-57　设置好属性项的"增加凭据"活动的"属性"面板

此时会弹出"添加凭据"对话框，在"应用程序或网站"中输入指定的凭据名称，如图 7-59 所示。若在配置时不知道用户名和密码，保持"用户名"和"密码"为空即可，当机器人执行到此活动时会弹出待人工配置的界面。若已有默认的用户名和密码，在指定文本框中进行配置并保存后，UiPath Studio 会自动同步到 Windows 凭据管理器中。

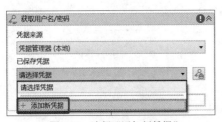

图 7-58　选择"添加新凭据"

图 7-59　"添加凭据"对话框

完成凭据指定后，在"获取用户名/密码"活动中的"保存以备后用"输入框中使用快捷键"Ctrl+K"新建类型为 PasswordCredentials 的变量 PingJu，用于存储用户输入的凭据信息，如图 7-60 所示。

PingJu 变量将用户输入的凭据存储起来，以便后续调用。在需要输入用户名和密码的地方，可以输入"PingJu."，UiPath Studio 会自动联想出该变量可使用的办法，常用的有 Password、SecurePassword 和 Username，分别用来实现以明文形式获取密码、以密文形式获取密码和获取用户名的功能。

在 Windows 凭据管理器中不存在"Outlook 凭据"时，运行机器人后即可看到机器人自动弹出"为"UiPath: Outlook 凭据"输入凭据"对话框，可在该对话框中手动输入用户名和密码，如图 7-61 所示。此时若勾选"在这台计算机上记住"，就会以"UiPath: Outlook 凭据"的名称将用户名和密码保存在 Windows 凭据管理器中。

与此同时，在 Windows 凭据管理器中也会新增名为"UiPath: Outlook 凭据"的普通凭据。设置完成的流程图如图 7-62 所示。

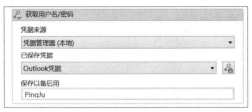

图 7-60　配置凭据变量　　　　图 7-61　"为"UiPath: Outlook 凭据"输入凭据"对话框

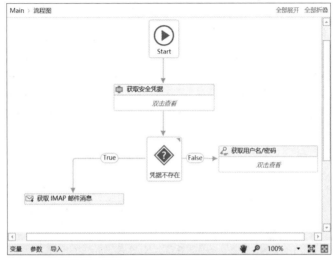

图 7-62　使用"获取用户名/密码"活动的流程图

（3）更新用户名和密码。"获取用户名/密码"活动也可以用来更新用户名和密码。假设 Windows 凭据管理器中已经存在同名的普通凭据，当执行到"获取用户名/密码"活动时就可以看到"为"UiPath: Outlook 凭据"输入凭据"对话框中会自动展示出当前配置的用户名和密码，若无须调整，机器人会在 10 秒后默认获取当前凭据信息；若需调整，可手动更改"用户名"和"密码"文本框中的信息，勾选"更新存储的凭据"表示将自动把新密码更新至凭据管理器中，如图 7-63 所示。

图 7-63　设置好的"为"UiPath: Outlook 凭据"输入凭据"对话框

3. 在 UiPath Orchestrator 中设定资产来保存用户名和密码

这种方法适合用于通过 UiPath Orchestrator 统一管理客户端使用的用户名与密码的场景，9.2.2 节将详细讲解这种方法。

7.2.4　遍历邮件消息并保存附件

当处理好邮箱用户名和密码的保存问题后，通过"获取 IMAP 邮件消息"活动获取前 30 封未读邮件，这些邮件消息的集合被保存在变量 ListOfMails 中，其变量类型为 List<MailMessage>。列表常见的方法及其作用如表 7-9 所示。

表 7-9 列表常见的方法及其作用

方法	作用
ListOfMails.Count	获取列表中元素的个数,返回值为整数
ListOfMails.Item()	获取在列表中指定索引位置的元素,索引从 0 开始,返回值的变量类型与元素所定义的类型一致。在邮件示例中,返回值变量为 MailMessage
ListOfMails.Add()	向列表的末端添加对象
ListOfMails.Contains()	判断列表中是否包含某个元素
ListOfMails.Exists()	判断列表中是否包含符合某种条件的元素
ListOfMails.IndexOf()	搜索指定对象后返回列表中第一个匹配项的索引
ListOfMails.Remove()	从列表中移除指定对象的第一个匹配项
ListOfMails.GetEnumerator()	遍历列表中的每个元素
ListOfMails.ToArray	将列表转换成数组

在遍历邮件消息前,先判断 ListOfMails 中是否有元素,即是否有未读邮件,如图 7-64 所示。

图 7-64 判断 ListOfMails 中是否有未读邮件

没有未读邮件(ListOfMails.Count=0)时,记录日志消息;有未读邮件时,遍历每个邮件消息。"遍历循环-遍历邮件消息"活动中的 TypeArgument 的变量类型要与 List< MailMessage >的尖角号内的变量类型保持一致。单击"变量"面板中 ListOfMails 的"变量类型"下拉列表,可以看到尖角号内的类型为 System.Net.Mail.MailMessage,如图 7-65 所示。

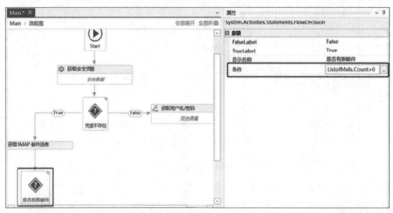

图 7-65 ListOfMails 变量类型的全称

"遍历循环-遍历邮件消息"活动及其"属性"面板中的属性项设置如图 7-66 所示。

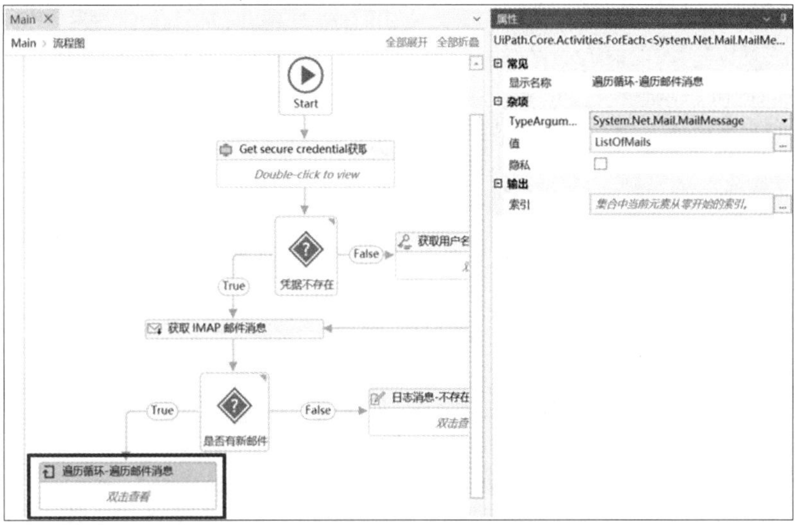

图 7-66　"遍历循环-遍历邮件消息"活动及其"属性"面板中的属性项设置

此时"遍历循环-遍历邮件消息"中 item 的变量类型就是 System.Net.Mail.MailMessage。System.Net.Mail.MailMessage 常用的方法及其作用如表 7-10 所示,更多可用的方法可在输入"item."后弹出的下拉列表中查阅。

表 7-10　System.Net.Mail.MailMessage 常用的方法及其作用

常用方法	作用
item.Subject()	获取邮件消息的标题
item.SenderEmailAddress()	获取邮件消息的发件人地址
item.Attachments()	获取邮件消息的附件,返回值为附件集合
item.Body()	获取邮件消息的正文
item.Date()	获取邮件消息的日期

众所周知,邮箱里经常收到一些垃圾邮件以及不属于简历投递的邮件,为了便于机器人识别,HR 在招聘信息中明确要求所有应聘者在邮件标题中注明"应聘"这一关键词,而"职位"和"姓名"是会变化的,不能作为判断条件,因此仅处理邮件标题中包含"应聘"的邮件,如图 7-67 所示。

对邮件标题中包含"应聘"的邮件,要接着判断邮件中是否包含附件,无附件的要回复邮件,如图 7-68 所示。

item.Attachments.count>0 的含义是当前邮件

图 7-67　判断邮件标题中是否包含"应聘"这一关键词

消息的附件数大于 0,如果满足这个条件,就使用"保存附件"活动将当前邮件消息 item 中的附件保存至本地 D:\ 中。设置好属性项的"保存附件"活动的"属性"面板如图 7-69 所示。

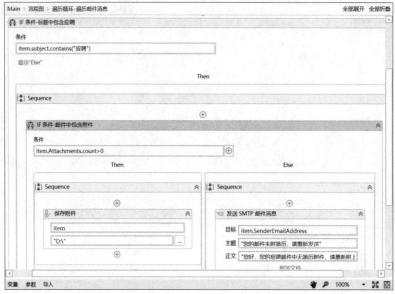

图 7-68 判断邮件中是否包含附件

图 7-69 设置好属性项的"保存附件"活动的"属性"面板

"保存附件"活动的"属性"面板中的主要属性项及其说明如表 7-11 所示。

表 7-11 "保存附件"活动的"属性"面板中的主要属性项及其说明

属性项	说明
文件夹路径	要保存邮件附件的本地文件夹路径
消息	要保存邮件附件的邮件消息
附件	所保存邮件附件的全路径的集合
筛选	从待保存的附件中筛选符合特定条件的文件进行保存
覆盖现有文件	如果本地路径中存在相同文件名的文件是否覆盖

7.2.5 发送 SMTP 邮件消息

当邮件不包含附件时,要使用"发送 SMTP 邮件消息"活动回复此邮件。设置好属性项的"发送 SMTP 邮件消息"活动的"属性"面板如图 7-70 所示。

图 7-70 设置好属性项的"发送 SMTP 邮件消息"活动的"属性"面板

"发送 SMTP 邮件消息"活动的"属性"面板中的主要属性项及其说明如表 7-12 所示。

表 7-12 "发送 SMTP 邮件消息"活动的"属性"面板中的主要属性项及其说明

属性项	说明
服务器	所使用邮箱的服务器地址,可以从邮件服务商处获得
端口	服务器获取邮件的端口,可以从邮件服务商处获取
发件人	发件人的邮件地址
名称	发件人的名称
目标	收件人的邮件地址,此处为 item.SenderEmailAddress
主题	所发送的邮件的标题
正文	所发送的邮件的正文
安全密码	发件人登录邮件的安全密码
电子邮件	发件人的邮件地址

在测试场景下,执行"发送 SMTP 邮件消息"活动后的效果如图 7-71 所示。

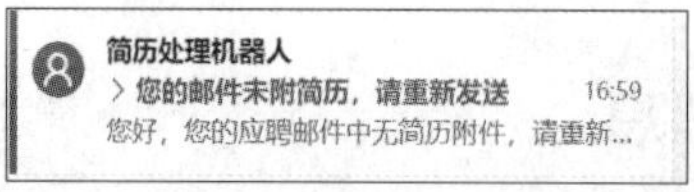

图 7-71　当邮件不含附件时的回复邮件

7.3　人机交互

UiPath Studio 提供了丰富多样的人机交互模式,在流程中合理地使用人机交互模式可以极大地提升机器人应用的准确性与灵活性,拓展机器人的功能。

7.3.1　输入对话框

人机交互中最常见的场景就是人工输入信息,供机器人在后续运行中使用。在人工输入文字、选择指定选项和输入密码时可以用"输入对话框"活动实现。

在 UiPath Studio 中,将"输入对话框"活动拖放到设计器面板中,该活动中有 4 个属性项,如图 7-72 所示。

图 7-72　"输入对话框"活动

"输入对话框"活动的"设计器"面板中的配置项及其说明如表 7-13 所示。

表 7-13　"输入对话框"活动的"设计器"面板中的配置项及其说明

属性项	说明
对话框标题	弹出对话框的标题
输入标签	对话框中的输入提示
输入类型	可选"文本框"与"多选",对应不同的功能
已输入的值	将人工输入的信息存储在指定变量中

"输入对话框"活动可实现的功能包含获取输入信息、获取输入密码和获取多选选项。

(1)获取输入信息。以获取用户姓名为例,修改"输入对话框"活动的标题,在"输入标签"中输入文字提示信息,新建字符串类型的变量 InputText 来存储人工输入的信息,如图 7-73 所示。

完成配置后,启动机器人即可看到机器人自动弹出"姓名输入框"对话框,如图 7-74 所示。

在文本框内输入的信息被存储到 InputText 变量中，以便后续使用。

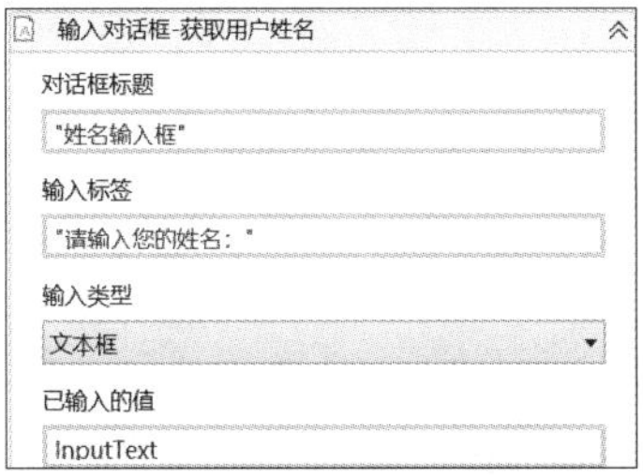

图 7-73 获取输入信息配置示例 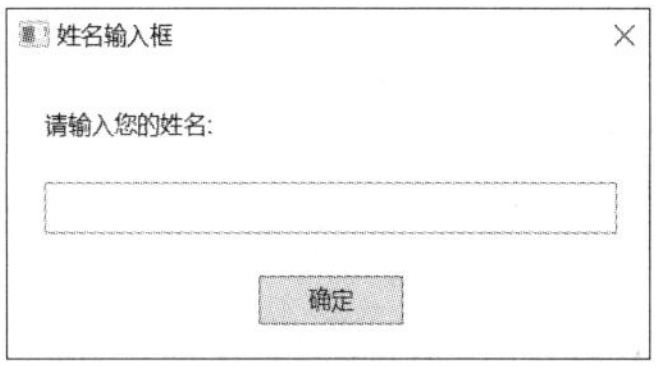　　　图 7-74 "姓名输入框"对话框示例

（2）获取输入密码。除了直接输入文本信息，考虑到密码之类的敏感信息在输入时有保密需求，不宜直接显示在屏幕上，此时可勾选"输入对话框-获取密码"活动的"属性"面板中的"是密码"复选框，如图 7-75 所示。

图 7-75 "输入对话框-获取密码"活动及其"属性"面板

运行机器人后，人工在"密码输入框"文本框中输入的文字就以特殊字符显示，如图 7-76 所示，避免关键信息在录入时被其他人看到，提升了安全性。

使用"输入对话框"活动获取密码时，虽然可以展示为密文，但是密码在流程中仍以普通字符串类型的变量保存，可以被轻易地获取和展示，仍存在较大的泄露风险。当密码的安全性要求较高时，这种方法不能满足需求，建议使用保密性更强的"获取用户名/密码"活动。

图 7-76 "密码输入框"对话框示例

（3）获取多选选项。除了直接获取用户输入的信息，"输入对话框"活动还提供在多选选项中选择的功能。"输入类型"设置为"多选"，在"输入选项(使用;分隔)"文本框中罗列出待选择的内容并以英文分号（;）隔开，即可完成多选选项的配置，如图 7-77 所示，此时配置了"类型 1"和"类型 2"两个选项供人工选择。

启动机器人后，可看到弹出的"选择框"对话框中展示了两个选项供人工选择，如图 7-78 所示。人工选择类型并单击"确定"按钮，所选类型就会被保存在变量 InputText 中。

图 7-77　获取多选选项配置示例　　图 7-78　两个选项的"选择框"对话框示例

7.3.2　选择本地路径

在业务流程中，原始文件等关键输入文件的名称或保存路径往往是不固定的，每次在代码或配置文件中调整路径的方式十分低效，且用户体验较差。UiPath Studio 提供了选择文件和文件夹的功能，能自动获取人工选择的文件和文件夹路径，也可以通过自定义的方式灵活地配置文件路径。

1. "选择文件"活动

将"选择文件"活动拖放到新流程中，该活动默认可获取所有类型的文件，也可在"文件类型"下拉列表中选择待获取的文件类型，如图 7-79 所示。

此时在"所选文件路径"文本框中新建字符串类型的变量 FilePath，用于存储用户所选文件的绝对路径，如图 7-80 所示。

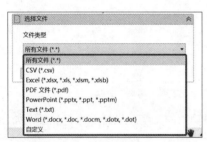 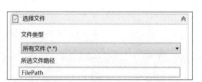

图 7-79　"选择文件"活动的　　　　图 7-80　"选择文件"活动的
　　　　"文件类型"下拉列表　　　　　　　　"所选文件路径"文本框设置

完成配置后，启动机器人即会弹出"Select File"（文件选择）窗口，如图 7-81 所示。在该界面中选择指定文件，并单击"打开"按钮，"选择文件"活动就可自动获取该文件的绝对路径并将其存储在变量 FilePath 中。

2. "浏览文件夹"活动

将"浏览文件夹"活动拖放到新流程中，在"选定的文件夹路径"中新建字符串类型的变量 FileFolderPath，用于存储用户所选文件夹的绝对路径，如图 7-82 所示。

完成配置后，启动机器人即会弹出"浏览文件

图 7-81　"Select File"窗口

夹"对话框，如图 7-83 所示。在该对话框可选择指定文件夹，也可新建文件夹，单击"确定"按钮，"浏览文件夹"活动就会自动获取该文件夹的绝对路径并将其存储于变量 FileFolderPath 中。

图 7-82　"浏览文件夹"活动　　　　　　图 7-83　"浏览文件夹"对话框

7.3.3　对话框提示

在机器人运行过程中往往会遇到需要人工确认的场景，如确认关键字段的信息是否录入正确、报错提示手动操作等。常用的对话框提示活动包括"消息框"活动与"工具提示"活动。

1. "消息框"活动

"消息框"活动可以在机器人运行过程中暂停进程并弹出对话框提示，待人工确认与反馈后继续进行后续流程操作。

将"消息框"活动拖放到新流程中，此时在其右侧"属性"面板中可以看到属性项，如图 7-84 所示。

图 7-84　"消息框"活动及其"属性"面板

"消息框"活动的"属性"面板中的常用属性项及其说明如表 7-14 所示。

表 7-14　"消息框"活动的"属性"面板中的常用属性项及其说明

属性项	说明
排名最前	默认不勾选此项，若勾选则对话框一直处于最上层，不被任何窗口遮挡
在以下时间后自动关闭	对话框自动关闭的时间（时:分:秒），默认为 0，即对话框不会自动关闭
按钮	选择消息框中展示的按钮类型，可选项包含"Ok"（确定）、"OkCancel"（确定/取消）、"YesNoCancel"（是/否/取消）和"YesNo"（是/否）。默认选择"Ok"

续表

属性项	说明
文本	在消息框中显示的文本
标题	消息框的标题
所选按钮	用户在消息框中所单击的按钮名称，将以固定的文本形式存储在字符串类型的变量中

2. "工具提示"活动

当需要在指定界面中进行提示时，如在指定网页提示用户注意事项等，可使用"工具提示"活动，该活动仅适用于用户界面元素已知的情况。"工具提示"活动如图7-85所示。

图7-85 "工具提示"活动

单击"指明在屏幕上"即可指定弹窗在哪个用户界面元素上弹出。设置好属性项的"工具提示"活动的"属性"面板如图7-86所示，在"内容"属性项中设置提示文本为""新建文件夹窗口已打开""，在"标题"属性项中设置对话框标题为""请确认""，在"计时器"属性项中设置对话框自动消失的时间为"5000"毫秒，即5秒。

完成配置后，启动机器人即可看到在文件资源管理器的指定用户界面元素中有对话框提示，如图7-87所示。

图7-86 设置好属性项的"工具提示"活动的"属性"面板

图7-87 "工具提示"活动的对话框提示

7.3.4 自定义输入

如果读者有 Web 开发基础，可以自行开发编写 HTML 文件。UiPath Studio 也支持调用 HTML 文件实现自定义输入的功能。例如，已完成自定义输入的 HTML 网页开发，如图 7-88 所示。此时使用"自定义输入"活动即可调用该网页，并将从网页获取的信息存储在字符串类型的变量中。

在新流程中拖入"自定义输入"活动，在"URI"文本框中指定本地的 HTML 文件，在"结果"文本框中输入字符串类型的变量，如图 7-89 所示。运行机器人后会自动打开 HTML 文件并将网页获取的信息保存在 InputText 变量中。

图 7-88 自定义输入网页

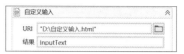
图 7-89 "自定义输入"活动

7.4 通过 UiPath Assistant 发布与启动流程

UiPath Assistant 是自动化流程的桌面启动版,它让每个人都能方便地使用选定的自动化流程来协助完成日常工作。在完成流程开发后,可以通过 UiPath Assistant 方便地访问、管理和运行自动化流程,搭建起开发者和机器人之间的桥梁。

7.4.1 启动机器人

UiPath Studio 作为一个开发设计器,在机器人流程的实际使用中不适合作为启动和运行机器人的工具,使用起来十分烦琐且效率低下。在实际使用中,往往通过将机器人流程发布至 UiPath Assistant 的方式在不打开 UiPath Studio 的情况下便捷地启动机器人,可以极大地提升用户体验。

1. 本地发布机器人流程至 UiPath Assistant

在完成机器人流程开发后,单击"设计"功能区中的"发布"按钮,如图 7-90 所示。

图 7-90 单击"发布"按钮

在"发布流程"对话框中选中左侧"发布选项",将右侧的"发布至"设置为"Assistant(机器人默认设置)",单击"发布"按钮,如图 7-91 所示。

看到提示发布成功的"信息"对话框即表明已将机器人流程成功发布至 UiPath Assistant,如图 7-92 所示。

图 7-91 发布机器人流程至 UiPath Assistant

图 7-92 表明发布成功的"信息"对话框

2. 通过 UiPath Assistant 启动机器人流程

在 UiPath Assistant 界面中可以看到刚刚发布的"人机交互"机器人流程处于"等待安装"的状态,单击该机器人流程对应的运行按钮,即会下载流程并启动机器人,如图 7-93 所示。

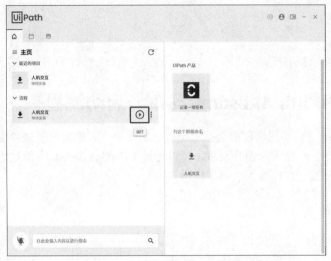

图 7-93　UiPath Assistant 界面

3. 设置 UiPath Assistant 启动快捷键

单击机器人流程名称即可在右侧面板中看到流程的详细配置信息,在此界面中可以设置机器人流程的运行快捷键,使流程启动方式更便捷,如图 7-94 所示。

图 7-94　UiPath Assistant 中流程的详细配置信息

选中"使用以下快捷键运行流程"的文本框后,按希望指定的快捷键,如"Ctrl+Alt+X",UiPath Assistant 会自动记录快捷键设置,单击"保存"按钮后,只要 UiPath Assistant 处于运行状态,在键盘上按这个快捷键就可启动流程。

7.4.2 编辑流程输入参数

若主工作流文件中有输入参数 In_TiShiNeiRong,如图 7-95 所示。

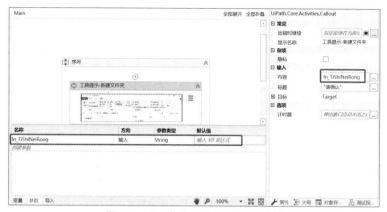

图 7-95　主工作流文件中存在输入参数

将该流程发布至 UiPath Assistant,在首次启动该流程时会弹出设置 In_TiShiNeiRong 的"编辑输入参数"对话框,可人工在此界面根据需要输入信息,如输入"请确认信息",如图 7-96 所示。

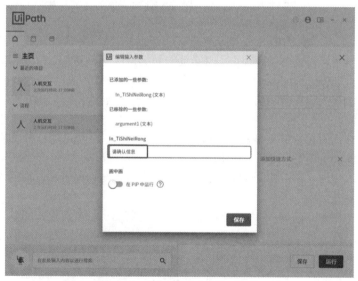

图 7-96　"编辑输入参数"对话框

注意,"编辑输入参数"对话框仅在首次通过 UiPath Assistant 启动流程时弹出,后续运行过程中将会默认使用首次输入的信息,若想调整,可在流程的详细信息配置界面中修改,如图 7-97 所示。

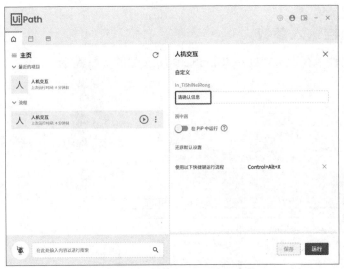

图 7-97　在详细配置信息界面调整输入参数

7.5　小结

本章介绍了 UiPath Studio 在办公应用中的常见案例与功能，包含 Excel 与数据表、邮件自动化、人机交互、通过 UiPath Assistant 发布与启动流程等内容。

- Excel 与数据表：在 UiPath Studio 中能够进行的 Excel 工作簿以及数据表操作远远比本章介绍的更丰富，读者可以通过查阅"活动"面板，逐一了解各个相关活动的功能，不断探索与尝试。UiPath Studio 中封装好的与 Excel 和数据表相关的活动较多，支持程度较高，几乎每个机器人流程自动化项目都会涉及与 Excel 和数据表的交互，所以掌握好本章的内容格外重要。
- 邮件自动化：邮箱是日常办公中的通信工具，在 RPA 自动化项目中经常要与邮箱进行交互，UiPath Studio 支持访问邮箱中的邮件信息并进行操作。本章介绍了与邮件自动化相关的活动及其用法，其中涉及邮箱登录凭据的保存方法与访问方法，希望读者多加练习，熟练地掌握相关活动。
- 人机交互：UiPath Studio 的人机交互功能提升了人工在 RPA 流程中的参与度，增加了 RAP 流程的灵活性，可以适配更多的自动化场景。因各个活动的特性和适用场景不同，读者在使用时需要注意分辨，并选用合适的活动。对于密码的使用与管理涉及信息安全，在金融等行业格外需要注意其使用方式，不能随意以明文形式输入、输出密码，避免合规风险，推荐使用 Windows 凭据管理器等相关控件实现密码的管理，在通过 RPA 提升流程便利性的同时保障信息安全。
- 通过 UiPath Assistant 发布与启动流程：在实际应用中，UiPath Studio 仅在开发和调试中使用，待流程开发好后就可以发布到 UiPath Assistant 中运行。UiPath Assistant 像一个计算机中的流程小助理，作为所有已开发流程的统一管理与启动入口，更方便用户日常使用与监控，还具有自定义提示信息等功能，符合业务人员日常使用习惯，可以提升用户使用 RPA 的体验。

第 8 章

UiPath Studio 异常处理

在实际开发和运行过程中，系统不稳定、设计不完善等问题往往会导致 RPA 流程运行出错，极大地影响 RPA 的运行效率和用户的使用体验。在开发过程中，可以通过异常处理等方式有效地提升 RPA 流程的稳定性和健壮性，减少异常情况对流程运行的影响。

8.1 系统异常处理

5.1.5 节和 5.2.3 节介绍过在机器人流程自动化中可能出现的异常类型和处理方法。本节将在此基础上通过实际案例更加详细地归纳、总结如何使用异常处理活动和全局异常处理程序。

8.1.1 常见系统异常

5.1.5 节中提到，异常来源有系统异常与业务异常，前者可以使用"Try Catch 异常处理"活动捕获，然后进行后续异常处理，而后者必须由开发者基于流程设置的规则单独处理。本节重点讲解可以被捕获的系统异常。系统异常可能由代码或调用的代码（如共享库）中的错误、不可用的操作系统资源、运行时遇到的意外情况（如无法验证的代码）等引发。

System.Exception 是所有系统异常的基类，若未做说明则本章中的异常均指系统异常。当发生错误时，系统或当前正在运行的应用程序会引发包含有关错误的文本信息，向用户报告错误的性质与位置等，此信息包含在异常对象的 Message 属性中；在捕获异常时可以将此文本信息传递到构造的函数中，以自定义描述此异常的详细信息，或者直接使用默认错误消息；异常对象的 StackTrace 属性带有一个可用于确定代码中错误发生位置的栈跟踪，会列出调用的所有调用方法和源文件中的行号。在引发异常后，异常可以由应用程序或默认异常处理程序进行处理。

下面就介绍一下 UiPath Studio 中常见的异常。

1. UiPath.Core.SelectorNotFoundException

UiPath.Core.SelectorNotFoundException 异常是在使用了与用户界面元素交互的活动（如单击、输入信息等）且"出错时继续"属性项的值不为 True，机器人执行到当前活动未找到当前选取器对应的用户界面元素时引发的，如图 8-1 所示。由于机器人流程自动化最大的特征之一就是与用户界面元素交互，因此此类异常较常见。

2. UiPath.Core.Activities.ActivityTimeoutException

在机器人查找元素且元素在设定的等待时间范围内不可用时，可能会引发 UiPath.Core.Activities.ActivityTimeoutException 异常，如图 8-2 所示。

图 8-1　UiPath.Core.SelectorNotFoundException 异常

图 8-2　UiPath.Core.Activities.ActivityTimeoutException 异常

3. System.NullReferenceException

在使用没有设置值的变量（未初始化）时，如遍历循环一个空列表时，通常会引发 System.NullReferenceException 异常，如图 8-3 所示。

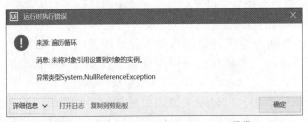

图 8-3　System.NullReferenceException 异常

4. System.ArgumentException

在向活动提供的参数无效时，如提供给活动的 Excel 工作簿路径为空时，就会引发 System.ArgumentException 异常，如图 8-4 所示。

图 8-4　System.ArgumentException 异常

System.ArgumentException 异常的主要派生类为 ArgumentNullException 和 ArgumentOutOfRangeException。当列表变量中只有两个项但要读取第三个项时，就会引发 System.ArgumentOutOfRangeException 异常，如图 8-5 所示。

图 8-5　System.ArgumentOutOfRangeException 异常

常见系统异常及其引发条件如表 8-1 所示。

表 8-1　常见系统异常及其引发条件

异常	引发条件
SelectorNotFoundException	找不到指定选取器的元素
ActivityTimeoutException	活动执行超时
NullReferenceException	使用未设置值的变量
ArgumentException	传递给活动的非 Null 参数无效
ArgumentNullException	传递给活动的参数是 Null
ArgumentOutOfRangeException	参数超出了有效值的范围
DirectoryNotFoundException	部分目录路径无效
FileNotFoundException	文件不存在
FormatException	值的格式不正确
IndexOutOfRangeException	索引超出数组或集合的界限
KeyNotFoundException	找不到用于访问集合中的成员的指定键

系统异常（System.Exception）有一些属性可以帮助理解异常，常用的属性有 Message、Source 和 StackTrace。可以将异常记录在日志消息中，以便了解异常信息以及定位异常位置。系统异常的属性及其作用如表 8-2 所示。

表 8-2　系统异常的属性及其作用

属性	作用
Data	获取键值对的集合,这些键值对提供有关该异常的其他用户定义信息
HelpLink	获取或设置指向与此异常关联的帮助文件链接
HResult	获取或设置 HRESULT（一个分配给特定异常的数字值）
InnerException	获取导致当前异常的 Exception 实例
Message	获取描述当前异常的消息
Source	获取或设置导致异常的应用程序或对象的名称
StackTrace	获取调用栈上的即时框架的字符串
TargetSite	获取引发当前异常的方法

系统异常可用的方法及其作用如表 8-3 所示。这些方法的使用频率较低，读者了解便可。

表 8-3 系统异常可用的方法及其作用

可用的方法	作用
Equals(Object)	确定指定对象是否等于当前对象
GetBaseException()	当在派生类中重写时，返回 Exception，指代一个或多个异常并发的根本原因
GetHashCode()	获取默认哈希函数
GetObjectData(SerializationInfo, StreamingContext)	当在派生类中重写时，用关于异常的信息设置 SerializationInfo
GetType()	获取当前实例的 Runtime 类型
MemberwiseClone()	创建当对象的浅表副本
ToString()	创建并返回当前异常的字符串

8.1.2 Try Catch 异常处理

引发与处理异常将消耗大量的系统资源和执行时间，因此建议仅针对非常特别的情况进行异常处理。对于可预测的事件或者工作流，可以参考 6.4 节的内容进行优化。例如，如果活动中传入的参数无效，则引发异常；如果用户输入无效，则可能不会引发异常，此时应提供重试机制让用户重新输入，不应使用异常来处理。

在 UiPath Studio 中，可以使用"Try Catch 异常处理"活动捕获并处理异常。此活动由以下 3 个部分组成。

（1）Try：将需要捕获异常的代码块放进 Try 中，可以是一个活动、一系列活动或一个工作流。

（2）Catches：放置用于处理 Try 中代码块异常的逻辑。

首先定义要捕获的异常类型。System.Exception 包含所有系统异常，通常建议选择此异常类型，如图 8-6 所示。如果需要捕获特定的异常，如参数异常，则选择 System.ArgumentException，此时仅会捕获参数异常。

此外，在 Catches 中可以定义多个要捕获的异常类型，捕获 Try 中定义的参数异常和无效操作异常，如图 8-7 所示。如果发生了 Try 中定义的异常，则将在 Catches 中搜索对应的异常捕获模块，执行相应的异常处理活动。

图 8-6 选择 System.Exception

图 8-7 定义多个要捕获的异常类型

（3）Finally：不论是否有异常，都会运行 Finally 中的代码块。

总之，当使用"Try Catch 异常处理"活动时，先运行 Try 中的代码，捕获到异常后运行 Catches 中的代码，最后运行 Finally 中的代码。

接下来将以 7.2 节中的"简历自动处理机器人"自动化项目为例，讲解如何使用"Try Catch 异常处理"活动。打开此项目文件中的主工作流，按照笔者的开发习惯，一般会在"循环"相关的活动中使用"Try Catch 异常处理"活动，如"遍历循环"和"对于数据表中的每一行"活动。因为希望即使一次循环失败也不要影响接下来的循环，双击"遍历循环-遍历邮件消息"活动，将"Try Catch 异常处理"活动拖放到"正文"中，再将原来的"IF 条件-标题中包含应聘"活动拖放到"Try"中，如图 8-8 所示。

图 8-8　在循环中添加"Try Catch 异常处理"活动

注意，如果把"遍历循环-遍历邮件消息"活动放在 Try 中，如图 8-9 所示，是达不到当循环中出现异常时可以继续循环的效果的，因为在遍历循环时一旦出现异常就会停止循环。需要注意两者之间的效果差异。

在图 8-8 的基础上，单击"添加新捕获"，设置 Catches 中要捕获的异常类型为 System.Exception。因为没有想要捕获的特定异常，也不知道可能会出现的异常类型，所以选择此异常类型。选择好后 UiPath Studio 会自动创建一个局部变量 exception，当 Try 中的代码出现异常时，会将其赋值给此变量。在出现异常后，要把异常相关的消息和位置记录在日志消息中，把"日志消息"活动拖放到 Catches 中刚定义的 Exception 块中，"日志级别"设置为"Error"，日志"消息"设置为""异常为:"+exception.Message+"，位置为:"+exception.Source"，如图 8-10 所示。

当没有异常时，一次循环执行完后会自动进入下一次循环；当出现异常时，希望在记录好异常信息后继续进入下一次循环，因此，将"继续"活动拖放到"日志消息"活动之后即可，如图 8-11 所示。

无论是否出现异常，一定会执行 Finally 中的活动，因此 Finally 中的活动可以用来关闭应用程序、文件流、数据库连接等，但是在此案例中无须此类操作，留空即可。

图 8-9　在"Try Catch 异常处理"活动中添加循环

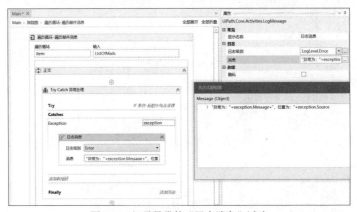

图 8-10　记录异常的"日志消息"活动

6.4 节中讲过的"重试范围"活动也可以用在异常处理中。当希望活动出现异常时自动重新执行此活动，超过一定限次后再抛出异常时，可以将"Try Catch 异常处理"活动与"重试范围"活动结合使用。

下面将继续基于"简历自动处理机器人"进行讲解，其中"获取 IMAP 邮件消息"活动可能会因为网络卡顿等原因无法一次执行成功，因此希望能够在不成功的时候最多重试 3 次。新增"Try Catch 异常处理"活动，然后将"重试范围"活动拖放到"Try"中，再将原本的"获取 IMAP 邮件消息"活动拖放到"重试范围"活动中的"操作"中，最外层的"Try Catch 异常处理"活动与其他活动的连接逻辑与原有状态保持一致，如图 8-12 所示。

图 8-11　继续循环

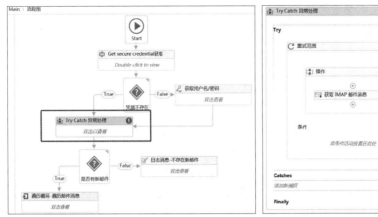

图 8-12 "重试范围"活动与"Try Catch 异常处理"活动结合使用

强调一下,"重试范围"活动必须放在"Try Catch 异常处理"活动的 Try 中,这样就可以在重试限定次数后仍可能在存在异常的情况下引发异常处理;反之不能达到预期效果。

设置"重试范围"活动的"重试次数"为"3","重试间隔"为"00:00:01",表示一次失败后等待 1 秒重新执行"操作"中的活动;"条件"留空时,"操作"中如果出现异常会自动重试到限定次数,如果未出现异常会重试结束,继续执行下一个活动。

完成上述设置后,继续设置 Catches。"获取 IMAP 邮件消息"活动是后续一系列活动的基础,如果获取不到邮件消息,就根本不用说去遍历循环消息了,所以当此活动多次重试失败引发异常后,应该终止工作流。Catches 的设置如图 8-13 所示。

图 8-13 "终止工作流"活动及其"属性"面板

"终止工作流"活动的"属性"面板中的"原因"和"异常"至少应该设置一项,"原因"属性项需要设置为字符串、字符串类型的变量或输出值为字符串的函数,"异常"属性项需要设置为 System.Exception 类型的变量,如图 8-14 所示。

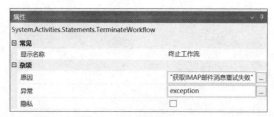

图 8-14 "终止工作流"活动的"属性"面板

8.1.3 全局异常处理程序

全局异常处理程序是一种工作流类型,其作用是在发生异常时确定自动化项目的行为,由于其作用于项目级别,因此每个自动化项目只能设置一个全局异常处理程序,只有在工作流里未捕获的异常才会进入全局异常处理程序。如果在某个工作流中发生了异常,并且被"Try Catch 异常处理"活动捕获并处理了且没有重新抛出异常,那么该异常不会进入全局异常处理程序。

1. 创建全局异常处理程序

全局异常处理程序的设置方法有两种。

第一种方法是新建自动化项目"全局异常处理示例"后新建"序列"或"流程图",重命名子工作流文件后,在"项目"面板中右键单击刚才新建的"全局异常处理"工作流文件,选择"设置为全局处理程序",如图 8-15 所示。

UiPath Studio 会提示更新工作流的参数,此时单击"是"继续。

然后单击"参数"面板,可以看到新增了输入方向的 errorInfo 和 result 两个参数,参数类型分别为 ExceptionHandlerArgs 和 ErrorAction,如图 8-16 所示。

图 8-15 将"全局异常处理"工作流文件设置为"全局处理程序"

图 8-16 新增的参数

这两个参数是全局异常处理程序必需的参数,不能删除。

(1) errorInfo:存储发生异常的工作流的错误信息,在本例中指主工作流。该参数有一些可用的属性和方法,例如,通过 ActivityInfo 属性可以获取发生异常的活动名称,通过 RetryCount() 方法可以获取活动重试的次数。

（2）result：当发生异常时，用于确认流程的下一个行为，可以为该参数指定以下值。
- Continue（继续）：将继续引发异常。
- Ignore（忽略）：忽略异常，并继续执行下一个活动。
- Retry（重试）：重试引发异常的活动，可以使用 RetryCount()方法计算活动重试的次数。
- Abort（终止）：运行当前全局异常处理程序后，停止执行活动。

第二种方法是新建系统自带的"全局处理程序"工作流，如图 8-17 所示。

"全局处理程序"包含两个预定义的操作，如图 8-18 所示，可以删除，也可以在此基础上添加其他操作。下面详细介绍一下"全局处理程序"工作流包含的两个预定义的操作。

图 8-17　系统自带的"全局处理程序"工作流

图 8-18　"全局处理程序"工作流包含的两个预定义的操作

- "Log Error"（日志错误）：用来记录错误信息，可以直接使用预定义的 errorInfo.Exception.ToString，也可以自定义函数，如"errorInfo.Exception.ToString+"活动名称为"+errorInfo.ActivityInfo.Name"，除了记录错误详细信息，此自定义函数还可以记录发生错误的活动名称，因此在开发时保持活动名称的唯一性很重要，这有利于后续快速定位问题。
- "Choose Next Behavior"（选择下一个行为）：开发者可以选择在执行过程中遇到错误时要采取的操作，预定义的操作是统计重试次数（RetryCount），当重试次数小于 3 时，继续重试错误的活动（ErrorAction.Retry），当重试次数大于或等于 3 时，终止工作流（ErrorAction.Abort）。ErrorAction 类表示对错误采取的操作，有一些可用的方法，常用的是上文提到的 Continue、Ignore、Retry 和 Abort，可以在输入 ErrorAction.后在弹出的下拉列表中查阅，如图 8-19 所示。

如果其他工作流中某个活动的"出错时继续"属性项被设置为 True，那么在此活动发生错误时是不会被传递给全局处理程序的。

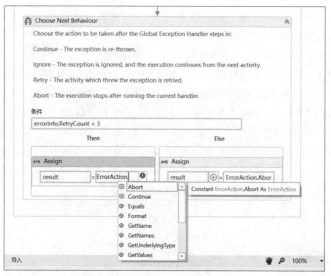

图 8-19　ErrorAction 类的可用方法

2. 案例演示

接下来用"键入记事本"案例来演示全局处理程序是如何起作用的。

打开全局处理程序中的主工作流,将"输入信息"活动拖放到设计器面板中,设置活动为"在记事本中键入 RPA",超时设置为 3 秒。全局处理程序使用预定义的两个活动。注意,在主工作流或者其他子工作流中不需要设置任何活动或者编写代码与全局处理程序产生关联,当工作流中的活动出现异常时,UiPath Studio 会自动引发全局处理程序中的异常处理动作。

这个活动成功执行的前提条件是记事本应用程序已打开,那么请关闭记事本程序,在前提条件不满足的时候运行主工作流,可以在"输出"面板中看到"输入信息"活动执行 3 次后报错,如图 8-20 所示。

图 8-20　全局处理程序的运行结果

此时希望可以人工介入，在人工判断完异常原因以及处理好异常后，再根据实际情况选择 ErrorAction 的操作。注释掉或者删除掉"Choose Next Behavior"（选择下一个行为）序列。7.3.3 节中介绍过对话框提示活动，此处要使用该活动。从"活动"面板中将此活动拖放到"Log Error"活动的下方，"按钮"设置为"ButtonOptions.YesNo"，"文本"设置为""活动["+errorInfo.ActivityInfo.Name+"]处发生以下错误："+chr(10)+errorInfo.Exception.Message+chr(10)+"请用户及时排查问题，选择【否】按钮则将直接结束工作流""，如图 8-21 所示。

图 8-21 "文本"的"表达式编辑器"

新建字符串类型的变量 ChosenButton，用于保存用户选择的按钮。"消息框"活动及其"属性"面板如图 8-22 所示。

图 8-22 "消息框"活动及其"属性"面板

> **计算机知识小讲堂：Chr 码**
>
> chr(10)是 Chr 码。Chr 码是计算机编程语言中可容纳单个字符的一种基本数据类型。可以在字符串表达式中使用 Chr 码来表示指定的字符，如 chr(10)代表换行、chr(48)代表"0"、chr(32)代表空格，可以在互联网上搜索 Chr 码表来查找自己所需的 chr 值。

根据在消息框"文本"属性项中所述的逻辑，如果所选按钮值为"Yes"，则让用户在排除异常后自定义"选择后续操作"，反之则终止。从"活动"面板中将"IF 条件"活动拖放到"消息框"活动的下方，"条件"设置为"ChosenButton.equals("Yes")"（所选按钮值等于 Yes），在 Then 中拖入"输入对话框"活动，"输入对话框"的"输入类型"为"多选"，设置好的效果如图 8-23 所示。

图 8-23 通过"输入对话框"活动让用户自定义"选择后续操作"

ChosenLabel 变量可能会有 4 个值，每个值对应不同的异常操作。如果继续使用"IF 条件"活动来实现这 4 个操作，会出现多层嵌套的情况，此处使用"切换"活动比较合适，Expression（表达式）设置为 ChosenLabel，默认操作为终止工作流，使用"分配"活动将 result 设置为 ErrorAction.Abort，4 个操作依次为继续、忽略、重试和终止，分别对应 result=ErrorAction.Continue、result=ErrorAction.Ignore、result=ErrorAction.Retry 和 result=ErrorAction.Abort，如图 8-24 所示。

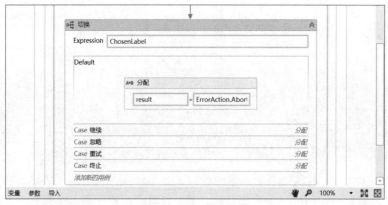

图 8-24 "切换"活动

在"IF 条件-消息框按钮"活动的 Else 分支中，设置 result=ErrorAction.Abort，如图 8-25 所示。

图 8-25 Else 分支设置

完成后,再次在记事本程序没有打开的情况下运行主工作流,弹出的对话框如图 8-26 所示。单击"是(Y)"按钮,可以看到图 8-27 所示的对话框。

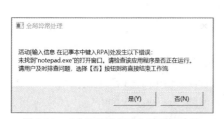

图 8-26 "全局异常处理"对话框效果

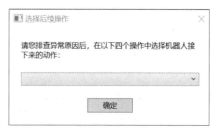

图 8-27 "选择后续操作"对话框

此时可以尝试手动启动记事本程序。单击"选择后续操作"对话框中的下拉列表,选择"重试",单击"确定"按钮,就可以看到机器人顺利地在记事本中输入了"RPA"。

8.2 UiPath Studio 开发常遇到的问题

在使用 UiPath Studio 开发过程中常常会遇到各种问题,本节将汇总一些初学者常遇到的问题,供读者参考。读者在未来开发过程中遇到各种流程或环境相关问题时,可以通过 UiPath 论坛来寻找解决办法。

1. UiPath 依赖项报错

安装 UiPath 或安装依赖项时可能会因为依赖项安装失败、环境不兼容等问题出现错误,如图 8-28 所示。

图 8-28　安装 UiPath 依赖项报错（"输出"面板中）

在遇到与依赖项相关的报错时，首先可尝试重启 UiPath Studio，重新加载依赖项，避免网络等问题造成的依赖项安装出错。若重启无法解决问题，可单击"设计"功能区中的"管理程序包"按钮来更新依赖项。

2. 在指定用户界面元素时展示的不是所需界面

在指定用户界面元素之前，一般需要先把待抓取的界面置于页面最上层，再使用 UiPath Studio 进行用户界面元素指定。如果在指定用户界面元素时显示的并非所需界面，可以通过按住 Alt 键并按 Tab 键在已打开的所有界面间切换，切换至指定界面后再进行用户界面元素的指定与抓取。

3. 页面元素加载不稳定

因为 RPA 十分依赖操作的环境，如果遇到网页卡顿等情况，很容易影响 RPA 机器人运行的稳定性。

在页面元素加载较慢但加载速度变化不大时，可通过使用"延迟"活动增加不同操作之间的时间间隔来解决。但是大部分情况下，页面加载速度可能受各种因素的影响，加载时间并不固定。若通过"延迟"活动限定等待时间，延迟时间设置过大会影响机器人运行效率，延迟时间设置过小则可能影响机器人的正常操作，无法达到提升稳定性的效果。

为保证机器人的稳定运行，建议通过"存在元素"活动、"查找元素"活动或"在元素出现时"活动进行指定页面元素判断，确认指定页面元素加载完成后再进行对应操作可以在保证机器人运行效率的同时提升其运行的稳定性，活动使用方法参见 6.4.1 节。

4. 输入法影响机器人操作

通过"输入信息"活动可以模拟人工操作实现文本输入，但是如果计算机中安装了中文输入法，机器人很可能在输入时默认调取该输入法，导致无法直接将文本输入指定的文本框，如图 8-29 所示。

为避免输入法的影响，在启动机器人前可将输入法调至英文输入法，此时不会影响中文的正常输入。但此方法使用起来并不方便，且容易因为忘记调整而影响机器人的正常使用。

图 8-29　中文输入法影响机器人输入示例

建议在"输入信息"活动的属性中勾选"发送窗口消息"或"模拟键入"选项,这样就可以通过不调用输入法的其他方式实现输入。此外,也可以使用"设置为剪贴板""发送热键"等其他输入方式避免输入法的影响,详情见 6.3.2 节。

5. 无法获取稳定的选取器

虽然在 6.2.2 节中介绍了很多调整选取器的方法,可以帮助读者找到稳定的选取器,但是受网页或应用程序底层开发逻辑的影响,部分用户界面元素可能始终无法获取稳定的选取器,从而影响机器人的界面单击等功能。如果尝试了各种方法却依然无法获取稳定的选取器,可以尝试使用"单击图像"活动使机器人通过识别图像的方式与界面进行交互。"单击图像"活动如图 8-30 所示。

"单击图像"活动与"单击"活动不同,单击"单击图像"活动中的"指出屏幕上的图像"即会自动进入截图界面,此时可由人工自定义框选出需要识别的图像区域,以虚线框标识。在框选图像区域完成后,"单击图像"活动如图 8-31 所示。机器人将会根据选中区域的图像自动进行识别、单击。注意,选中区域内的图像若发生颜色或形状改变,可能会影响机器人的识别,所以需框选稳定的图像区域。

图 8-30　"单击图像"活动　　　　图 8-31　框选出图像区域后的"单击图像"活动

与图像相关的用户界面交互模式都存在极大的依赖性和不稳定性。在机器人运行过程中,即使截图界面发生细微的变化,也有可能造成机器人无法识别和操作,因此仅在选取器确实无法使用的情况下才将"单击图像"活动作为补充方式。

8.3　小结

本章首先介绍了在 UiPath Studio 开发过程中比较容易遇到的系统异常情况,以及对应的异常处理方式。一种处理方式是在工作流中使用"Try Catch 异常处理"活动捕获异常并设置对应的操作,另一种处理方式是通过自动化项目级别的全局异常处理程序进行处理,后者是前者的补充。如果在"Try Catch 异常处理"活动没有覆盖到的活动处发生异常,那么全局异常处理程序可以很好地接手并进行异常处理。在 6.4 节中讲解的内容是为了尽量避免系统异常与业务异常的发生,而本章讲解的内容则是当系统异常发生后该如何处理。前者是事前预防,后者是事后处理。

本书还介绍了在使用 UiPath Studio 开发时常遇到的开发问题,并介绍了笔者的处理方式。希望读者可以掌握并且学会运用本章讲解的内容,构建一个"强壮"的机器人。

第 9 章

云 UiPath Orchestrator

UiPath 自动化云是基于云的 SaaS（software as a service，软件即服务）解决方案，可以同时满足社区版用户和企业版用户的需求，帮助用户管理所有自动化流程和资源。它能够让用户在几秒内部署、操作和扩展机器人队伍，管理许可证，添加具有不同服务的多个租户，管理用户访问 UiPath Orchestrator 服务以创建机器人、环境、计算机、流程、运行作业、创建时间表等。UiPath 自动化云整合了 UiPath 为用户提供的服务与资源，云 UiPath Orchestrator 是其中的一部分。本章仅讲解云 UiPath Orchestrator 相关的功能。由于产品迭代速度比较快，本章着重讲解云 UiPath Orchestrator 常用的几个核心功能，以及 UiPath Studio 如何与其交互。

9.1 管理体系

登录到 UiPath 账户后，就可以访问 UiPath 自动化的首页。UiPath 划分了组织、租户和文件夹 3 个管理层级，又通过账户与组别角色定义用户管理与访问权限，通过许可证授予账户使用特定服务的权益。

9.1.1 组织

组织是云 UiPath Orchestrator 管理的最高管理层级。组织的"设置"界面如图 9-1 所示。

图 9-1 管理页面的组织"设置"

在 UiPath 自动化云上，每次新注册都会创建一个组织，组织由组织名称和唯一的 URL 等组成。

（1）组织名称，也称"账户显示名称"，它与用户在创建组织时提供的公司名称相同，如果未提供公司名称，则为注册新账户时使用的姓氏，后续可以随时修改。

（2）唯一的 URL，也称"账户逻辑名称"，它会自动从注册时提供的公司名称中派生出来，如果没有提供公司名称，则会自动从注册新账户时使用的姓名中派生出来。一般不建议更改，否则使用更改前的 URL 访问 UiPath Orchestrator 的机器人会失效，需要使用新的 URL 重新连接这些机器人。

9.1.2 租户

先举个例子。在登录 Windows 操作系统时用户可以设置多个账户，每个账户都有自己的账户名与密码，登录后不同账户看到的桌面、用户设置与数据不同，Windows 操作系统把不同用户的数据做了隔离。与此类似，企业版 UiPath Orchestrator 允许隔离不同租户的数据，一个组织可以有多个租户。由于一个 UiPath Orchestrator 可以管理多个机器人，而这些机器人分布在不同的部门，因此可以为每个部门创建租户，各部门的管理员根据各自需求进行设置。

通过租户隔离的数据模块有服务、许可证、文件夹、流程、资产、队列、触发器、用户、计算机等。

社区版用户仅支持一个租户登录，此租户的默认名为 DefaultTenant（默认租户），默认租户有权访问当前组织的所有可用服务，并且 UiPath 把所有许可证都分配给了此租户。企业版用户可以添加多个租户，这些租户使用各自的账户名和密码登录。"租户"页面如图 9-2 所示，在此页面中可以添加或删除租户、设置租户可用的服务、给租户分配许可证等。

图 9-2 "租户"页面

9.1.3 文件夹

文件夹是云 UiPath Orchestrator 管理的最低管理层级，用于隔开不同自动化项目之间的数据。单击自动化云首页中左侧的 Orchestrator 选项卡，可以进入云 UiPath Orchestrator 服务模块的首页，然后单击"我的文件夹"，会显示当前用户可以访问的文件夹，默认有 My Workspace 和 Shared 两个文件夹，如图 9-3 所示。

图 9-3 "租户"页面的"我的文件夹"

使用文件夹区分的 UiPath Orchestrator 资源有流程、资产、队列、触发器、计算机等。

1. 选择 UiPath Studio 访问的文件夹

UiPath Studio 访问的文件夹资源可以按图 9-4 所示的方法选择。假如在 Shared 文件夹中添加了一个资产，如果设定 UiPath Studio 访问 Shared，就可以读取该资产的值；但是，如果设定 UiPath Studio 访问用户的工作空间 My Workspace 文件夹，就无法读取该资产的值。

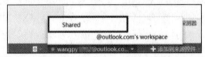

图 9-4 选择 UiPath Studio 访问的文件夹资源

2. 管理文件夹

删除、添加和编辑文件夹或子文件夹，以及授予他人访问文件夹的权限，均可以在"租户"页面的"文件夹"中操作，如图 9-5 所示。

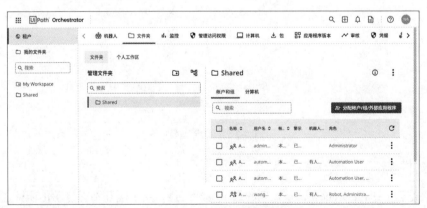

图 9-5 在"租户"页面中管理文件夹

3. 分配访问权限

当新增 ProjectA 文件夹时，只有当前用户可以访问该文件夹，如图 9-6 所示。

图 9-6　新增 ProjectA 文件夹

要想让另一个属于同一个租户的同事 B 也能访问 ProjectA 文件夹中的相关数据，应该先选中 ProjectA 文件夹，然后单击"分配账户/组/外部应用程序"，接着在新页面中输入同事 B 的账户名，为其分配 Folder Administrator 的角色，如图 9-7 所示。（账户和角色的含义将在 9.1.4 节中介绍。）

图 9-7　为文件夹新增可访问的账户

当完成角色分配后，同事 B 就可以访问 ProjectA 文件夹中的数据，同时当前用户和同事 B 都拥有该租户下文件夹的管理权限，都可以新增、删除和编辑文件夹。

9.1.4　账户、角色与组

用户访问权限的级别由账户和角色来控制。账户用于建立用户身份，使用户可以登录 UiPath；角色用于授予账户在 UiPath 自动化云平台的管理权限；组用于简化账户管理。

1．账户

UiPath 自动化云账户允许用户或机器人在 UiPath 自动化云平台上进行身份验证。UiPath 自动化云上有"用户"（User）账户与"机器人"（Robot）账户两种账户类型。

（1）用户账户。用户用来确认一个人的身份，有"本地用户"和"目录用户"两种用户。

本地用户是指拥有 UiPath 账户的用户，也就是说，在使用邮箱注册 UiPath 账号时就产生了一个本地用户,该本地用户也是注册时自动产生的组织的管理员,但是其他组织的管理员可以将该本地用户添加到他所属的组织中,从而编辑、删除或管理该账户的角色、许可证和成员身份。

目录用户是指在 UiPath 自动化云之外的云活动目录(如 Azure 活动目录)中定义的用户,此类账户必须将目录链接到 UiPath 自动化云才能使用。链接后,UiPath 自动化云就可以搜索和引用目录用户,以便查看、为其分配角色或将其添加到 UiPath 自动化云组中。

(2)机器人账户。要运行后台无人值守流程,就要用到机器人账户,这是 RPA 特定服务账户。与 Windows 服务在 OAuth 模型中作为应用程序标识运行的账户类似,它们是用于运行无人值守流程的非用户标识。机器人账户在权限方面的行为与用户账户类似,在 UiPath Orchestrator 中,可以在"机器人账户"选项卡中添加机器人账户,并为其配置权限。机器人账户也可以包含在组中,并作为组的一部分进行管理。

2. 角色

角色用于赋予用户在云 UiPath Orchestrator 中的管理权限。UiPath 提供几种默认角色(见图 9-8),这些默认角色的权限不可更改。UiPath 从两个层级来定义角色,即租户层级和文件夹层级。

图 9-8 UiPath 提供的默认角色

几种常用的重要角色及其描述如表 9-1 所示。

表 9-1 常用的重要角色及其描述

角色	描述
Administrator	管理员,拥有对组织中所有租户和文件夹的管理权限,是权限最高角色,也就是组织管理员
Orchestrator Administrator	租户管理员,当新增租户时需要指定租户的管理员
Folder Administrator	文件夹管理员,管理当前租户中的文件夹和子文件夹,如新增文件夹或子文件夹,授予其他用户文件夹的访问权限等
Automation User	自动化用户,授予用户运行流程必需的文件夹层级的权限范围
Robot	机器人,授予机器人账户运行流程所必需的租户层级以及文件夹层级的权限范围

3. 组

组是具有相同的访问权限、机器人配置和许可需求的账户集合,用于统一管理账户设置。例如，可以为所有管理员创建一个组，或者为会计部门的所有员工创建一个组，因为他们的工作要求其使用相同的 UiPath 功能，所以应该拥有相同的许可证、机器人配置和角色等。每当同一类别用户需要更改许可证或角色时都将更新对应的组，并且这些更改适用于组中的所有成员。一个账户可以属于多个组。

组有"本地组"和"目录组"两种类型。

（1）本地组。如果一个组是在 UiPath 自动化云中通过"管理员→账户和组→组"创建的，那么它就是一个本地组。云 UiPath Orchestrator 有 Administrators、Automation Developers、Automation Express、Automation Users、Citizen Developers 和 Everyone 几个默认组（见图 9-9），并为这些组预先配置了 UiPath 自动化云的组织角色和服务角色。默认组不可删除，也不可删除分配给默认组的角色。

图 9-9　默认组

（2）目录组。如果一个目录被链接到自动化云中，并且该目录包含组，就可以在 UiPath 自动化云中查找并使用这些目录组，使用方法与使用本地组相同。

9.1.5　许可证

可以将许可证视为用户和 UiPath 之间的协议，授权用户在 UiPath 软件中使用特定的功能集。有 3 种许可计划可供选择，分别是社区版、企业试用版和企业版。社区版用户自动从属于社区版许可计划。

1．许可证类型

每种许可计划中有"用户"（User）许可证和"机器人和服务"（Robots & Services）许可证两大类许可证。

（1）用户许可证。用户许可证是分配给用户的许可证，以授予其使用特定 UiPath 功能或产品的权限。社区版用户许可证类型与数量以及每种用户许可证的权限范围如图 9-10 所示。

（2）机器人和服务许可证。机器人和服务许可证是分发给组织和租户的许可证，以提供相关服务或管理业务流程的特定功能。社区版机器人和服务许可证类型与数量以及每种机器人和服务许可证的权限范围如图 9-11 所示。

图 9-10　社区版用户许可证类型

图 9-11　社区版机器人和服务许可证类型

> **计算机知识小讲堂：许可证与角色的区别**
>
> 　　在 UiPath 自动化云平台中，要为账户分配角色和许可证，角色是账户在平台中的管理权限，许可证是账户使用云平台中相关服务或功能的权限。例如，用户 A 的角色是 Administrator，那么他可以添加/删除租户、分配许可证、添加/删除组等，分配给用户 A 的许可证是"Automation Developer"，那么用户 A 就可以使用 UiPath Studio 访问 UiPath 自动化云平台中的资源。

2. 管理许可证

下面分别介绍一下用户许可证管理和服务许可证管理。

（1）用户许可证管理。用户许可证有两种管理方式，一种是直接给单个用户分配许可证，另一种是设置组许可证分配规则，使用户被添加到该组时可以自动获取相应的许可证。

先讲一下直接分配。通过"管理员→账户和组→用户"进入"用户"页面，单击要分配许可证的用户右侧的"编辑许可证分配"按钮，如图 9-12 所示。

原本为用户 B 分配的许可证为"Automation Developer"，现在修改为"Attended - Named User"，如图 9-13 所示。"Automation Developer"许可证可以授权用户访问 UiPath Orchestrator 上的资源，"Attended - Named User"则不具备此权限。

9.1 管理体系 | 159

图 9-12　编辑用户 B

图 9-13　修改用户 B 的许可证类型

接下来讲一下设置组许可证分配规则。刚刚在尝试直接为用户 B 分配许可证时，看到有另一个选项"使用组分配规则"。在"组"选项卡的"许可证分配规则"中可以为每个组设定许可证分配规则。例如，名为"Automation Developers"的组的分配规则是"Automation Developer"许可证，这就意味着，如果在用户页面编辑用户 B 的许可证时选择了"使用组分配规则"选项，那么用户 B 会自动适用此组的分配规则。当组分配规则中的许可证变化时，用户 B 的许可证类型随之变化。

（2）服务许可证管理。在使用社区版云平台时，默认租户自动拥有当前组织的所有可用服务。在"租户→服务"页面，可以单击某项服务右侧的"更多操作"按钮（⋮），选择启动或者禁用该租户可用的服务，如图 9-14 所示。

由于部分服务（如数据服务）需要许可证，因此可以在此处将当前组织中这些服务可用的许可证按需分配给租户。例如，如果机器人的许可证数量为 300，那么可以为默认租户分配 100 个许可证，如图 9-15 所示。

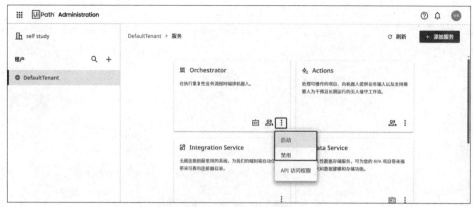

图 9-14 启动或禁用服务

图 9-15 为租户分配服务许可证

9.2 资产

资产是可在不同自动化项目中使用的共享变量或凭据。它允许用户存储特定信息,以便机器人可以轻松访问这些信息,在实际项目中频繁使用。资产的类型一共有以下 4 种。

- 文本:用于存储文本信息。
- Bool:用于存储布尔值 True 或 False。
- 整数:用于存储整数数值。
- 凭据:用于存储用户名和密码,以便机器人用来登录特定的系统或应用。

9.2.1 在云 UiPath Orchestrator 中管理资产

在云 UiPath Orchestrator 中可以新建或者删除资产,以及修改资产的值等。9.1.3 节中提到过,使用文件夹区分的 UiPath Orchestrator 资源中包含资产，不同文件夹中的资产不同，也就是说，资产是在文件夹层级管理的。

1. 新建资产

假设要在 ProjectA 文件夹中新建资产。单击选中 ProjectA，进入该文件夹后，单击"资产"选项卡，如图 9-16 所示。

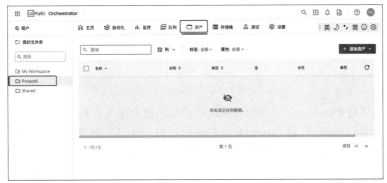

图 9-16　在 ProjectA 文件夹中管理资产

接着单击"+添加资产"按钮创建一个新资产，如图 9-17 所示。

图 9-17　创建新资产

在创建新资产时，必须填写"资产名称"，以便 UiPath Studio 可以通过资产名称获取资产的值，还要为该资产选择"类型"，可选值有"文本""Bool""整数"和"凭据"。当选择"文本"类型时，右侧显示"文本"，输入该资产的值。当选择其他资产类型时，此处会自动变成对应的类型。

填完以上信息后，还需要将"文本"下方的文本框中填写的值设定为全局值，这样所有账户都可以获取该值，除非为某一账户指定了其他值。

除了以上操作，还需要单击"+ 添加机器人资产值"按钮，为特定的用户或者计算机设定其他值。当启用全局值时，在此处设定的用户或计算机通过资产名称访问到的是指定的值，而其他用户或计算机则获取到全局值；当未启用全局值时，只有在此处添加过的用户或计算机可以访问该资产值，其他用户或计算机无法访问。

例如，新建一个名为"UserName"的文本资产，如图 9-18 所示。

图 9-18　新建文本资产

图 9-18 中右侧对 UserName 资产的资产值的访问范围设定有 3 种方式。

（1）启用全局值：所有访问 ProjectA 文件夹的用户或计算机获得的 UserName 资产的资产值均为"UserA"，如图 9-19 所示。

图 9-19　启用全局值

（2）启用全局值，但指定的用户或计算机除外：指定用户访问 ProjectA 文件夹的 UserName 资产的资产值时获得的是"UserB"，而其他用户或计算机访问时获得的资产值是"UserA"，如图 9-20 所示。

图 9-20　启用全局值，但指定的用户或计算机除外

（3）不启用全局值，单独设定用户或计算机的资产值：只有在列表中的用户或计算机才能访

问 UserName 资产的资产值，而且所获得的资产值可以不同，如图 9-21 所示。

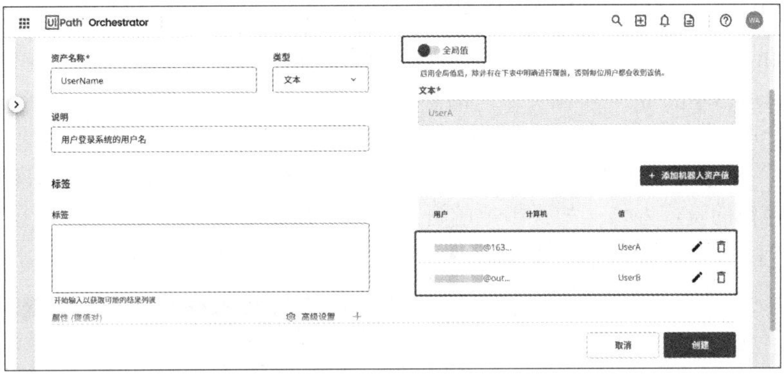

图 9-21　不启用全局值，单独设定用户或计算机的资产值

在本例中，资产值启用全局值。当设定好 UserName 资产的资产值的访问后，单击"创建"按钮后就能在资产页的列表中看到创建的 UserName 资产了。

新建凭据资产的方式与新建文本资产的方式一样，不同之处在于要输入的资产值包含"用户名"和"密码"，如图 9-22 所示。

图 9-22　新建凭据资产

2. 编辑资产或删除资产

可以单击目标资产右侧的"更多操作"按钮（⋮）来完成编辑资产或删除资产等操作，如图 9-23 所示。

图 9-23　编辑资产或者删除资产

9.2.2 在 UiPath Studio 中设置资产

在云 UiPath Orchestrator 创建好资产后,除了可以使用云 UiPath Orchestrator 更改资产的值,还可以使用 UiPath Studio 的"设置资产"活动和"设置凭据"活动来设置资产。

1. 设置资产

"设置资产"活动可以更改除凭据资产之外的其他资产的值。但是要注意,只能设置在指定的文件夹中已经存在的资产的值;如果指定的资产名称不存在,就无法自动创建新资产。在 UiPath Studio 中,从"活动"面板中将"设置资产"活动拖放到"序列"中,如图 9-24 所示。

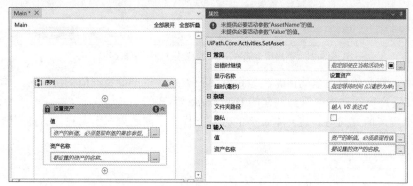

图 9-24 "设置资产"活动及其"属性"面板

在"属性"面板中设置要设置的资产所在的云 UiPath Orchestrator 的文件夹路径,然后输入资产名称和新资产的值,新资产的值的类型必须是与原有资产的值的类型兼容的类型,也就是说,原有资产的值是文本,此处也要填写文本;原有资产的值是整数,此处也要填写整数。设置好属性项的 UserName 资产的"设置资产"活动及其"属性"面板如图 9-25 所示。

图 9-25 设置好属性项的 UserName 资产的"设置资产"活动及其"属性"面板

运行包含"设置资产"活动的工作流文件后可以看到云 UiPath Orchestrator 中该资产的"值"已经变为"UserC",如图 9-26 所示。

2. 设置凭据

当资产类型为"凭据"时,要通过"设置凭据"活动更新凭据资产的用户名和密码,如图 9-27 所示。

图 9-26　设置完资产的值后的运行结果

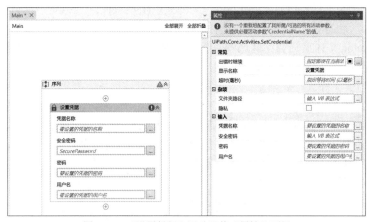

图 9-27　"设置凭据"活动及其"属性"面板

笔者事先在默认租户的 ProjectA 文件夹中创建了名称为"Login"的凭据资产，现在想要修改此凭据资产的用户名和密码，就要设置资产所在的文件夹路径、凭据名称、安全密码（仅支持 SecureString 类型的变量，因此使用此属性时需要在"设置凭据"活动之前给变量赋值，如通过"输入对话框"等活动赋值）或密码（仅支持字符串类型的变量）、用户名。

设置好属性项的"设置凭据"活动的"属性"面板如图 9-28 所示，这意味着要更改 ProjectA 文件夹中名称为"Login"的凭据的用户名和密码。

图 9-28　设置好属性项的"设置凭据"活动的"属性"面板

9.2.3 在 UiPath Studio 中获取资产

在云 UiPath Orchestrator 中设置好资产的值后，就要让 UiPath Studio 获取设置好的资产的值。下面就介绍一下在 UiPath Studio 中获取资产的方法。

1. 获取资产

打开本地计算机中的 UiPath Studio，新建一个空白项目，然后在主工作流文件中新建"序列"。从"活动"面板中将"获取资产"活动拖放到"序列"中。"获取资产"活动可以让 UiPath Robot 或 UiPath Studio 访问云 UiPath Orchestrator 的文件夹中指定资产（凭据资产除外）的值。

"获取资产"活动有 3 个必须设置的属性项。

（1）Orchestrator 文件夹路径：此属性项仅支持字符串类型的值，如果要访问的资产所在的文件夹路径与运行流程的文件夹路径不同，则一定要说明资产所在的文件夹名称，如果要访问的资产所在的文件夹为子文件夹，要使用"/"分隔符表示。具体来说，在 UiPath Studio 中能够显示用户有权限访问的文件夹和当前正在访问的文件夹。如图 9-29 所示，要访问的资产所在文件夹是 ProjectA 文件夹，UiPath Studio 当前访问的文件夹是 Shared，就要在此属性项中设置资产所在的云 UiPath Orchestrator 的文件夹路径。同样，把开发好的工作流发布至云 UiPath Orchestrator 之后也会出现此流程所在的文件夹与要访问的资产所在的文件夹不一致的问题，可以更改 UiPath Studio 访问的文件夹或者工作流文件所在的文件夹，但为了避免因疏忽导致后续运行出错，务必设置此属性项。在本例中，该属性项被设置为""ProjectA""。

图 9-29 在 UiPath Studio 中可以访问的云 UiPath Orchestrator 的文件夹

（2）资产名称：仅支持字符串，设置要访问的资产名称。

（3）AssetValue：输出访问到的资产值，通常设置为用于保存该活动的输出值的变量。

设置好属性项的"获取资产"活动及其"属性"面板如图 9-30 所示。

图 9-30 设置好属性项的"获取资产"活动及其"属性"面板

2. 获取凭据

如果在云 UiPath Orchestrator 中设置的资产为凭据资产，就要通过"获取凭据"活动来读取凭据资产的用户名和密码。从"活动"面板中将"获取凭据"活动拖放到"序列"中,"获取凭据"活动及其"属性"面板如图 9-31 所示。

图 9-31 "获取凭据"活动及其"属性"面板

"获取凭据"活动的输出为"密码"和"用户名",密码的数据类型为 SecureString,用户名为字符串类型的变量,其他要设置的属性项与"获取资产"一致。设置好属性项的"获取凭据"活动的"属性"面板如图 9-32 所示。这意味着要在 ProjectA 文件夹中搜索资产名称为"Login"的凭据资产,并且把搜索到的用户名和密码分别保存在变量 UserName 和 UserPwd 中,以便后续使用。

图 9-32 设置好属性项的"获取凭据"活动的"属性"面板

3. 获取用户名/密码

7.2.3 节中介绍了通过"获取用户名/密码"活动可以获取存储在 Windows 凭据管理器中的用户名和密码。这个活动也可以用于获取存储在云 UiPath Orchestrator 中的凭据资产。从"活动"面板中将"获取用户名/密码"活动拖放到"序列"中,然后把"属性"面板中的"凭据来源"设置为"Orchestrator",其他要设置的属性项参照图 9-33 右侧的"属性"面板进行设置即可,设置好属性项的"获取用户名/密码"活动及其"属性"面板如图 9-33 所示,成功获取存储在云 UiPath Orchestrator 中的凭据资产后可以通过 PingJu.Username 和 PingJu.SecurePassword 等来使用该凭据。

图 9-33　设置好属性项的"获取用户名/密码"活动及其"属性"面板

9.3　包、库与流程

包、库和流程可以让组织内的成员统一管控通用的功能模块。

9.3.1　包

云 UiPath Orchestrator 中的"包"页面包含从 UiPath Studio 发布的所有工作流以及手动上传的项目。可以通过"Orchestrator→租户→包→包"查看租户层级的包，如图 9-34 所示。

图 9-34　租户层级的包

发布在租户层级的包可以方便地集中管理不同文件夹要使用的工作流。除了租户层级的包，还有 My Workspace 文件夹层级的包，不过只允许有权访问该文件夹的用户访问其中的工作流，如图 9-35 所示。

1. 将工作流发布至云 UiPath Orchestrator

7.4 节中介绍过，开发完工作流后可以将对应的工作流发布至本地，然后通过 UiPath Assistant 启动。如果有云 UiPath Orchestrator，也可以把工作流发布至云 UiPath Orchestrator，这样既可以通过 UiPath Assistant 启动，又可以使用云 UiPath Orchestrator 的工作流编排功能。

图 9-35　My Workspace 文件夹层级的包

把在 UiPath Studio 中开发的工作流发布至云 UiPath Orchestrator 后，它就变成了包。单击 UiPath Studio"设计"功能区中的"发布"按钮，在"发布流程"对话框中修改包名称，如图 9-36 所示。

单击"下一步"按钮，在"发布至"下拉列表中选择要发布至云 UiPath Orchestrator 的路径，如图 9-37 所示。注意，如果执行到这一步时没有与云 UiPath Orchestrator 相关的路径可选择，则意味着 UiPath Studio 可能没有登录到云 UiPath Orchestrator，重新登录即可。

图 9-36　在"发布流程"对话框中修改包名称

图 9-37　"发布流程"对话框的"发布选项"设置

这里选择"Orchestrator 个人工作区订阅源"，然后单击"发布"按钮。发布成功后登录到当前 UiPath Studio 登录用户所属的云 UiPath Orchestrator 租户中，可以看到"My Workspace→自动化→流程"页面中新增了刚发布的包，如图 9-38 所示。

图 9-38　"My Workspace"文件夹的"流程"页面中新增了刚发布的包

注意，UiPath Studio 访问的文件夹不影响工作流的发布路径。刚才在发布工作流时 UiPath

Studio 访问的是"Orchestrator 个人工作区订阅源"文件夹，如果选择将工作流发布至"Orchestrator 租户流程订阅源"，发布的目的地就是租户层级的"包"页面，而非个人文件夹。这时，"记事本案例"包可以供租户内的所有文件夹使用。

2．管理包

在了解如何发布包之后，还要了解如何管理所发布的包，下面将介绍管理包的几项主要操作。

（1）配置要发布的包的版本。把包发布至云 UiPath Orchestrator 或其他自定义位置时，需要在 UiPath Studio 中配置要发布的包的版本。当修改完工作流文件中的某些设置或者活动后，可以再次将工作流发布至云 UiPath Orchestrator，建议使用 UiPath Studio 默认的新版本的版本号，以免人工修改后出现版本混乱，如图 9-39 所示。

图 9-39 "发布流程"对话框的"包属性"设置

发布成功后在云 UiPath Orchestrator 当前租户中同一个包就有了两个版本，单击包右侧的"更多操作"按钮（⋮），可以看到"查看版本"选项，如图 9-40 所示。选择该选项后就能查看此包的所有版本。

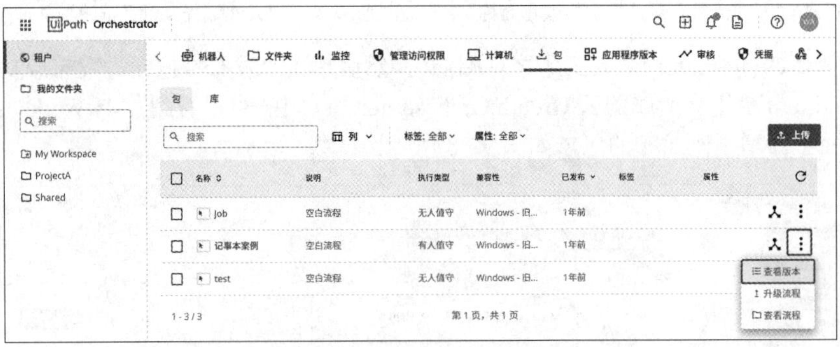

图 9-40 在云 UiPath Orchestrator 当前租户查看包的版本

包版本的状态有两种：一种是活动，表示包已经被某个文件夹使用；另一种是不活动，表示包未被任何文件夹使用。

（2）删除特定版本的包。当不需要包或者某个特定版本的包时，可以在"查看版本"页面，勾选要删除的特定版本的包前面的复选框，单击"删除"按钮，如图 9-41 所示。

（3）下载特定版本的包。可以从云 UiPath Orchestrator 中下载某个包的特定版本到本地，然后通过本地的 UiPath Assistant 进行安装与运行。在"查看版本"页面中，单击要下载的特定版本的包右侧的"更多操作"按钮（⋮），单击"下载包"选项即可，如图 9-42 所示。

图 9-41　删除包版本

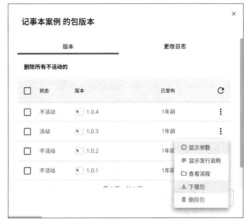

图 9-42　下载包

3. 自定义包的订阅源

要想将在 UiPath Studio 中开发好的工作流发布至外部订阅源中，并且希望能够通过云 UiPath Orchestrator 将外部订阅源中的包部署至机器人，可以通过"Orchestrator→租户→设置→部署"进行设置，如图 9-43 所示。

图 9-43　"部署"页面

"部署"选项选择"外部"，"部署 URL"对应的是在 UiPath Studio 中发布包时自定义的 URL，如图 9-44 所示。"安全性"选项可以使用"API 密钥"，也可以使用特定的用户名和密码做"身份验证"。

注意，如果在云 UiPath Orchestrator 租户中将包的部署选项修改为了外部自定义，那么再访问此租户的 UiPath Studio 就无法将包发布至"Orchestrator 租户流程订阅源"或者"Orchestrator 个人工作区订阅源"，即使发布，也会出现发布失败的错误信息。

图 9-44　云 UiPath Orchestrator 中的"部署 URL"（左侧）与发布流程时自定义的 URL（右侧）相同

9.3.2　库

库是可以在不同的自动化项目中重复使用的组件。可以在 UiPath Studio 中创建库，然后将其发布至云 UiPath Orchestrator，这些库可以作为自动化项目的依赖项添加到自动化流程中，如图 9-45 所示。

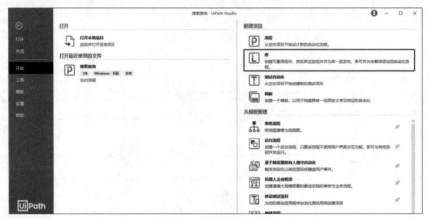

图 9-45　创建库

1. 发布库至云 UiPath Orchestrator

在 UiPath Studio 中创建的库的发布步骤与包的一致，只不过库只能发布至"Orchestrator 共享库订阅源"或者自定义路径中，如图 9-46 所示。

图 9-46　"发布库"对话框的"发布选项"设置

库发布完成后，就可以在云 UiPath Orchestrator 上通过"Orchestrator→租户→包→库"页面查看。如图 9-47 所示，"示例库"就是刚刚创建并发布至云 UiPath Orchestrator 的库。

图 9-47 在云 UiPath Orchestrator 上查看库

2. 将库安装至 UiPath Studio

新创建的库发布至云 UiPath Orchestrator 后，本地用户如何将其安装到 UiPath Studio 中呢？具体做法与安装包的做法一样。

打开要安装此库的工作流文件，确保当前 UiPath Studio 访问的是同一个云 UiPath Orchestrator 租户，然后单击"设计"功能区的"管理程序包"按钮，在"管理包"对话框的左侧可以看到"Orchestrator Tenant"选项卡，单击该选项卡后就能看到刚发布成功的"示例库"了，选中"示例库"，如图 9-48 所示，单击"保存"按钮即可。

图 9-48 "管理包"对话框的"Orchestrator Tenant"选项卡中查看刚发布成功的"示例库"

"示例库"安装成功后就可以在"项目"面板的依赖项中查阅到此依赖项；此外，还可以在"活动"面板中找到此依赖项中包含的活动，如图 9-49 所示。

3. 自定义库的订阅源

部分读者在尝试将库发布至云 UiPath Orchestrator 时可能会看到图 9-50 所示的错误信息。

图 9-49　新增的依赖项及其包含的活动

出现这个错误信息是因为在 UiPath Orchestrator 中将发布库的"部署"设置为了"外部",可以通过"Orchestrator→租户→设置→部署"进入"部署"页面进行修改。将库的"订阅源"设置为"仅限租户订阅源"或者"主机和租户订阅源",只要选项中包含"租户订阅源"即可(社区版云 UiPath Orchestrator 不存在主机订阅源),"部署"设置为"内部",如图 9-51 所示。

图 9-50　发布库时的错误信息

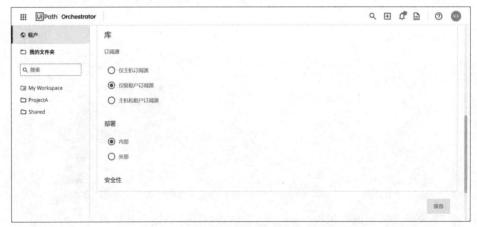

图 9-51　在"部署"页面中修改发布库的"部署"设置

9.3.3　流程

流程与包息息相关。当把发布至云 UiPath Orchestrator 的包链接到特定的文件夹时,就产生了流程,这个过程叫作部署。在部署新流程时,该流程将可用于所有有权访问该文件夹的账户。

1. 部署流程

下面想把通过 UiPath Studio 发布至云 UiPath Orchestrator 的"记事本案例"包部署到 ProjectA 文件夹中，以便有权访问该文件夹的用户可以调用此流程。

单击 ProjectA 进入该文件夹页面，单击"自动化"选项卡，在"流程"页面中可以进行流程部署，如图 9-52 所示。

图 9-52　文件夹中的流程

接着单击"+添加流程"按钮，在添加流程页面的"包来源名称"下拉列表中选择"记事本案例"包，如图 9-53 所示。

图 9-53　添加流程——选择云 UiPath Orchestrator 中的包

选择的包默认采用最新的版本，也可以手动选择其他较旧的版本，然后单击"下一步"按钮。如果包没有额外的安装要求，就接着单击"下一步"按钮进入"其他设置"页面（见图 9-54），其中"作业优先级"用于控制当执行作业出现竞争时，当前流程是否具有优先运行的权利，具体会在 9.4 节中讲解。

设置完后单击"创建"按钮即可。通过"Orchestrator→ProjectA→自动化→流程"进入"流程"页面可以看到部署好的流程列表，如图 9-55 所示。

图 9-54 "其他设置"页面

图 9-55 ProjectA 文件夹中的流程列表

2. 更新流程版本

当在 UiPath Studio 修改完"记事本案例"工作流（如增加两个参数）后，再次将该工作流发布至云 UiPath Orchestrator，版本升级为 1.0.4。

有两种更新流程版本的方法。

（1）在单个文件夹内更新版本。通过"Orchestrator→ProjectA→自动化→流程"进入"流程"页面可以看到"流程"页面中有些变化，如图 9-56 所示。

图 9-56 有可用更新

此时单击该流程右侧的"更多操作"按钮（︙），单击"升级至最新版本"，如图 9-57 所示。

图 9-57　升级至最新版本

（2）跨文件夹更新版本。如果"记事本案例"包同时部署到多个文件夹，那么在该包有新版本时这些文件夹内的流程都需要升级。按照逐个文件夹升级的方式来操作会有点儿烦琐，在云 UiPath Orchestrator 中可以进行跨文件夹统一升级。

通过"Orchestrator→租户→包→包"进入"包"页面，单击"记事本案例"包右侧的"更多操作"按钮（⋮），然后单击"升级流程"，如图 9-58 所示。

图 9-58　在租户层级的"包"页面中升级流程

在弹出的"升级多个流程"对话框中可以查看到"记事本案例"包部署的文件夹清单，然后勾选要升级的文件夹，单击"升级"按钮即可，如图 9-59 所示。

3．有人值守与无人值守模式变更

2.2.2 节中介绍过机器人分为有人值守机器人和无人值守机器人。安装在计算机上的用来执行流程的 UiPath Robot 客户端是通过许可证来区分有人值守和无人值守的，流程也有对应的"执行类型"（Execution Type）用于区分有人值守和无人值守，如图 9-60 所示。流程的执行类型会影响到启动方式和所需客户端的许可证类型。

UiPath Studio 在发布包时默认的执行类型为"无人值守"。如何更改执行类型呢？在 UiPath Studio 中打开要更改执行类型的工作流文件，然后在"设计"功能区的"项目"面板中单击"项目设置"按钮，如图 9-61 所示。

图 9-59　勾选要升级的文件夹

图 9-60　流程的执行类型

在打开的"项目设置"对话框的"常规"选项卡中可以看到"有人值守的自动化"选项，启用此选项，如图 9-62 所示。

图 9-61　"设计"功能区的"项目"面板　　　　图 9-62　启用"有人值守的自动化"

单击"确定"按钮，关闭"项目设置"对话框，然后将该工作流发布至"Orchestrator 租户流程订阅源"中。当在 ProjectA 文件夹中将此流程升级到最新版本后，就可以看到执行类型变成了"有人值守"，如图 9-63 所示。

图 9-63 "执行类型"变更为"有人值守"

到目前为止，ProjectA 文件夹中的"记事本案例"流程的版本是"1.0.4"，执行类型为"有人值守"，而 Shared 文件夹中的"记事本案例"流程的版本维持在"1.0.3"，执行类型为"无人值守"，9.4 节会以这两个文件夹中的流程为例进行讲解。

9.4 执行

如何在云 UiPath Orchestrator 上远程控制机器人在某个时间点启动？如何让机器人知道要执行哪个流程？本节将介绍如何在云 UiPath Orchestrator 上实现上述功能。

9.4.1 计算机

UiPath Robot 是用于执行流程的应用程序。计算机是指安装了 UiPath Robot 或者 UiPath Assistant 的工作站（包括虚拟工作站），由于安装 UiPath Studio 时默认自带了 UiPath Assistant，读者正在使用的安装了 UiPath Studio 的机器就是计算机。计算机主要有两个功能，一个是授权 UiPath Studio 或 UiPath Robot 与云 UiPath Orchestrator 之间的连接，另一个是用于设计/执行流程。跟计算机息息相关的还有另一个概念——许可证，许可证决定了计算机能够执行的流程类型，如无人值守流程要求计算机具有无人值守许可证等。

1. 计算机的类型

在云 UiPath Orchestrator 中有多种计算机类型。在实践过程中，经常使用的计算机类型为"计算机模板"，如图 9-64 所示，下面主要介绍这一种类型的计算机。

图 9-64 计算机模板

计算机模板可以使部署在计算机上的 UiPath 机器人连接到云 UiPath Orchestrator，不论计算机的名称或者登录到云 UiPath Orchestrator 上的账户名是否相同。换句话说，可以使用模板来设置适用于相同物理设置的计算机组，在将计算机分组到同一个模板时，有以下建议：一是在计算机上已经基于模板的配置进行了配置；二是在计算机上已经安装了相同的应用程序，而且这些应用程序的版本和安装路径一致；三是在这些计算机上登录到应用程序的用户权限一致。综上，就好像这些计算机都是克隆出来的一样。

2. 在租户中添加计算机

在云 UiPath Orchestrator 中，可以在租户层级添加计算机，然后按需将计算机分配到不同的文件夹中，以便执行流程时使用。可以通过"Orchestrator→租户→计算机"进入"计算机"页面，如图 9-65 所示。当尚未人工添加计算机时，只要租户新增用户就会自动创建个人工作站。

图 9-65　"租户"的"计算机"页面

如果想新添加计算机应该怎么办呢？可以单击"＋ 添加计算机"按钮，在其下拉选项中选择"计算机模板"选项，进入创建页面，如图 9-66 所示。

图 9-66　计算机模板创建页面

计算机模板创建页面中的必填项及其说明如表 9-2 所示。

表 9-2 计算机模板创建页面中的必填项及其说明

必填项	说明
模板名称	按需自定义，名称有意义即可
流程类型	此计算机支持的流程类型，有"全部""仅限前台""仅限后台"
流程兼容性	可以支持的平台，有"全部""仅限 Windows""仅限跨平台"
Runtime 详细信息	有两种 Runtime 许可证可以分配给计算机，即"生产"与"正在测试"，每个与此计算机模板连接的计算机会消耗一个许可证，直至消耗完，而当计算机断开与计算机模板的连接时会释放许可证。也就是说，如果给当前计算机模板分配 10 个生产许可证，当一个计算机与计算机模板连接时就会占用一个生产许可证，此时剩余 9 个可用生产许可证，而当计算机断开与计算机模板的连接且没有其他计算机连接时，可用生产许可证数量重新为 10
Production (Unattended)	生产（无人值守）许可证，设置要分配给新建的计算机模板的许可证数量，不能超过总的可用许可证数量
Testing	测试许可证，设置规则同生产（无人值守）许可证

因为 Production (Unattended)和 Testing 决定连接到此计算机模板的计算机是否有可用的许可证，所以这两项的数量需要额外注意。按照所需设置好的计算机模板如图 9-67 所示。

图 9-67 设置好的计算机模板

单击"配置"按钮就可以看到设置好的计算机了，如图 9-68 所示。其中，"客户端 ID/计算机密匙"用于在 UiPath Robot 或者 UiPath Assistant 上访问该计算机模板。

3. 在 UiPath Assistant 上使用计算机密匙将主机连接到云 UiPath Orchestrator

在云 UiPath Orchestrator 中创建新计算机后，可以通过安装在主机上的 UiPath Assistant 中的"Orchestrator 配置"将主机连接到云 UiPath Orchestrator。

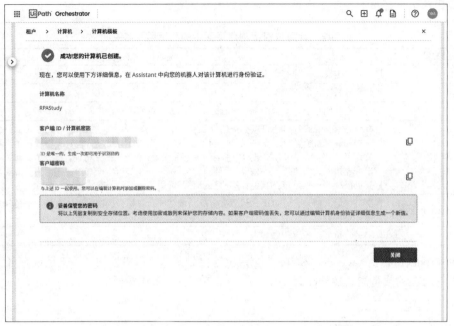

图 9-68　设置好的计算机

以计算机模板"RPAStudy"为例，还记得在创建完成后页面上显示的此计算机的"客户端 ID/计算机密匙"吗？单击该计算机右侧的"更多操作"按钮（⋮），单击"编辑计算机"，如图 9-69 所示，就可以看到"客户端 ID/计算机密匙"了，如图 9-70 所示。

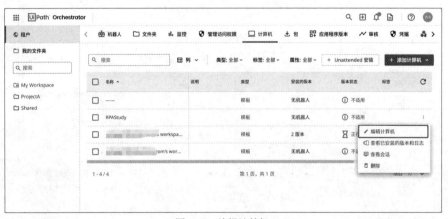

图 9-69　编辑计算机

复制计算机密匙后，打开任意一个安装了 UiPath Assistant 的计算机，如图 9-71 所示。

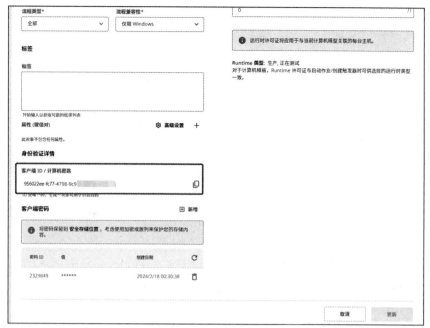

图 9-70 查看"客户端 ID/计算机密匙"

单击"首选项",在弹出的"首选项"对话框中单击"Orchestrator 设置",可以看到"Orchestrator 配置"的相关信息,如图 9-72 所示。

图 9-71 打开安装了 UiPath Assistant 的计算机

图 9-72 "Orchestrator 配置"的相关信息

"连接类型"默认为"服务 URL",单击"登录"按钮,在弹出的对话框中输入账户的用户名和密码。当要使用计算机密钥将计算机与云 UiPath Orchestrator 连接时,单击"连接类型"右侧的下拉按钮,在下拉列表中选择"计算机键值",如图 9-73 所示。

"计算机键值"配置页如图 9-74 所示,在该页面中设置。

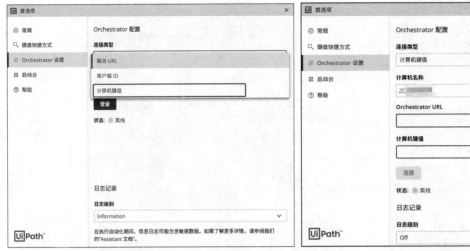

图 9-73　将"连接类型"设置为"计算机键值"　　　图 9-74　"计算机键值"配置页

这里需要设置"Orchestrator URL"和"计算机键值"这两项信息。

（1）Orchestrator URL：还记得 9.1.1 节介绍过的自动化云组织的唯一的 URL 吗？此处就需要设置为那个 URL，同时还要添加所要连接的计算机所在的租户名称。以 selfstudy 组织为例，当前租户为默认租户，那么在此处要设置的 Orchestrator URL 如图 9-75 所示。

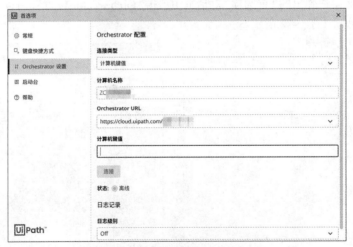

图 9-75　设置"Orchestrator URL"

（2）计算机键值：此处要设置为在创建计算机 RPAStudy 时自动生成的客户端 ID/计算机密匙，如图 9-76 所示。

当把这两项都设置好后，单击"连接"按钮，此时由于没有登录任何账户，所以"状态"为"已连接，未获得许可"。单击页面上的"登录"按钮，登录成功后展示的是"Orchestrator 配置"页面，可以看到"已连接，已获得许可"状态，如图 9-77 所示。

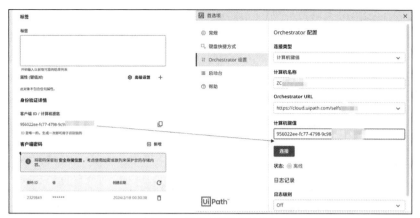

图 9-76 设置"计算机键值"

图 9-77 成功连接并获得许可

4. 在文件夹中添加计算机

要将租户中的计算机按需分配到文件夹,才能在文件夹内启动流程时有可选的用于执行流程的计算机。通过"Shared→设置→计算机"进入"计算机"页面,如图 9-78 所示,在此页面中可以为 Shared 文件夹添加可用的计算机。

图 9-78 在文件夹中添加计算机

单击"在文件夹中管理计算机"进入页面后,可以在列表中看到当前 Orchestrator 租户的计算机列表。这个计算机列表中的计算机可以添加到 Shared 文件夹中。勾选"RPAStudy",如图9-79所示,然后单击"更新"按钮。

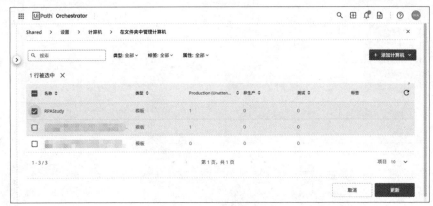

图 9-79　将计算机 RPAStudy 添加到 Shared 文件夹中

这样就把计算机 RPAStudy 添加到 Shared 文件夹中了,在启动流程时就可以使用了,如图9-80所示。

图 9-80　成功地在 Shared 文件夹中添加了计算机 RPAStudy

9.4.2　作业

执行流程时就产生了作业（Job）,可以在有人值守或无人值守模式下开始作业。对于有人值守机器人,除非出于调试或开发的目的,否则无法通过云 UiPath Orchestrator 在有人值守机器人上开始作业,但是可以通过 UiPath Assistant 或者机器人命令行触发作业。无人值守的作业既可以使用有人值守机器人的方式启动,又可以通过云 UiPath Orchestrator 相关功能或者设定触发器以预先计划的方式启动。

1. UiPath Assistant 开始作业——有人值守

9.3.3 节介绍了流程的执行类型在流程从 UiPath Studio 发布至云 UiPath Orchestrator 时就已经决定了。当流程的执行类型为"有人值守"时,是无法通过云 UiPath Orchestrator 执行的,此时就需要用到 UiPath Assistant 了。

第 7 章中介绍过如何使用计算机上的 UiPath Assistant 执行本地的流程,本节将介绍如何通过计算机上的 UiPath Assistant 执行云 UiPath Orchestrator 上的流程。现在云 UiPath Orchestrator 默认租户的 ProjectA 文件夹中的"记事本案例"流程的执行类型为"有人值守",如图 9-81 所示。

图 9-81　ProjectA 文件夹中的"记事本案例"流程

对于安装在计算机上成功登录到云 UiPath Orchestrator 并获得许可的 UiPath Assistant,在"主页"上可以看到当前用户能够访问的文件夹资源。当把鼠标指针移到 ProjectA 下的"记事本案例"时,会自动显示流程的版本及文件夹信息,如图 9-82 所示。如果在读者的 UiPath Assistant 中"记事本案例"下显示的是"等待安装",就先单击该流程进行安装。

安装完后单击 ProjectA 文件夹下要运行的流程"记事本案例",在右侧的"参数"选项卡中修改参数值,完成后单击"运行"按钮,如图 9-83 所示。

图 9-82　UiPath Assistant 的"主页"

图 9-83　修改流程参数值后运行

2．云 UiPath Orchestrator 开始作业——无人值守

无人值守的流程可以通过计算机上的 UiPath Assistant 启动,与启动有人值守的流程的过程一致。顾名思义,无人值守就无法使用用户类型账户,需要使用对应的机器人账户,且执行流程的计算机需要拥有无人值守许可证,因此,通过云 UiPath Orchestrator 启动无人值守的流程的步骤会比较烦琐。

通过云 UiPath Orchestrator 启动无人值守的流程的步骤具体如下。

(1) 新建机器人账户。通过"管理员→账户和组→机器人账户"进入"机器人账户"页面,单击"更多操作"按钮（ ⋮ ）,然后单击"+ 添加机器人账户"按钮,如图 9-84 所示。

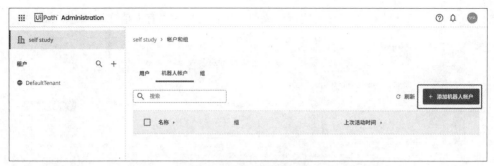

图 9-84　添加机器人账户

自定义该机器人账户的名称，如图 9-85 所示，单击"添加"按钮即可完成机器人账户的创建。

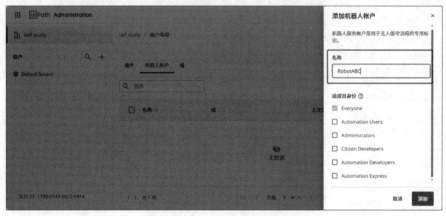

图 9-85　自定义机器人账户的名称

（2）在租户中管理机器人账户。接着要把机器人账户添加到租户中去，通过"Orchestrator→租户→管理访问权限"进入"管理访问权限"页面，单击页面中的"分配角色"按钮，单击选择"机器人账户"选项，如图 9-86 所示。

图 9-86　"管理访问权限"页面

在"向机器人账户分配角色"页面的"搜索机器人账号"的文本框中输入机器人账户的名称，在下拉列表中单击选择对应的机器人账号，如图 9-87 所示。

然后单击"下一步"，在此页面中云 UiPath Orchestrator 默认开启无人值守机器人，然后选择"Specific Windows credentials"（指定 Windows 凭证），设置要使用此机器人账户执行无人值守流程的计算机的用户名和登录密码。云 UiPath Orchestrator 需要有计算机的登录凭证才能远程启动所安

装的 UiPath 应用程序。在无人值守的情况下，这一步骤必不可少，如图 9-88 所示

图 9-87　搜索机器人账户

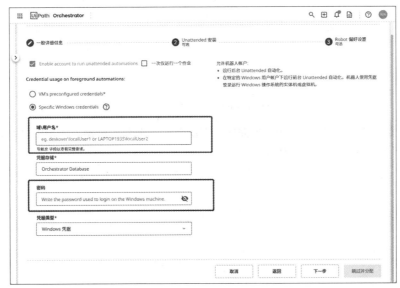

图 9-88　设置计算机的用户名和密码

一般"域\用户名"设置为计算机全称或 Windows 登录账户名。右键单击"此电脑"或者"我的电脑"，选择"属性"，看到的"设备名称"就是"计算机全称"，"Windows 登录账户名"可以在资源管理器的"用户"选项卡中查看。"密码"设置为 Windows 登录账户名的密码。

设置完"域\用户名"和"密码"后，单击"下一步"按钮，可以进一步设置日志级别等，设置完后单击"分配角色"按钮。分配完成后就能在角色列表中看到 RobotABC，如图 9-89 所示。

（3）将机器人账户分配到文件夹中。和在文件夹中添加计算机的目的一样，想要在文件夹启动无人值守流程时用到创建的机器人账户，就需要把此账户分配给文件夹。通过"Orchestrator→Shared→设置→管理访问权限"进入"管理访问权限"页面，单击"分配账户/组/外部应用程序"按钮，如图 9-90 所示。

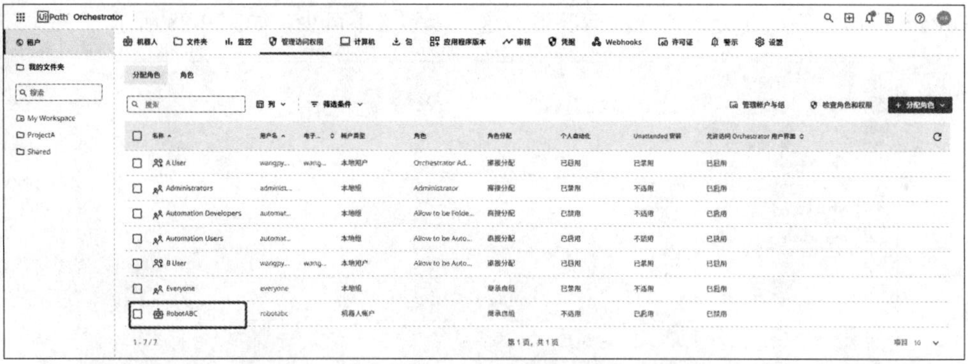

图 9-89　分配完成后可以在角色列表中看到 RobotABC

图 9-90　在 Shared 文件夹中分配账户/组

在"分配账户/组/外部应用程序"页面中，先在文本框中输入机器人账户的名称，然后单击下拉列表中符合的选项，如图 9-91 所示。

图 9-91　选择 RobotABC

要为此机器人账户分配角色，需要勾选"Robot"复选框，然后单击"分配"按钮，如图 9-92 所示。

分配完成后，就能在文件夹的"管理访问权限"页面中看到此机器人账户了，这样就可以在启动无人值守流程时使用此机器人账户了。

（4）在流程中启动。通过"Orchestrator→Shared→自动化→流程"进入"流程"页面，单击要执行的执行类型为"无人值守"的流程右侧的"开始作业"按钮，如图 9-93 所示。

图 9-92　为机器人账户分配角色

图 9-93　开始作业

然后进入"开始作业"页面,"流程名称"自动显示为刚刚选择的流程名称,如图 9-94 所示。

图 9-94　"开始作业"页面

9.3.3 节介绍过当把包部署到文件夹时要设定"作业优先级"。"开始作业"页面中的"作业优先级"默认与当时部署时所选择的作业优先级一致,如果需要调整,可以在此页面进行调整。不过，在使用触发器启动时作业优先级作用明显，而当手动启动时很难出现在同一时间需要同一个计算机执行两个作业的情况。

"Runtime 类型"下方会显示当前文件夹中所有计算机拥有的 Runtime 许可证类型，并且显示当前已经连接成功的可用的计算机数量。

在"执行目标"中可以设置重复执行流程的次数，通过"计划结束作业执行"设置从触发器被触发创建作业后，不论作业状态是"待处理"还是"正在运行"，只要超过一定时间后就向机器人发布停止命令（该命令的作用本节稍后会详细介绍）。

此外，还可以指定执行流程的账户与计算机。如果没有指定固定的账户和计算机，云 UiPath Orchestrator 会自动搜索当前闲置的可以用来执行流程的账户和计算机。

当在"执行目标"页面中设置好后，可以在"参数"页面中编辑输入参数的值，如图 9-95 所示。"执行目标"和"参数"页面中的启动设置都设置好后，单击"开始"按钮启动流程，在计算机上就能看到机器人正在执行"记事本案例"流程了。

图 9-95　编辑流程的输入参数的值

3. 查看作业执行状况

通过"Orchestrator→Shared→自动化→作业"进入"作业"页面，可以看到 Shared 文件夹中的作业执行情况，包含执行作业的流程名、主机名、主机身份、作业类型、Runtime 类型、状态、优先级、已开始、已结束、来源，如图 9-96 所示。

图 9-96　作业执行状况

常见的作业状态及其含义与图标如表 9-3 所示。

表 9-3　常见的作业状态及其含义与图标

状态	含义	图标
待处理	如果云 UiPath Orchestrator 正在试图与机器人建立连接，或者机器人正在执行作业，而此作业在排队等待被执行，则作业处于此状态	⋯
正在运行	当机器人正在执行作业时，显示此状态	⏸
成功	当机器人成功执行作业结束时，显示此状态	✓
发生故障	如果未能开始作业或在执行过程中引发了未经处理的错误，则作业处于此状态	❗
正在停止	一种短暂的中间状态，如果人工在云 UiPath Orchestrator 上选择了"停止"选项或者在流程中使用"应停止"活动，机器人就尝试取消作业，显示此状态	⏸
正在终止	一种短暂的中间状态，如果人工在云 UiPath Orchestrator 上选择了"终止"选项，机器人就会尝试终止作业，显示此状态	⏸
已停止	如果作业在执行完成之前被停止，并且没有抛出任何错误或异常，作业就会处于此状态	✖

当选中某个作业时，单击右侧的"详细信息"按钮（ⓘ）可以看到作业的输入参数值和输出参数值，如图 9-97 所示。

图 9-97　作业明细

4. 管理作业

通过学习本节内容，读者应该可以掌握如何在云 UiPath Orchestrator 和 UiPath Assistant 中启动流程、执行作业。

除了启动，在云 UiPath Orchestrator 上还可以对作业进行更多操作。通过"Orchestrator→Shared→自动化→作业"，在"作业"页面上单击所要管理的作业右侧的"更多操作"按钮（⋮），在下拉列表中有停止、终止、继续和重新启动 4 个选项，如图 9-98 所示，这 4 个选项分别对应 4 个操作。

这 4 个操作具体说明如下。

（1）停止。自动化项目在执行过程中遇到了"应停止"活动或者人工介入强制停止流程时，作业的状态会变成"正在停止"。如果从开始作业到其状态会变成"正在停止"的这段时间内没有发生错误，作业停止后状态会变成"成功"，否则状态会变成"发生故障"。从云 UiPath Orchestrator 开始的作业只能通过云 UiPath Orchestrator 停止，而在 UiPath Assistant 上开始作业既可以通过 UiPath Assistant 结束，又可以通过云 UiPath Orchestrator 结束。

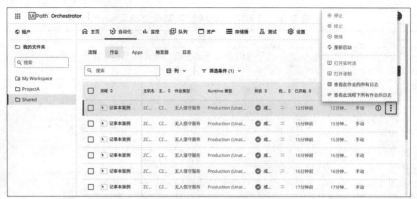

图 9-98　查看作业的更多操作

（2）终止。当选择结束作业时，作业状态会变成"正在终止"，不论成功还是失败，作业状态均被标记为"已停止"。

（3）继续。当作业暂停或者中止后，可以通过云 UiPath Orchestrator 从中断处继续执行。

（4）重新启动。此操作可以使用户快速从历史作业执行列表中开始作业。

在以上 4 个操作中，比较容易令人困惑的是停止与终止的区别，这两个操作都是用来结束作业的，那么它们到底有什么不同呢？停止操作是一种"软"结束，当选择了"停止"选项后，执行作业的机器人并不会立即停止，而是会继续执行，直至遇到"应停止"活动，该活动用来检查云 UiPath Orchestrator 是否向机器人下达了停止命令，一般配合机器人企业框架使用，如图 9-99 所示。

图 9-99　机器人企业框架中的"应停止"活动

换句话说，如果读者的流程中没有"应停止"活动，那么即使从云 UiPath Orchestrator 向机器人下达了停止命令，机器人仍会继续执行流程直至完全结束，而终止命令会让机器人立即结束执行，是一种"硬"结束。因此，使用终止命令可以达到中途结束流程的目的。

9.4.3 队列和事务

队列是一个容器，可以保存不限数量的队列项目，一个队列项目就是一个事务。队列在大型自动化项目中应用较多，例如，可以创建一个"发票处理机器人"流程，处理一个包含多行发票信息的发票数据表（Excel 工作簿），对于每行发票信息都让机器人在报销系统中生成一个报销申请单。因此，可以为每个数据行创建一个队列项目，这些队列项目就是要让机器人执行的一个个事务，并可以在队列项目中包含要输入报销系统的字段值，机器人在获取到队列项目时就可以使用这些字段值。

当然，如果只使用一个机器人来处理这么多条报销信息，是否使用云 UiPath Orchestrator 上的队列功能影响不大；但是，如果想加快执行速度，让多个机器人同时执行这些事务，队列就发挥了关键且重要的作用。原本 100 行报销数据需要 1 个机器人执行 1 小时，如果增加 1 个机器人来同时处理这些报销数据，完成任务的时间就缩短至 30 分钟了，如图 9-100 所示。

这样的话，就要创建一个流程，用于读取发票数据表并逐行创建队列项目，然后创建另一个流程，用于从云 UiPath Orchestrator 上获取发票处理队列中的事务并进行后续处理。本节将基于此案例进行相关活动的具体用法的讲解。

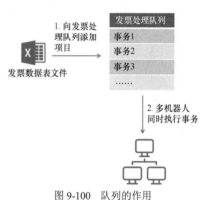

图 9-100　队列的作用

1. 添加队列

队列是在文件夹层级管理的。以 Shared 文件夹为例，通过"Orchestrator→Shared→队列"进入"队列"页面，如图 9-101 所示。然后单击"＋ 添加队列"按钮，选择"创建新队列"。

图 9-101　"队列"页面

在"创建队列"页面中，要自定义队列的"名称"（必填项），如有必要可以简单描述所创建的队列的信息及作用。对于其他选项，"强制执行唯一引用"表示在向队列中添加新事务时，该事务需要有唯一的引用名，不可重复，勾选此选项并创建完队列后不可取消勾选。由于要求每个事务有唯一的引用名，因此无法一次性批量向队列中添加事务，在勾选时要考虑与实际使用情况的适配度。由于"发票处理"队列中要一次性批量向队列中添加事务，因此此处不勾选"强制执行唯一引用"选项。如果希望可以在数据库中以密文方式存储队列项目的数据和结果，可以勾选"以加密格式存储"选项，勾选此选项并创建完队列后同样不可取消勾选。"自动重试"表示在事务执行失败时自动重试执行此事务。注意，如果在编写自动化流程时在代码中设置了自动重试活动模块，会与云 UiPath Orchestrator 上的自动重试叠加。

队列的部分设置如图 9-102 所示。

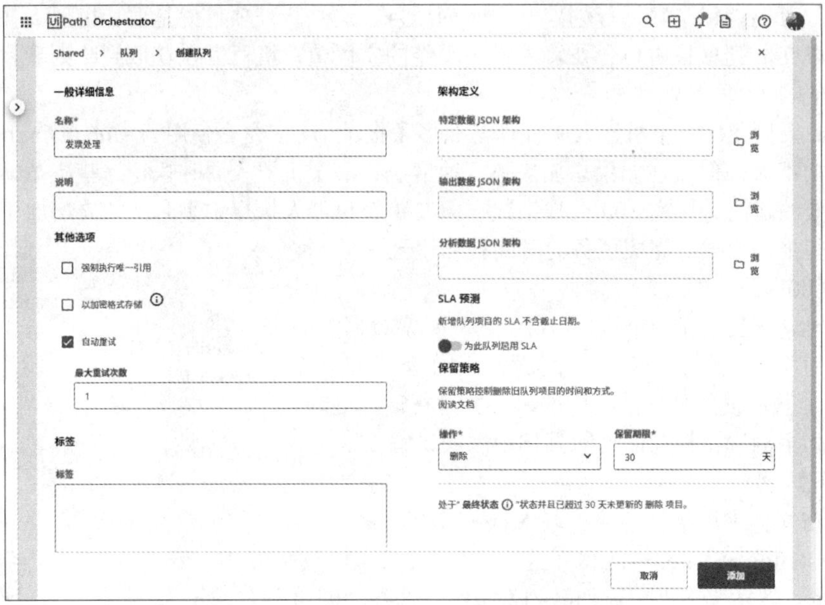

图 9-102　队列的部分设置

设置完成后，单击"添加"按钮即可完成队列创建，如图 9-103 所示。

图 9-103　成功创建"发票处理"队列

2. 向队列中添加项目

创建完队列之后可以在 UiPath Studio 中向云 UiPath Orchestrator 的 Shared 文件夹中的"发票处理"队列中添加项目。打开 UiPath Studio，新建一个名为"向发票处理队列上传事务"的自动化项目文件。

（1）添加队列项目。要向队列中逐个添加项目，可以使用"添加队列项目"活动。注意，如果在创建队列时勾选了"强制执行唯一引用"，就只能逐个添加队列项目。以"发票处理"队列为例，在本地计算机中有一个保存了要处理的发票数据的文件，先读取该文件中的发票数据表，然后逐行添加；接着从"活动"面板中将"添加队列项目"活动拖放到"正文"中。"添加队列项目"活动及其"属性"面板如图 9-104 所示。

图 9-104 "添加队列项目"活动及其"属性"面板

"添加队列项目"活动必须设置的一些属性项如表 9-4 所示。

表 9-4 "添加队列项目"活动必须设置的一些属性项

属性项	说明
文件夹路径	设置队列所在的云 UiPath Orchestrator 的文件夹路径
优先级	根据活动的重要性以及期望的处理速度，可以选择 Low（低）、Normal（正常）和 High（高）
参考	如果在创建队列时勾选了"强制执行唯一引用"选项，那么此属性项必须设置，并且要确保每个队列项目的属性值不同，建议在添加队列项目时设置此属性项，方便后续管理队列项目
延期	设置当前队列项目的起始日期，如设置为 07/01/2022 10:11:00 或者输入一个日期变量。此属性项也是一个用来确定队列项目优先级的条件。此属性项的作用是：如果设定队列项目的延期日期，当前时间还没有到所设定的延期日期，那么在 UiPath Studio 中使用"获取队列项目"等活动时是无法从云 UiPath Orchestrator 中获取该队列项目的。也就是说，这些活动对该队列项目无效
截止日期	设置当前队列项目的截止日期，它同样是一个用来确定队列项目优先级的条件。如果设定了队列项目的截止日期，当前日期超过了截止日期，此队列项目无效
队列名称	设置要添加队列项目的队列名称
项目信息	在向云 UiPath Orchestrator 的文件夹中的队列添加队列项目时，队列项目中可以包含后续执行此队列项目时机器人所需的关键信息
项目集合	如果已经事先把队列项目的信息以键值对的形式保存在字典类型的变量，此处就可以设置为该字典类型的变量；与"项目信息"属性项二选一

注意，云 UiPath Orchestrator 时区和本地时区是有差异的，如有必要请保持一致。可以通过"Orchestrator→租户→设置→常规"进入"常规"页面，在该页面中设置时区，如图 9-105 所示。

"延期"和"截止日期"决定了队列项目的有效时间范围，它们的作用效果如图 9-106 所示。

关于"项目信息"要补充一点，在"发票处理"队列中，要把每行发票数据上传到队列项目中,如图 9-107 所示。

图 9-105 设置云 UiPath Orchestrator 时区,和本地时区保持一致

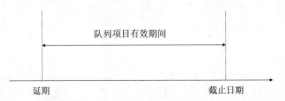

图 9-106 "延期"和"截止日期"的作用效果

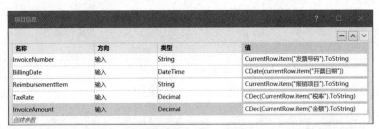

图 9-107 项目信息

设置好属性项的"添加队列项目"活动的"属性"面板如图 9-108 所示。

图 9-108 设置好属性项的"添加队列项目"活动的"属性"面板

此时，在 UiPath Studio 的"调试"功能区中运行刚刚编写的自动化文件，然后通过"Orchestrator→Shared→队列→队列"回到"队列"页面中，单击"发票处理"队列右侧的"更多操作"按钮（⋮），选择"查看事务"，如图 9-109 所示。

图 9-109　在云 UiPath Orchestrator 上查看事务

可以看到新添加的队列项目已经显示在事务列表中，如图 9-110 所示。

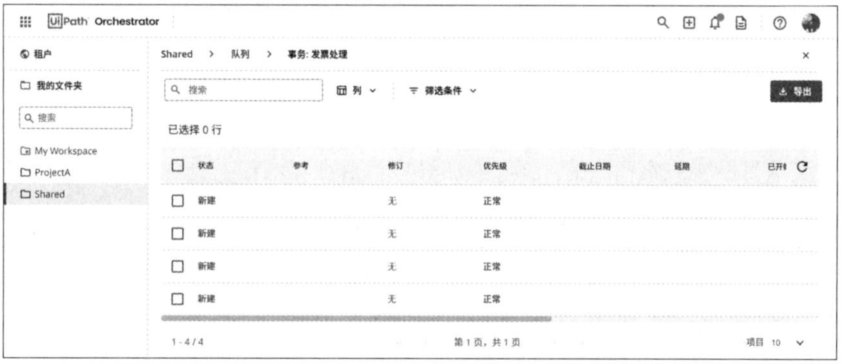

图 9-110　事务列表

单击某个事务右侧的"更多操作"按钮（⋮），选择"查看详细信息"，如图 9-111 所示。

图 9-111　查看事务明细

在"详细信息"页面可以看到，刚才在 UiPath Studio 中编辑的事务项目的详细信息的相关字段及其值都显示出来了，如图 9-112 所示。

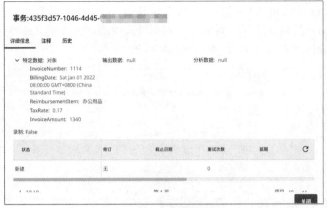

图 9-112　事务项目的详细信息

（2）添加事务项目。除了可以使用"添加队列项目"活动向云 UiPath Orchestrator 的队列中添加项目，还可以使用"添加事务项目"活动。从"活动"面板中将"添加事务项目"活动拖放到空白序列中。

"添加事务项目"活动和"添加队列项目"活动的使用效果主要有 3 点不同：一是，前者默认添加好的项目的优先级高，后者需要自定义项目的优先级；二是，前者添加好项目后在云 UiPath Orchestrator 上的项目状态为"正在进行"，后者新添加项目状态为"新建"；三是，前者可以使用变量保存所定义的事务项目，以便直接在后续的流程中使用，后者要使用其他可以获取队列项目的活动从云 UiPath Orchestrator 中获取。

按需完成设置，设置好属性项的"添加事务项目"活动的"属性"面板如图 9-113 所示。

图 9-113　设置好属性项的"添加事务项目"活动的"属性"面板

当运行此自动化项目文件完毕后，在云 UiPath Orchestrator 的 Shared 文件夹的队列中查看事务，可以看到刚上传的参考值为"02"的项目，如图 9-114 所示。

图 9-114　通过"添加事务项目"添加成功的项目

（3）批量添加队列项目。除了一个个地添加队列项目，还可以使用"批量添加队列项目"活动一次性上传多个队列项目。读取发票数据后，就可以把发票数据表中的发票数据行批量添加到队列项目中。"批量添加队列项目"活动及其"属性"面板如图 9-115 所示。

图 9-115 "批量添加队列项目"活动及其"属性"面板

"批量添加队列项目"活动的重要属性项及其说明如表 9-5 所示。

表 9-5 "批量添加队列项目"活动的重要属性项及其说明

属性项	说明
文件夹路径	设置队列所在的云 UiPath Orchestrator 的文件夹路径
提交类型	有 AllOrNothing 和 ProcessAllIndependently,前者表示仅当所有队列项目都能够被成功处理时,才添加这些项目,否则不添加任何内容;后者表示数据表中的每行数据都是独立的,将处理成功的项目添加到队列中,返回添加失败的项目清单
数据表	设置包含事务信息的数据表类型的变量
队列名称	设置要添加队列项目的队列名称
结果	在批量上传时如果有错误则会返回到属性的"结果"变量中

按需完成设置,设置好属性项的"批量添加队列项目"活动的"属性"面板如图 9-116 所示,可以把输出结果写回到发票信息数据文件中。

完成以上设置后,在 UiPath Studio 中运行此自动化项目文件。在云 UiPath Orchestrator 中新增事务的明细页面中,可以看到事务使用了发票数据表中的字段,如图 9-117 所示。

图 9-116 设置好属性项的"批量添加队列项目"活动的"属性"面板

图 9-117 批量添加队列项目时直接使用发票数据表中的字段

3. 获取事务项目和获取队列项目

队列项目都上传好后,可以通过"获取事务项目"活动和"获取队列项目"活动来让机器人获取队列信息并使用这些信息。

(1) 获取单个队列项目。逐个获取队列项目的情景比较多。机器人获取一个队列项目后,就执行当前事务,不影响并行的机器人获取下一个队列项目。在 UiPath Studio 中,可以用来获取单个队列项目的活动为"获取事务项目",从"活动"面板中将"获取事务项目"活动拖放到空白的主工作流文件的"队列"中。"获取事务项目"活动及其"属性"面板如图 9-118 所示。"获取事务项目"活动执行后会自动将项目状态从"新建"改变为"正在进行"。

图 9-118 "获取事务项目"活动及其"属性"面板

"获取事务项目"活动的部分常用属性项及其说明如表 9-6 所示。

表 9-6 "获取事务项目"活动的部分常用属性项及其说明

属性项	说明
参考	如果在添加队列项目时添加了项目的参考值,就可以在此处设置用于筛选项目的参考值。例如,队列项目的参考值是"01",那么此处就可以设置为""01""
筛选器策略	有 StartsWith 和 Equals 两个选项,前者表示筛选出项目的参考值以设置在"参考"属性项中的数值开头的队列项目,后者表示要求项目的参考值等于"参考"属性项中的数值。使用前者筛选出来的队列项目可能有多个,后者筛选出来的队列项目是唯一的
文件夹路径	设置要获取的队列所在的云 UiPath Orchestrator 的文件夹路径
队列名称	设置要获取的队列项目名称
事务项目	将获取的队列项目保存在变量中

按发票处理案例的需要完成设置,设置好属性项的"获取事务项目"活动的"属性"面板如图 9-119 所示。

"获取事务项目"活动其实还包含两个隐藏条件,第一个隐藏条件是每次从指定的队列中获取的事务项目的状态均为 New,第二个隐藏条件是当前日期在队列项目的有效时间范围内。这样的话,机器人从云 UiPath Orchestrator 的 Shared 文件夹下的"发票处理"队列中获取的一个新增队列项目,即事务项目,就被保存在 QueueItem 变量中,其类型为 UiPath.Core.QueueItem。可以使用该变量的可用方法来获取字段信息,用于后续处理的字段信息也包含在 QueueItem 的可用方法中,如使用 QueueItem.SpecificContent()方法，如图 9-120 所示。

图 9-119　设置好属性项的"获取事务项目"活动的"属性"面板

图 9-120　QueueItem 的可用方法

由于一个队列项目中包含多个字段，因此还需要指定具体要获取哪个字段值，如图 9-121 所示，通过 QueueItem.SpecificContent.Item("发票号码").ToString 可以获取该队列项目中的"发票号码"字段值。

这样便可以从获取的队列项目中获得指定字段值，然后在后续活动中使用这些字段值。除此之外，QueueItem 变量可用的方法还有 QueueItem.Output、QueueItem.Status、QueueItem.Priority 等，读者可以自行使用"写入行"活动进行尝试与探索。

（2）批量获取队列项目。除了一次仅获取一个队列项目，还可以批量获取多个符合条件的队列项目，在

图 9-121　"获取事务项目"活动中指定字段值

UiPath Studio 中可以使用"获取队列项目"来实现。重新创建一个自动化项目，然后将"获取队列项目"活动拖放到空白的主工作流文件的"队列"中，如图 9-122 所示。

图 9-122　"获取队列项目"活动及其"属性"面板

"获取队列项目"活动的部分常用属性项及其说明如表 9-7 所示。其中,部分属性项的使用方法与"获取事务项目"活动的一致。

表 9-7 "获取队列项目"活动的部分常用属性项及其说明

属性项	说明
跳过	要跳过的项目数量
顶部	要获取的项目数量,最多 100 个
参考	如果通过参考值来筛选要获取的队列项目,此处设置为用于筛选项目的参考值
筛选器策略	筛选器策略,有 StartsWith 和 Equals 两个选项
文件夹路径	要获取的队列所在的云 UiPath Orchestrator 的文件夹路径
队列名称	要获取的队列项目名称
队列项目	当获取到符合条件的队列项目后,保存在对应的变量中
优先级	根据添加队列项目时定义的队列项目优先级来筛选队列项目
队列项目状态	根据队列项目的状态来筛选项目

可选的队列项目状态如图 9-123 所示。

按发票处理案例的需要完成设置,设置好属性项的"获取队列项目"活动的"属性"面板如图 9-124 所示,这一设置的意思是从云 UiPath Orchestrator 的 Shared 文件夹中的"发票处理"队列中搜索出队列项目状态为"New"(新建)的队列项目集合,将此集合保存在 QueueItems 变量中。

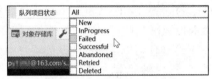

图 9-123 队列项目状态

注意,QueueItems 是集合变量,可以使用"遍历循环"活动来逐个获取需要的值,如图 9-125 所示。在使用"遍历循环"活动时,使 item 的变量类型与集合变量尖角号内的类型保持一致,即 item 局部变量的类型为 UiPath.Core.QueueItem。与"获取队列项目"活动不同,"遍历循环"活动没有改变队列项目状态的功能。

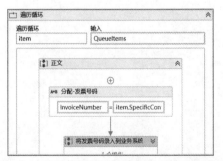

图 9-124 设置好属性项的"获取队列项目"活动的"属性"面板

图 9-125 使用"遍历循环"活动逐个获取需要的值

4. 设置事务状态

在讲"获取队列项目"活动时，其属性项中有关于队列项目状态的选项。在 UiPath 中，队列项目状态及其含义如表 9-8 所示。

表 9-8　队列项目状态及其含义

状态	含义
New	项目是通过添加队列项目活动被添加到队列中的，后续未使用任何相关活动获取该项目信息
InProgress	使用"获取事务项目"活动或"添加事务项目"活动处理该项目。当项目具有此状态时，自定义的进度状态也会显示在进度列中
Failed	项目在执行过程中发生异常，但不满足工作流设定的业务异常或系统异常的触发条件，未被捕获与处理，因此执行了"设置事务状态"活动，将其状态设置为 Failed
Successful	成功处理完事务后，流程执行到了"设置事务状态"活动，该活动将其状态更改为 Successful
Abandoned	项目长时间（约 24 小时）处于 InProgress 状态，未经处理就会自动被放弃
Retried	项目遇到系统异常而失败后自动重试，当机器人完成重试后会根据情况将项目状态更改为 Failed 或 Successful
Deleted	项目已从事务页面中被手动选择标记为 Deleted，无法再处理具有此状态的项目

从表 9-8 中可以看到，部分事务状态是使用"设置事务状态"活动来人工控制的。从"活动"面板中将"设置事务状态"活动拖放到设置好的"获取事务项目"活动的下方，"设置事务状态"活动及其"属性"面板如图 9-126 所示。

图 9-126　"设置事务状态"活动及其"属性"面板

"设置事务状态"活动的部分常用属性项及其说明如表 9-9 所示。

表 9-9　"设置事务状态"活动的部分常用属性项及其说明

属性项	说明
原因	当"状态"选择 Failed 后，就要在此处设置失败原因
详细信息	在此处设置与失败事务项目相关的详细信息
错误类型	有 Business 和 Application 两个选项，分别对应业务异常和应用异常
文件夹路径	要更改状态的事务项目所在的云 UiPath Orchestrator 的文件夹路径

续表

属性项	说明
事务项目	要更新其状态的事务项目,此处要使用类型为 UiPath.Core.QueueItem 的变量,也就是使用"获取事务项目"活动或"获取队列项目"活动输出的变量,直接使用其作为输入项即可
分析	此属性项对应的是云 UiPath Orchestrator 上事务明细中的"分析数据",当"状态"选择 Successful 后,可以在此属性项上输入需要传到该事务明细中的字段值,成功执行后变量名与变量值会显示在"分析数据"处
状态	仅有 Failed(失败)和 Successful(成功)可选
输出	输出对应的是图 9-127 中的"输出数据",当"状态"选择 Successful 后,可以把事务项目执行过程中的一些重要的结果值或者关键信息作为参数输入此属性项中

云 UiPath Orchestrator 上事务明细中的"分析数据"如图 9-127 所示。

图 9-127　事务明细中的"分析数据"

5. 在 UiPath Studio 中管理事务项目

除了本节已经介绍过的一些 UiPath Studio 中与队列有关的活动,还有"删除队列项目""延期事务项目""等待队列项目"和"设置事务进度"这 4 个活动可以管理云 UiPath Orchestrator 上的事务项目。

(1)删除队列项目。"删除队列项目"活动的作用是删除指定的项目状态为"新建"的队列项目。由于活动要求输入的数据类型是 QueueItem 的集合且项目状态必须为"新建",因此该活动一般与"获取队列项目"或"获取事务项目"活动配合使用,用此类活动把项目状态为"新建"的队列项目筛选出来,如果指定了要删除的队列项目,就可以同时配合使用"筛选器策略",然后把结果保存在名为 QueueItems 的集合变量中。目前在云 UiPath Orchestrator 的 Shared 文件夹中的"发票处理"队列有两个状态为"新建"的队列项目,如图 9-128 所示。

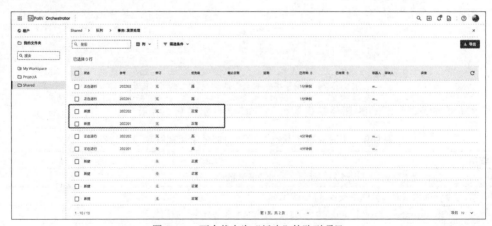

图 9-128　两个状态为"新建"的队列项目

要想在 UiPath Studio 中删除参考值为"202201"的队列项目，流程图以及对应活动的"属性"面板如图 9-129 所示。

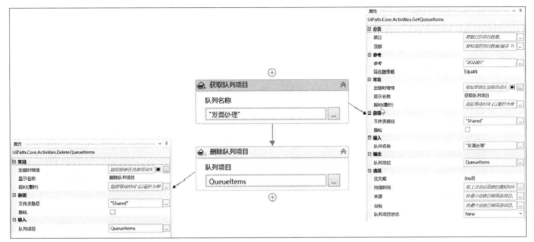

图 9-129　删除指定的队列项目的流程图以及对应活动的"属性"面板

执行完成后，在云 UiPath Orchestrator 上的"发票处理"队列处查看事务后刷新一下就可以看到指定的队列项目已经为"已删除"状态，如图 9-130 所示。

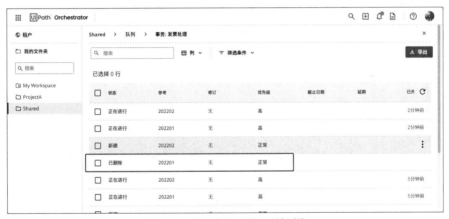

图 9-130　指定的队列项目已被删除

（2）延期事务项目。还记得在介绍"添加队列项目"活动时的属性项"延期"和"截止日期"吗？如果在添加队列项目时没有设置这两个属性项，后期可以使用"延期事务项目"活动对指定的事务项目进行设置，不过此活动仅适用于状态为"正在进行"的事务项目。"延期事务项目"活动同样要配合可以输出队列项目的活动一起使用，只不过由于此活动要求的输入变量类型为 UiPath.Core.QueueItem，而"获取队列项目"活动的输出的变量类型为 System.Collections.Generic. IEnumerable <UiPath.Core.QueueItem>，即队列项目的集合，要进行一些处理后才可以使用。

"延期事务项目"活动一般有两种应用场景，对集合中指定的事务项目或者对集合中的每个事务项目进行延期处理。

第一种应用场景是,使用"获取队列项目"活动从云 UiPath Orchestrator 的 Shared 文件夹中获取参考值为"202200"的事务项目(其状态为"正在进行"),将其保存在 QueueItems 集合变量中。我们知道"获取队列项目"活动获取的队列项目集合中仅有一个项目,在"延期事务项目"中使用 QueueItems 集合变量的 ElementAt()方法可以获取集合中指定索引位置的项目,此方法的输出变量的类型为 UiPath.Core.QueueItem,符合该活动"事务项目"属性项的要求。延期处理队列项目集合中指定的项目的流程图以及对应活动的"属性"面板如图 9-131 所示。

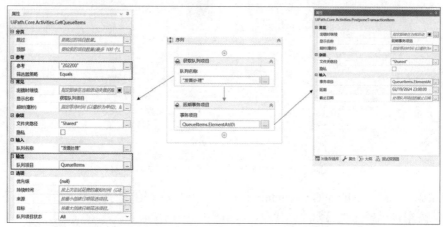

图 9-131　延期处理队列项目集合中指定的项目的流程图以及对应活动的"属性"面板

这样处理后,就可以在云 UiPath Orchestrator 上看到参考值为 202200 的事务项目的状态被更改为"新建",且"延期"列中的值与在属性项中设定的日期一致(若不一致,请核查租户的时区设置是否与本地时区一致),如图 9-132 所示。

图 9-132　延期指定的事务项目

第二种应用场景是,使用"获取队列项目"活动从云 UiPath Orchestrator 的 Shared 文件夹中获取一批状态为"正在进行"的队列项目,然后逐个进行延期处理。批量延期状态为"正在进行"的队列项目的流程图以及对应活动的"属性"面板如图 9-133 所示。当执行完成后就能看到这批队列项目的"延期"列的值被更改为所设定的延期日期。

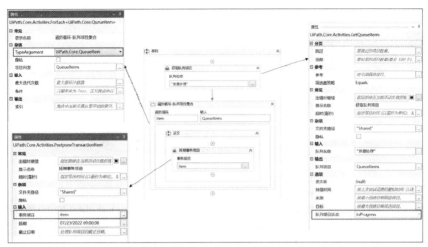

图 9-133　批量延期"正在进行"状态的队列项目的流程图以及对应活动的"属性"面板

（3）等待队列项目。"等待队列项目"活动的作用与"获取队列项目"活动类似。当"等待队列项目"活动成功地等待到了一个在有效时间范围内的状态为"新建"的队列项目后，就可以输出此队列项目，并将其项目状态从"新建"更改为"正在进行"；否则该活动会一直循环执行。设置好属性项的"等待队列项目"活动的"属性"面板如图 9-134 所示。

图 9-134 中"轮询时间(毫秒)"是指当没有找到符合条件的队列项目的最长等待时间，默认时间是 30 秒，超出此时间限制后会自动进入再次查找队列项目的循环中。那么，建议在使用"等待队列项目"活动时务必设置跳出循环的条件，例如设定"超时(毫秒)"为"100000"，这样，在 100 秒后仍然等待不到队列项目时就会报错。

图 9-134　设置好属性项的"等待队列项目"活动的"属性"面板

（4）设置事务进度。"设置事务进度"活动可以对状态为"正在进行"的队列项目进行进度更新。设置好属性项的"设置事务进度"活动及其"属性"面板如图 9-135 所示。

图 9-135　设置好属性项的"设置事务进度"活动及其"属性"面板

当执行完成工作流后，会看到指定修改的事务项目的明细中新增了一个进度的明细项，如图 9-136 所示。

图 9-136　进度的明细项

6. 在云 UiPath Orchestrator 中管理事务项目

我们不但可以在 UiPath Studio 中管理队列项目，还可以在云 UiPath Orchestrator 中进行更多的队列操作。通过"Orchestrator→Shared→队列→队列-发票处理"，单击"查看事务"，选中一个项目后单击其右侧的"更多操作"按钮（⋮），就可以看到能够对当前项目进行的操作。在云 UiPath Orchestrator 中可以进行的所有操作及其作用如表 9-10 所示。

表 9-10　在云 UiPath Orchestrator 中可以进行的所有操作及其作用

操作	作用
查看详细信息	可以查看队列项目的详细信息，如特定数据、输出、进度等，以及注释和历史操作记录
编辑	可以查看参考值、修改事务优先级、修改延期/截止日期和时间、下载/上传特定数据的 JSON 文件等
克隆	在队列中添加一个一模一样的队列项目
正在审核	人工审核队列项目，起审计作用
标记为已验证	将审核后的队列项目标记为已验证，起审计作用
分配审核人	指定要审核队列项目的审核人，起审计作用
重试项目	重新尝试执行项目
删除	从队列中删除项目

不同的项目状态可以进行的操作不同，如表 9-11 所示。

表 9-11　项目状态与可以进行的操作

项目状态	可以进行的操作
新建	查看详细信息、编辑、克隆、删除
正在进行	查看详细信息
失败	查看详细信息、编辑、正在审核、标记为已验证、分配审核人、重试项目、克隆、删除
成功	查看详细信息、克隆、删除
已放弃	查看详细信息、编辑、正在审核、标记为已验证、分配审核人、重试项目、克隆、删除
已删除	查看详细信息

9.4.4　触发器

9.4.2 节中介绍了如何手动执行作业。触发器使用户能够以预先计划的方式、定期（时间触发器）、在队列中添加新项目时（队列触发器）以及事件触发等方式执行作业。可以在"触发器"页面创建新触发器、管理现有触发器以及立即为现有触发器开始作业。

触发器是在文件夹层级管理的。以 Shared 文件夹为例，通过"Orchestrator→Shared→自动化→触发器"进入"触发器"页面，如图 9-137 所示。常用的有两种触发器类型，即时间触发器和队列触发器。

图 9-137　Shared 文件夹中的触发器

1. 添加时间触发器

时间触发器能够让用户设定作业定时启动，支持管理流程的输入参数值和输出参数值。时间的设定有两种：按时区的公历时间和按自定义的非工作日日历。如果想让机器人仅在工作日启动，就要设定非工作日日历。

（1）按时区的公历时间。单击"时间触发器"选项卡页面右侧的"+ 添加新触发器"按钮，进入"创建时间触发器"页面，如图 9-138 所示。

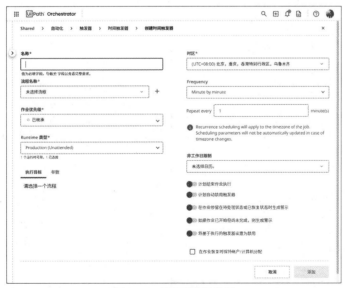

图 9-138　添加时间触发器

假设此触发器是为了定时启动"记事本案例"流程，那么"名称"可以设置为"记事本案例触发器"，触发器名称有意义即可；接着设定该触发器对应的要启动的流程，单击"流程名称"的下拉按钮，然后在弹出的下拉列表中选择"记事本案例"流程；"作业优先级"选项默认为"已继承"，也就是继承在部署包到文件夹时设定的作业优化级，当然也可以重新调整作业优先级，此选项在使用触发器启动流程时作用明显，例如，流程 A 的作业优先级高于流程 B 的，两个流程均设定在每天下午 2:30 启动，假设此时与云 UiPath Orchestrator 连接的可用空闲计算机只有一台或者两个流程指定了同一台计算机来执行，那么此计算机会优先执行流程 A，待流程 A 执行结束后才会执行流程 B；"执行目标"和"参数"页面中的选项均按需设定，需要设置的内容如图 9-139 所示。

图 9-139 设定时间触发器的流程信息

然后就到了设定触发器启动时间的"时区"。我们使用北京时间，因此选择"（UTC+08:00）北京，重庆，香港特别行政区，乌鲁木齐"。云 UiPath Orchestrator 可以让用户按分钟、按小时、按天、按周、按月以及自定义启动时间。以按天为例，想要"记事本案例"在每天下午 2:00 启动，需要设置的内容如图 9-140 所示。

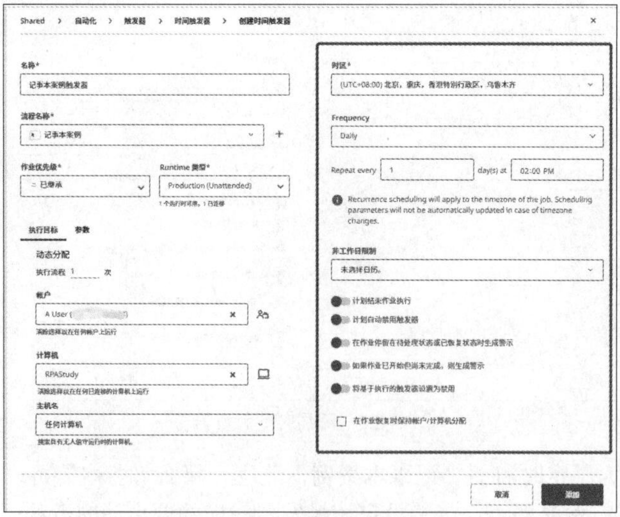

图 9-140 设定触发器启动的时间

从触发器被触发创建作业后，不论作业状态是"待处理"还是"正在运行"，想要超过一定时间期限（如 10 分钟）后向机器人发布"停止"命令，就需要开启"计划结束作业执行"，如图 9-141 所示。

图 9-141　计划当作业被创建 10 分钟后停止作业

如果担心"停止"命令不起作用，想要强制结束作业，就需要开启"如果作业未停止，则计划自动'终止'"，如图 9-142 所示。"停止"与"终止"之间的差异参见 9.4.2 节。

当开启"计划自动禁用触发器"时，可以设定自动禁用触发器的时间，如图 9-143 所示。

图 9-142　如果作业不停止，设定 15 分钟后自动结束　　图 9-143　计划自动禁用触发器

当勾选"在作业恢复时保持账户/计算机分配"时，会一直使用所设定的账户与计算机来执行作业。当完成以上设置后，单击"添加"按钮就添加完毕了，可以在"触发器"页面的列表中看到刚添加的触发器，以及下一次执行的时间，如图 9-144 所示。

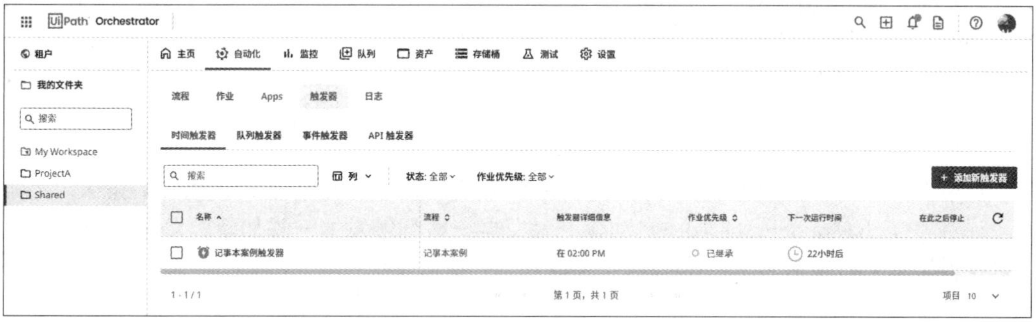

图 9-144　成功添加新的时间触发器

（2）按自定义的非工作日日历。想要机器人在工作日执行作业，而非工作日不执行工作，需要在云 UiPath Orchestrator 上管理非工作日。非工作日是在租户层级进行管理的，通过"Orchestrator→租户→设置→非工作日"进入"非工作日"页面，如图 9-145 所示。

图 9-145　"非工作日"页面

单击"+"按钮添加非工作日日历，可以为同一租户添加多个非工作日日历。在文本框内输入要定义的日历的名称，如"人力部门"，如图 9-145 所示，在日历对话框中选择非工作日。如果要按年来设定非工作日，建议采用"上传 CSV"的方式。

云 UiPath Orchestrator 有固定要求的 CSV 文件格式，可以单击"下载 CSV 示例文件"链接下载示例文件。在本地计算机上参照此格式将本年度所有非工作日的日期填写到 A 列中，格式与示例保持一致，完成后单击"上传 CSV"将编辑好的 CSV 文件上传到云 UiPath Orchestrator 中。

完成后，单击"保存"按钮即可完成自定义的名为"人力部门"的非工作日日历。再次回到"添加时间触发器"页面，现在要使用此非工作日日历来添加新的时间触发器，在"非工作日限制"中选择"人力部门"后，如图 9-146 所示，机器人将在除该非工作日日历中所列日期之外的每天下午 2:00 执行作业。

2. 添加队列触发器

队列触发器也是在文件夹层级进行管理的。队列触发器可以让用户在触发器被创建时或向队列中添加新项目时立即启动流程。同样，以 Shared 文件夹为例，通过"Orchestrator→Shared→自动化→触发器→队列触发器→添加新触发器"进入"创建队列触发器"页面，如图 9-147 所示。

图 9-146　在添加新时间触发器时使用非工作日限制

图 9-147 添加队列触发器

"创建队列触发器"页面中的项及其说明如表 9-12 所示。

表 9-12 "创建队列触发器"页面中的项及其说明

项	说明
名称	设置此队列触发器的名称
流程名称	与此队列触发器关联的流程名称
作业优先级	设置作业执行的优先级
Runtime 类型	设置执行此触发器触发的流程时的 Runtime 类型
执行目标	指定或者不指定用于执行流程的计算机和账户
参数	设置流程的参数值
队列	与该队列触发器关联的队列,也就是目标
触发第一个作业的最小项目数	只有在目标队列中至少有此数量的新项目后,才会启动项目处理作业,延期的队列项目不包含在内。例如,设定为 1,那么只有当队列中在有效期限内(在延期日期和截止日期之间)的新项目数量大于或等于 1 时,才会启动流程开始执行作业
允许同时等待和运行的最大作业数	同一时间状态为"待处理"或者"正在运行"的作业合计数的最大值
为每个项目触发其他作业__新项目	在首次开始作业时最小的项目数量的基础上,每添加指定数量的新项目后就会触发一个新作业
时区	云 UiPath Orchestrator 使用的时区,可以与本地计算机的时区相同,也可以不同
非工作日限制	可以选择已经在云 UiPath Orchestrator 中设定好的非工作日日历

完成设置后,单击页面右下方的"添加"按钮,回到"触发器"页面。新建的"发票处理队列触发器"如图 9-148 所示。

图 9-148 新建"发票处理队列触发器"

3. 管理触发器

创建好触发器后,可以通过"更多操作"按钮(⋮)管理触发器,如图 9-149 所示。

图 9-149 管理"发票处理队列触发器"

9.5 小结

本章首先介绍了云 UiPath Orchestrator 的管理体系,其中涉及不少新概念。组织、租户和文件夹是云 UiPath Orchestrator 的管理层级,其中组织的管理层级最高,文件夹的管理层级最低,不同的层级中管理着不同的资源和功能,例如,许可证和服务在组织层级管理,机器人和计算机等在租户层级管理,资产和队列等在文件夹层级管理。账户、角色和组用来确认用户身份,授予用户在云平台上的管理权限及其范围。许可证授予用户使用云 UiPath Orchestrator 相关功能的权限。

其次介绍了资产。这是在使用云 UiPath Orchestrator 进行开发时经常用到的功能,它可以让不同的自动化项目之间共享变量。例如,财务部门有多个 RPA 机器人,而这些机器人经常访问同一个核心业务系统,就可以在云 UiPath Orchestrator 的资产中设定给机器人使用的账户名和密码,这样财务部门的所有机器人都能获取到登录凭据,就不用在安装机器人的计算机上逐一进行设置了。

接着介绍了包、库与流程。把在 UiPath Studio 中开发的工作流发布至云 UiPath Orchestrator 后,它就变成了包,把包部署到文件夹后,它就变成了可以被执行的流程。在 UiPath Studio 中开发的库也可以发布至云 UiPath Orchestrator,有需要的开发者还可以在 UiPath Studio 中通过"管理包"将库安装到 UiPath Studio 中,使其变成依赖项,这样就可以使用其中包含的活动了。

最后介绍了与执行流程有关的云 UiPath Orchestrator 中的概念与功能,包含用于执行流程的计算机,在启动流程后就产生了作业、用于安排作业执行顺序的队列,以及可以设定作业执行的触发器等。

第 10 章将介绍机器人企业框架,让读者进一步熟悉 UiPath Studio 与云 UiPath Orchestrator 如何一起使用。

第 10 章

机器人企业框架

RPA 流程的开发质量会很大程度影响流程的运行效果,但不同开发者的开发习惯差异较大,尤其是新手入门时,很容易因为流程设计不完善、异常处理不到位等原因影响 RPA 流程的稳定性和运行效率。

为了尽可能统一开发者的开发效果,保证 RPA 流程稳定、高效地运行,UiPath 提供了一套较为成熟、稳健的框架模板,即机器人企业框架(robotic enterprise framework,REF)。它可以覆盖流程开发中的关键功能,通过灵活的配置、健壮的异常处理和适当的日志记录,使流程的开发和维护更便捷、更易于理解。REF 可以作为绝大多数 RPA 流程的起点,更加适用于大规模部署的事务型业务流程。

本章将从实践出发,依次介绍 REF 的各组成部分,以及在不同场景中使用它的方法,以满足开发者的开发需求。

10.1 基础架构

REF 模板内置在 UiPath Studio 中,便于开发者新建和使用。

10.1.1 新建机器人企业框架

打开 UiPath Studio 后,在"开始"界面中单击"从模板新建"下的"机器人企业框架",如图 10-1 所示。

图 10-1 从模板新建机器人企业框架

在弹出的窗口中修改"名称",选择保存"位置"并单击"创建"按钮,即可在指定路径下新建机器人企业框架,如图 10-2 所示。

图 10-2 新建机器人企业框架

完成创建后,即可在指定路径下看到完整的与机器人企业框架相关的本地文件,如图 10-3 所示。

图 10-3 机器人企业框架的本地文件

机器人企业框架的本地文件的主要组成部分及其说明如表 10-1 所示。

表 10-1 机器人企业框架的本地文件的主要组成部分及其说明

主要组成部分	说明
Data 文件夹	用于存储输入、输出与配置文件等项目相关文件
Documentation 文件夹	其中包含英文指导手册,供开发者查阅
Exceptions_Screenshots 文件夹	默认用于存储流程出现系统异常时的截图文件等
Framework 文件夹	用于存储机器人企业框架默认的工作流文件,包含打开应用程序、关闭应用程序等
Tests 文件夹	用于存储机器人企业框架默认的测试文件
Main.xaml 文件	主工作流文件,是机器人企业框架的主框架

10.1.2 机器人企业框架的逻辑架构

双击 Main.xaml 可以看到机器人企业框架的主工作流中包含 Initialization(初始化)、Get

Transaction Data（获取事务数据）、Process Transaction（执行事务）和 End Process（结束事务）4 种模块，如图 10-4 所示，流程将会根据执行情况在各模块之间运行。

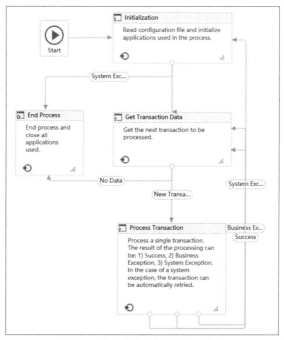

图 10-4 机器人企业框架的主工作流

1. 状态机简介

主工作流使用状态机模式。状态机与序列和流程图同为常用的 UiPath 工作流类型，它能够在遇到不同的情况时进入对应的模块，适用于逻辑判断比较复杂的流程。

在 UiPath Studio 中进行开发时，状态机有两个适用的活动，即"最终状态"和"状态"，可在"活动"面板中的"工作流"下的"状态机"中找到，如图 10-5 所示。

状态机中可以有多个"最终状态"活动，但必须以"最终状态"活动结束。在主工作流中，只有 End Process 状态作为结尾使用"最终状态"活动，其余状态均使用"状态"活动展示。

双击主工作流中的 Initialization 模块，即可看到"状态"活动的主要结构，包含 Entry、Exit 和 Transition(s)这 3 个部分，如图 10-6 所示。"最终状态"活动无须进行后续跳转，仅包含 Entry 部分。

图 10-5 "最终状态"活动与"状态"活动

Entry 部分包含进入该状态后需要执行的活动，例如，在 Initialization 模块中所有与初始化相关的操作均置于 Entry 部分；Exit 部分包含离开该状态时需要执行的活动，可以为空；Transition(s)部分（跳转设置）显示了跳转到其他指定状态的规则与条件，例如，在 Initialization 模块中有两条跳转规则，为 Successful 时跳转到 Get Transaction Data 模块，为 SystemException(failed initialization)时跳转到 End Process 模块，单击跳转规则即可查看跳转的详细规则，如图 10-7 所示。

图 10-6　"状态"活动的主要结构　　　图 10-7　Initialization 模块的 Transition（跳转设置）界面

在跳转设置界面中，Trigger 部分用于为下一个状态添加触发器，可以为空；Condition 部分用于设置状态间跳转的判断条件，只有当条件满足时才会执行该跳转，是必填项；Action 部分用于设置跳转时待执行的操作；"源"和"目标"分别用于设置该跳转的起始状态和结束状态。图 10-7 中展示了当满足"SystemException is Nothing"条件时，即执行从 Initialization 模块跳转到 Get Transaction Data 模块。

2．机器人企业框架各个模块的主要功能

依托于状态机丰富、强大的功能，机器人企业框架的 4 种主要模块的功能相互独立，并可根据情况在各模块间跳转。

（1）Initialization 模块：机器人企业框架主工作流第一个执行的模块，用于读取配置文件并初始化流程中用到的应用程序。如果 Initialization 模块执行成功，会跳转到 Get Transaction Data 模块，否则会跳转到 End Process 模块；如果出现系统异常，会重新执行 Initialization 模块并尝试解决异常问题，即自动关闭该流程使用的所有应用程序并重新执行初始化操作。

（2）Get Transaction Data 模块：用于获取下一个待处理的事务。如果成功获取到下一个待处理的事务，会跳转到 Process Transaction 模块；如果没有待处理的事务或执行出现异常，会跳转到 End Process 模块。

（3）Process Transaction 模块：用于处理单个事务，执行结果分为 Success（成功）、BusinessException（业务异常）和 SystemException（系统异常）。如果执行成功，会跳转到 Get Transaction Data 模块尝试获取新事务；如果出现业务异常，会跳过该业务的处理，并跳转到 Get Transaction Data 模块尝试获取新事务；如果出现系统异常，会自动重新执行本模块。

（4）End Process 模块：完成流程收尾工作并关闭该流程使用的所有应用程序，是整个机器人企业框架的最后一个模块。

3. 流程调用情况

在复杂的项目中，常常会根据项目功能和需求将流程拆分为多个子流程，拆分的原因与规则参见 5.2.1 节。不同的子流程间通过互相调用实现功能连通与交互，本节将介绍流程调用和机器人企业框架的工作流调用。

先来介绍一下流程调用。调用流程时需要使用调用工作流文件活动，指定待调用的工作流路径，即可自动实现调用功能。机器人企业框架中调用 InitAllSettings 工作流的示例如图 10-8 所示。

调用与被调用的流程通过参数进行信息传递，如传递配置信息等。在被调用的子流程（如 InitAllSettings 工作流）中配置参数，包含名称、方向、参数类型等，如图 10-9 所示。"名称"需按照命名规范增加指明参数方向的前缀，如"in_"前缀表示输入参数，"out_"前缀表示输出参数，"io_"前缀表示输入/输出参数。"方向"表示参数的传递方向，若为"输入"表示信息从母流程传入子流程，若为"输出"表示信息从子流程传出至母流程，若为"输入/输出"表示可实现信息的双向传递。

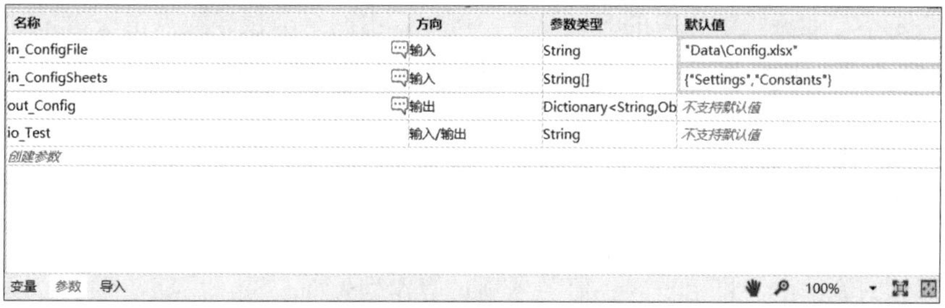

图 10-8　调用 InitAllSettings 工作流的示例

图 10-9　子工作流的参数配置

完成子工作流的参数配置后，在母流程中单击调用活动的"导入参数"按钮即可看到子流程的参数配置情况，如图 10-10 所示。此时，在"值"中配置指定信息即可为输入参数提供默认值，在"值"中配置变量即可实现母流程变量与子流程参数的信息传递。

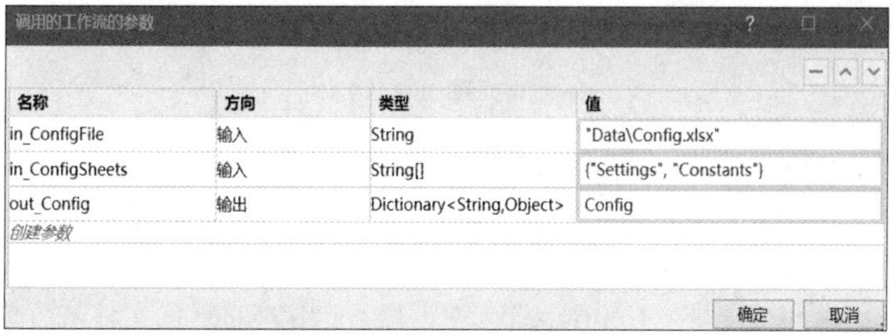

图 10-10　被调用的子流程的参数配置

因为参数传递涉及母流程和子流程，所以如果发生变动，一定记得在两个工作流中同步调整。

接下来介绍一下机器人企业框架的工作流调用情况。机器人企业框架中包含多个功能独立的子工作流，如关闭应用程序的子工作流、初始化设置的子工作流等，在各个模块中根据需要进行调用，具体调用情况如表 10-2 所示，这些工作流的功能将在 10.3 节～10.6 节中详细介绍。

表 10-2　机器人企业框架中各个模块的工作流调用情况

模块	调用的工作流
Initialization	InitAllSettings.xaml、KillAllProcesses.xaml、InitAllApplications.xaml
Get Transaction Data	GetTransactionData.xaml
Process Transaction	Process.xaml、SetTransactionStatus.xaml、RetryCurrentTransaction.xaml、TakeScreenshot.xaml、CloseAllApplications.xaml、KillAllProcesses.xaml
End Process	CloseAllApplications.xaml、KillAllProcesses.xaml

4. 业务异常与系统异常

机器人流程常常会遇到各种不可控的情况，影响机器人的正常运行，这些异常情况主要分为业务异常与系统异常（见 8.1.1 节）。

业务异常是指与业务规则相关的流程错误，例如，在需要处理邮件附件时遇到无附件的邮件，该流程无法获取到待处理的文件进而执行后续操作，通过重试也无法解决问题，需要人为干预来解决，如手动为邮件上传附件。开发者在设计流程时需事先考虑到此类异常情况，并通过添加触发活动抛出 BusinessRuleExceptions 异常来标识。

系统异常是指与业务规则无关的流程错误，例如，由网络卡顿导致点击操作超时等问题，此类异常主要由暂时性的问题导致，无须人为干预即有可能通过重试解决。

10.2　配置文件配置

为了使后期调整配置信息时更加方便和快捷，最好将配置信息与流程本身拆分开来。例如，在一个收发邮件的流程中，将用户名、服务器地址等作为外部配置，后期使用中若发生用户名修改等情况直接调整配置文件，无须修改代码即可完成更新，更加便于维护且能避免修改代码造成的潜在问题。配置文件常常通过这种方式被用来定义整个项目都需要使用的信息，可以避免在流程中进行硬编码。

> **计算机知识小讲堂：什么是硬编码**
>
> 硬编码（hardcode）是将变量用一个固定数值表示，写在代码中，这种方式会导致变量难以修改和维护。建议尽量避免在流程中进行硬编码，以确保流程的灵活性。

机器人企业框架中提供了可自定义配置项目参数的配置文件，即 Data 文件夹下的 Config.xlsx。在该文件中配置的参数将在机器人企业框架中转换为字典类型的变量 Config，并作为参数在机器人企业框架的各个工作流文件中传递和使用。

为了更好地被使用和被理解，Config.xlsx 这个 Excel 格式的配置文件被分成 3 个工作表，分别为 Settings（设置）、Constants（常数）和 Assets（资产）。Settings 工作表中主要配置整个流程均需使用的信息，尤其是与运行环境相关的配置，如队列名称、文件夹路径或者网页 URL 地址等；Constants 工作表中配置在整个流程中均保持不变的常量信息，如需要录入系统的部门名称或银行名称等；Assets 工作表定义了在云 UiPath Orchestrator 中配置的资产信息。

因为配置文件没有被加密，为确保信息安全，它不能直接用来存储密码等凭据，建议使用更加安全的 Windows 凭据管理器等来保存敏感信息（见 7.2.3 节）。

10.2.1 Settings 工作表的配置

在 Config.xlsx 文件的 Settings 工作表中默认配置了 3 项内容。如果该流程从云 UiPath Orchestrator 上的队列中获取事务，OrchestratorQueueName 用于配置云 UiPath Orchestrator 上的队列名称，OrchestratorQueueFolder 用于配置云 UiPath Orchestrator 上的队列所在的文件夹（如果云 UiPath Orchestrator 上的队列与待执行的流程没有配置在一个云 UiPath Orchestrator 文件夹内），logF_BusinessProcessName 用于设置日志中记录的流程名称，可根据需要设置为便于识别的名称。

工作表中的配置信息将在初始化阶段被机器人企业框架转换成字典类型的变量 Config，每行为 Config 变量的一组键和值，其中 Name 列被读成键，Value 列被读成对应的值，Description 列用于解释该行的详细情况，但是没有被存储在 Config 变量中。例如，当流程中需要配置 UiPath 的官网地址为 www.uipath.com，即可在 Settings 工作表中新增一行信息，Name 列为 "URL"，Value 列为 "www.uipath.com"，Description 列为 "UiPath 官网地址"，如图 10-11 所示。

图 10-11　新增配置信息

在机器人的后续运行过程中，该信息被存储在字典类型的变量 Config 中，开发者可以通过 Config("URL")来获取 UiPath 官网地址。

10.2.2 Constants 工作表的配置

Constants 工作表中定义了 12 个默认常数配置项，如图 10-12 所示。

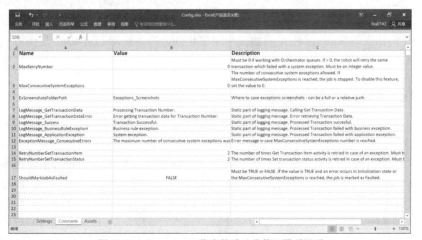

图 10-12　Constants 工作表的默认常数配置项界面

Constants 工作表的默认常数配置项及其含义与备注如表 10-3 所示，其中 MaxRetryNumber、MaxConsecutiveSystemExceptions 和 ShouldMarkJobAsFaulted 是经常需要调整的配置项，其他配置项一般情况下无须调整。

表 10-3 Constants 工作表的默认常数配置项及其含义与备注

默认常数配置项	含义	备注
MaxRetryNumber	系统异常导致执行失败时的最大重试次数	默认值为 0，若通过本地获取事务，需要指定重试次数
MaxConsecutiveSystemExceptions	系统异常连续发生时的最大重试次数，一旦达到该数值，机器人将停止运行	默认值为 0，表示没有启用该限制
ExScreenshotsFolderPath	异常情况截图的保存路径，可以是绝对路径或相对路径	默认保存在机器人企业框架文件的 Exceptions_Screenshots 文件夹中
LogMessage_GetTransactionData	在获取事务信息时的固定日志消息	默认值为 "Processing Transaction Number:"
LogMessage_GetTransactionDataError	在获取事务信息失败时的固定日志消息	默认值为 "Error getting transaction data for Transaction Number:"
LogMessage_Success	在事务执行成功时的固定日志消息	默认值为 "Transaction Successful."
LogMessage_BusinessRuleException	业务异常导致事务执行失败时的固定日志消息	默认值为 "Business rule exception."
LogMessage_ApplicationException	系统异常导致事务执行失败时的固定日志消息	默认值为 "System exception."
ExceptionMessage_ConsecutiveErrors	达到 MaxConsecutiveSystemExceptions 设置的最大执行次数时的日志报错消息	默认值为 "The maximum number of consecutive system exceptions was reached."
RetryNumberGetTransactionItem	在"获取事务项目"活动遇到异常时的重试次数	默认值为 2，需为大于或等于 1 的整数
RetryNumberGetTransactionStatus	在"设置事务状态"活动遇到异常时的重试次数	默认值为 2，需为大于或等于 1 的整数
ShouldMarkJobAsFaulted	发生机器人企业框架处理的异常情况时，是否将该流程标记为 Failed	默认值为 FALSE，表示流程中的所有异常均被框架自动处理，并且流程状态被标记为 Successful；若设置为 TRUE，当初始化状态出现问题或达到 MaxConsecutiveSystemExceptions 设置的系统异常连续最大次数时，流程将会被标记为 Failed

Constants 工作表与 Settings 工作表的使用原理相同，若需新增 Constants 工作表的配置项，可参考 10.2.1 节的相关内容。

10.2.3 Assets 工作表的配置

Assets 工作表的功能与其他两个工作表的区别较大，它用于读取在云 UiPath Orchestrator（简称 OC）中配置的资产信息，默认为空。

工作表中的每行配置信息将被转换成字典类型的变量 Config 的一组键和值，其中 Name 列被读成键，根据 Asset 列的信息从 OC 获取的资产信息为对应的值，OrchestratorAssetFolder 列为资产所在的 OC 文件夹（可为空），Description(Assets will always overwrite other config)列用于解释该行的详细情况，但是没有被存储在 Config 变量中。

例如，在 Assets 工作表中新增一条记录，Name 列为"国家/地区"，Asset 列为"国家/地区名称", Description(Assets will always overwrite other config)列为"读取 OC 资产中的国家/地区名称",如图 10-13 所示。

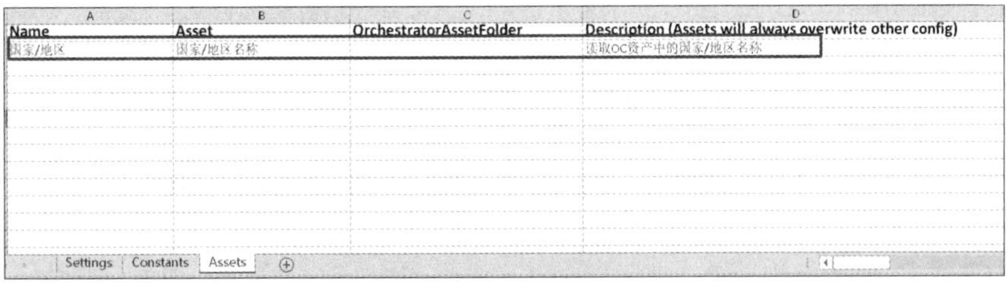

图 10-13　Assets 工作表的配置界面

在 OC 中将"名称"设置为"国家/地区名称",将"值"设置为"中国",如图 10-14 所示。

图 10-14　在 OC 中配置的资产

在初始化过程中,机器人将根据表中 Asset 列的"国家/地区名称"在 OC 资产中找到对应的值"中国",并将该信息存储在字典类型的变量 Config 中,开发者以 Name 列的信息作为关键词即可获取,即以 Config("国家/地区")来获取配置在 OC 资产中的国家/地区信息。

上述案例为了展示逻辑关系,将 Name 列(国家/地区)与 Asset 列(国家/地区名称)设置为不同的值,但在实际开发过程中,两者常常设置为同样的值,这会使开发和运维过程更加简洁、易懂,避免混淆和出错。

在机器人运行过程中,如果未在 OC 资产中找到在 Assets 工作表中配置的资产名称,将会自动抛出异常并中断流程,因此请确保表格中的配置信息与 OC 资产一一对应。

10.3　Initialization 模块

在 Initialization 模块中,机器人企业框架读取配置文件,并启动流程中需使用的应用程序,为后续事务处理流程做好初始化的准备。机器人依次通过调用 InitAllSettings 工作流完成配置文件的读取,调用 KillAllProcesses 工作流完成相关应用程序的清理,调用 InitAllApplications 工作流启动指定应用程序。

10.3.1　InitAllSettings 工作流

InitAllSettings 工作流读取机器人企业框架默认的配置文件 Config.xlsx(见 10.2 节),从 Settings 工作表和 Constants 工作表中直接读取配置信息,从 OC 中获取 Assets 工作表配置的对应资产,并将获取的信息输出为字典类型的变量 Config,完成整个流程均需使用的配置信息的初始化工作。

在初始化过程中，如果配置文件中的 Assets 工作表的信息与 Settings 工作表和 Constants 工作表的信息重名，将以从 Assets 工作表中获取的信息为准。

如果运行 InitAllSettings 工作流时出现异常，如无法找到配置文件等，会被"Try Catch 异常处理"活动捕获并传递至 End Process 模块，流程结束。

InitAllSettings 工作流使用了 3 个参数，这些参数及其介绍与默认值如表 10-4 所示。

表 10-4　InitAllSettings 工作流的参数及其介绍与默认值

参数	介绍	默认值
in_ConfigFile	配置文件的存储路径	Data\Config.xlsx
in_ConfigSheets	配置文件中 Settings 工作表和 Constants 工作表的工作表名	{"Settings","Constants"}
out_Config	保存配置信息的字典类型的变量（包含 Settings 工作表、Constants 工作表和 Assets 工作表的信息）	无

10.3.2　KillAllProcesses 工作流

完成配置信息的初始化后，需要进行系统环境清理操作，确保主流程启动前不会受到系统环境的影响。

默认工作流文件中未包含清理操作，开发者可使用"终止进程"活动来强制结束 Windows 进程，进而关闭流程相关的应用程序（见 6.3.4 节）。注意，强制关闭进程可能造成无法预料的结果，如丢失未保存的文件更新等，在使用时需充分考虑相关情况。

强制关闭进程不是唯一的系统环境清理方式，开发者需要根据业务流程的需求选择合适的方式跳转到初始化界面，便于后续流程运行。

10.3.3　InitAllApplications 工作流

在完成系统环境清理后，InitAllApplications 工作流可用来启动与业务流程相关的应用程序。

默认工作流文件中未包含启动操作，开发者可使用"打开应用程序"（见 6.3.1 节）和"打开浏览器"（见 6.1.2 节）等活动实现，也可以调用其他工作流文件来执行登录或认证操作。

在 InitAllApplications 工作流中仅传入字典类型的变量 Config，便于使用配置文件中的相关信息完成应用程序初始化，如获取待打开的 URL 网页地址或 Web 应用程序。

10.4　Get Transaction Data 模块

在完成初始化操作之后，就进入正式的业务处理。虽然业务流程有很多种逻辑，但是通常可以在处理数据时根据重复执行的操作划分成事务模块，一个事务代表一系列可以独立且重复执行的流程操作。例如，处理一批文件时，单个文件的处理可作为一个事务；处理一个表格时，处理一行数据也可作为一个事务。

Get Transaction Data 模块中主要调用 GetTransactionData 工作流来实现事务的获取，从指定来源（如 OC 上的队列、电子表格、数据库、邮箱或者 API 等）获取待处理的事务信息。

Get Transaction Data 模块的默认配置支持从 OC 上的队列中获取事务，第一个活动就是从 OC

上的队列中获取新增事务。当仅有一个事务（如业务流程）为线性流程时或者未使用 OC 上的队列时，需要替换掉机器人企业框架中默认的"获取事务项目"活动来匹配对应的业务逻辑，详细操作方法会在 10.7.2 节和 10.7.3 节中介绍。

GetTransactionData 工作流默认配置了 7 个参数，用于事务信息传递与日志记录，这些参数及其介绍与默认值如表 10-5 所示。

表 10-5　GetTransactionData 工作流的参数及其介绍与默认值

参数	介绍	默认值
in_TransactionNumber	执行事务的序列号	本地默认初始值为 1，随事务执行情况变化
in_Config	保存配置信息的字典类型的变量（包含 Settings 工作表、Constants 工作表和 Assets 工作表的信息）	无
out_TransactionItem	待处理的事务，参数类型为 QueueItem，可以根据需要设置为 DataRow 等类型	无
out_TransactionField1	用于日志记录的事务相关信息（非必填）	无
out_TransactionField2	用于日志记录的事务相关信息（非必填）	无
out_TransactionID	用于日志记录的唯一事务编号，参数类型为 Int32	无
io_dt_TransactionData	存储事务的数据表（若事务从电子表格中获取），参数类型为 DataTable	无

开发者可以根据需要自定义日志记录内容，以获取更多事务相关的信息。例如，当事务为处理发票时，将参数 out_TransactionID 设置为发票号码，将参数 out_TransactionField1 设置为发票日期，将参数 out_TransactionField2 设置为发票金额，通过工作流中默认的日志记录操作，可以保存更多与事务处理相关的自定义信息，便于后期确认与维护。

10.5　Process Transaction 模块

通过 Get Transaction Data 模块获取事务后，接下来就由 Process Transaction 模块执行单个事务的处理。

在 Process Transaction 模块中，调用 Process 工作流来执行事务处理；调用 SetTransactionStatus 工作流记录事务的执行结果，分为 Success、BusinessException 和 SystemException 这 3 个结果，若为 SystemException，还会调用 TakeScreenshot 工作流对异常情况进行截图，调用 RetryCurrentTransaction 工作流进行重试操作，调用 CloseAllApplications 工作流清理系统环境。

10.5.1　Process 工作流

在相对复杂的自动化项目中，业务流程需要按照逻辑规则拆分为子工作流，并通过互相调用来实现业务流程（见 5.2.1 节）。

Process 工作流作为流程的主干，用于展示业务流程的业务逻辑和主要步骤，往往通过调用多个子工作流来实现，需要由开发者根据业务需求进行开发。

Process 工作流使用的参数主要为 in_TransactionItem，即 Get Transaction Data 模块传递的待处理事务，默认参数类型为 QueueItem（从 OC 上的队列中获取的事务类型），开发者可根据实际情况将类型修改为 DataRow、String 或 MailMessage 等。

如果 Process 工作流在执行过程中出现了业务异常，当前事务会被跳过；如果发生了其他类型的异常，当前事务会根据重试的相关配置重新执行。

10.5.2　SetTransactionStatus 工作流

在一个事务执行结束后，机器人企业框架将根据该事务的执行结果分别进行处理。执行结果分为 Success、BusinessException 和 SystemException 这 3 种。

Success 代表事务执行过程顺利完成，未出现任何已知或未知的异常情况。在这种情况下，机器人企业框架将自动设置事务状态为 Success，并在日志中记录 Success 结果。

BusinessException 代表出现了 BusinessRuleException 类型的异常，即在事务执行过程中遇到了非常规的业务情况，应避免继续执行该事务。例如，当业务流程需要处理邮件的附件时，如果邮件中不存在附件即会被认为出现了业务异常。在这种情况下，该事务不应再做重试操作，因为只有解决了引起异常的问题才能避免该异常再次出现。在这种情况下，机器人企业框架将事务状态设置为 Business Exception，并在日志中记录异常情况。

SystemException 代表出现了 BusinessRuleException 类型以外的异常，往往是由操作的应用程序故障（如系统卡顿、网页崩溃等）导致的。上述问题可能在关闭并重启应用程序后通过重试操作解决，重启应用程序后若系统卡顿、网页崩溃等环境问题解决了，即可正常执行事务操作。在这种情况下，机器人企业框架将事务状态设置为 System Exception，通过日志记录异常情况，并调用 TakeScreenshot 工作流对异常情况进行截图，便于后期追溯问题（见 10.5.3 节），调用 RetryCurrentTransaction 工作流判断是否进行重试（见 10.5.4 节），调用 CloseAllApplications 工作流关闭相关应用程序以便重试（见 10.5.5 节）。

SetTransactionStatus 工作流默认配置了 10 个参数，用于异常情况传递与日志记录，这些参数及其介绍与默认值如表 10-6 所示。

表 10-6　SetTransactionStatus 工作流的参数及其介绍与默认值

参数	介绍	默认值
in_Config	保存配置信息的字典类型的变量（包含 Settings 工作表、Constants 工作表和 Assets 工作表的信息）	无
in_SystemException	事务执行过程中传出的系统异常，参数类型为 Exception	无
in_BusinessException	事务执行过程中传出的业务异常，参数类型为 Exception	无
in_TransactionItem	待处理的事务，参数类型为 QueueItem，可以根据需要设置为 DataRow 等类型	无
io_RetryNumber	出现系统异常时机器人企业框架重新执行事务的次数，参数类型为 Int32	本地默认初始值为 0，随重试情况变化
io_TransactionNumber	执行事务序列号	本地默认初始值为 1，随事务执行情况变化
in_TransactionField1	用于日志记录的事务相关信息（非必填）	无
in_TransactionField2	用于日志记录的事务相关信息（非必填）	无
in_TransactionID	用于日志记录的唯一事务编号，参数类型为 Int32	无
io_ConsecutiveSystemExceptions	连续出现系统异常时机器人企业框架的重试次数，参数类型为 Int32	本地默认初始值为 0，随重试情况变化

如果事务来自 OC 上的队列，"设置事务状态"活动就可以自动将执行状态更新至 OC 中，同时重试机制也由 OC 控制。如果事务并非来自 OC 上的队列，开发者可自行指定执行状态的记录方式，若记录在数据表的指定列中，重试机制依赖于机器人企业框架本身和配置文件中的重试次数（见 10.7.2 节）。

在 SetTransactionStatus 工作流的最后，用于记录执行事务序列号的参数 io_TransactionNumber 会自动增加，使框架可以获取下一个待处理的事务。

10.5.3　TakeScreenshot 工作流

根据机器人企业框架的设计，当事务执行中遇到异常时会默认调用 TakeScreenshot 工作流。

TakeScreenshot 工作流能够对整个屏幕截图，并以 PNG 格式保存在参数 in_Folder 指定的文件夹下。

TakeScreenshot 工作流默认配置了两个参数，用于传递截图文件的配置情况，这些参数及其介绍与默认值如表 10-7 所示。

表 10-7　TakeScreenshot 工作流的参数及其介绍与默认值

参数	介绍	默认值
in_Folder	保存截图文件的文件夹路径	无
io_FilePath	截图文件的路径和名称，可选项	无

调试代码时往往会发生很多不可预料的问题，在没有人工实时监控机器人的运行情况时，截图功能可以记录异常发生时的界面情况，提供问题线索，便于后期追溯排查问题。

10.5.4　RetryCurrentTransaction 工作流

RetryCurrentTransaction 工作流用于管理机器人企业框架的重试机制。当遇到系统异常时会在 SetTransactionStatus 工作流中调用 RetryCurrentTransaction 工作流。

RetryCurrentTransaction 工作流默认配置了 5 个参数，用于记录事务的重试情况，这些参数及其介绍与默认值如表 10-8 所示。

表 10-8　RetryCurrentTransaction 工作流的参数及其介绍与默认值

参数	介绍	默认值
in_Config	保存配置信息的字典类型的变量（包含 Settings 工作表、Constants 工作表和 Assets 工作表的信息）	无
io_RetryNumber	出现系统异常时机器人企业框架重新执行事务的次数，参数类型为 Int32	本地默认初始值为 0，随重试情况变化
io_TransactionNumber	执行事务序列号	本地默认初始值为 1，随事务执行情况变化
in_SystemException	事务执行过程中传出的系统异常，参数类型为 Exception	无
in_QueryRetry	指明重试机制是否由 OC 上的队列管理，参数类型为 Boolean	无默认值，即不由 OC 上的队列管理重试机制

RetryCurrentTransaction 工作流的重试机制基于配置文件中的重试相关配置。在 10.2.2 节中介

绍过 MaxRetryNumber 常数的配置，如果该常数为 0，则重试机制将由 OC 控制；如果该常数大于 0，则重试机制由机器人企业框架控制。

只有当事务的重试次数（io_RetryNumber）未达到最大重试次数（MaxRetryNumber），且重试机制由机器人企业框架控制（MaxRetryNumber 大于 0 且 in_QueryRetry 的布尔值为 False）时，机器人企业框架才会通过重新执行该事务来尝试解决系统异常的问题，否则将默认跳过该事务执行下一个待处理的事务。

RetryCurrentTransaction 工作流的重试规则可以满足大多数业务流程的需要，开发者一般不需做任何调整。

10.5.5　CloseAllApplications 工作流

在出现系统异常或已执行完所有事务时，需要关闭使用的应用程序来完成收尾清理工作。

与 InitAllApplications 工作流类似，默认工作流文件中未包含关闭操作，开发者可使用类似"关闭应用程序"和"终止进程"等活动（见 6.3.4 节）实现，也可以调用其他工作流文件来执行退出系统等较为复杂的清理操作。

CloseAllApplications 工作流与 KillAllProcesses 工作流的功能均为关闭程序，它们的区别在于，KillAllProcesses 工作流用于事务执行之前的系统环境清理，CloseAllApplications 工作流用于事务结束之后的系统环境清理，往往还涉及系统退出等合规性操作，两者应用场景不同，需要关闭的应用程序也因需求而异，开发者应避免混淆。

10.6　End Process 模块

在初始化异常或没有待处理事务时，机器人企业框架将会进入 End Process 模块，主要调用 CloseAllApplications 工作流来关闭使用的所有应用程序，完成收尾清理工作（见 10.5.5 节）。

10.7　使用方式

为了保证机器人流程的稳定执行，机器人企业框架中设计了较为复杂的功能。开发者并不需要对每一部分都了如指掌，只需要知道如何使用、如何根据需要调整对应的设置即可。

使用方式主要分为通过 OC 上的队列获取事务、通过本地获取事务和线性事务处理。

10.7.1　通过 OC 上的队列获取事务

机器人企业框架默认支持通过 OC 上的队列获取事务。这种方式只需要进行相对较少的必要调整即可自动根据配置文件中的信息，从 OC 上的队列获取事务并更新结果至 OC 中。

以发票录入场景为例，机器人需要从 OC 上的队列中获取发票号码、发票代码等信息，并依次录入系统。假设 OC 中已存在"发票录入"队列，如图 10-15 所示。

1. 调整配置文件

首先根据业务需要分别在 Settings 工作表、Constants 工作表和 Assets 工作表中增加所需的配置信息，配置方式见 10.2 节。在本例中需要在 Settings 工作表中增加 URL 配置项，并设置为 www.fapiaoluru.com。

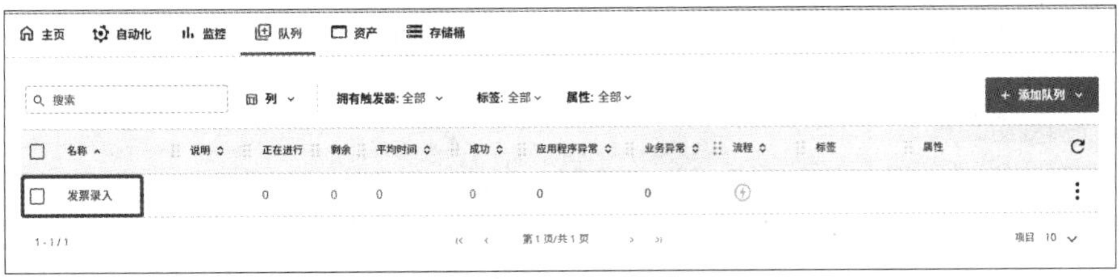

图 10-15 “队列”中的“发票录入”队列

在 Settings 工作表中修改 logF_BusinessProcessName 配置项为流程名称“发票录入流程”，因为它将通过机器人企业框架记录在日志中，采用熟悉的流程名称更方便后期查阅。修改 OrchestratorQueueName 配置项为 OC 上的队列的名称，即“发票录入”。如果 OC 上的队列与待执行的流程没有配置在一个 OC 文件夹内，需要在 OrchestratorQueueFolder 配置项中指定队列所在的文件夹名称，本案例中无须调整。配置后的配置文件中的 Settings 工作表如图 10-16 所示。

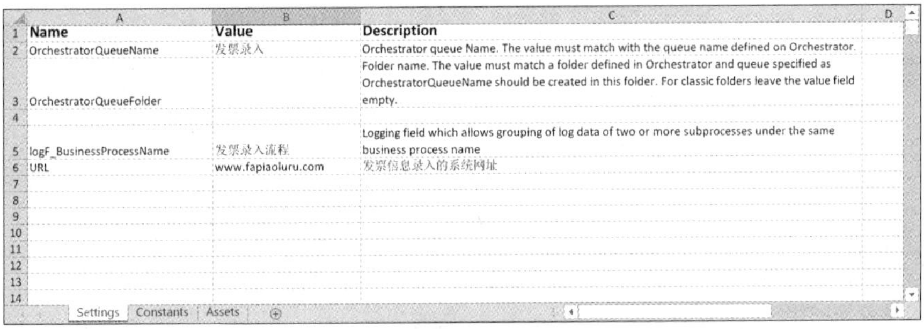

	A	B	C	D
1	Name	Value	Description	
2	OrchestratorQueueName	发票录入	Orchestrator queue Name. The value must match with the queue name defined on Orchestrator.	
3	OrchestratorQueueFolder		Folder name. The value must match a folder defined in Orchestrator and queue specified as OrchestratorQueueName should be created in this folder. For classic folders leave the value field empty.	
4				
5	logF_BusinessProcessName	发票录入流程	Logging field which allows grouping of log data of two or more subprocesses under the same business process name	
6	URL	www.fapiaoluru.com	发票信息录入的系统网址	
7				
8				
9				
10				
11				
12				
13				
14				

Settings | Constants | Assets

图 10-16 配置后的配置文件中的 Settings 工作表

Constants 工作表一般无须调整，调整频率较高的配置项 MaxConsecutiveSystemExceptions 和 ShouldMarkJobAsFaulted 可根据需要修改，详见 10.2.2 节，本案例中不做调整。

2. 流程开发

在 InitAllApplications 工作流中增加启动操作，如打开系统；在 KillAllProcesses 工作流和 CloseAllApplications 工作流中增加关闭清理操作，如关闭系统；在 Process 工作流中开发发票的录入操作，如输入信息、单击等。

完成流程开发后即可测试机器人企业框架的使用效果。

10.7.2 通过本地获取事务

针对不使用 OC 上的队列的情况，仍以发票录入为例，发票信息的源数据存储在本地 Excel 工作簿中，如图 10-17 所示。作为输入文件的源数据，可以保存在机器人企业框架中的 Data 文件夹下的 Input 文件夹中，便于查询和管理。

在这种情况下，所有待处理的信息都需要被读到数据表类型的变量中做后续处理。表格中每行包含一张发票的信息，即一个待处理的事务，因此用于传递 TransactionItem 的变量和参数类型均需要被设置为 DataRow。

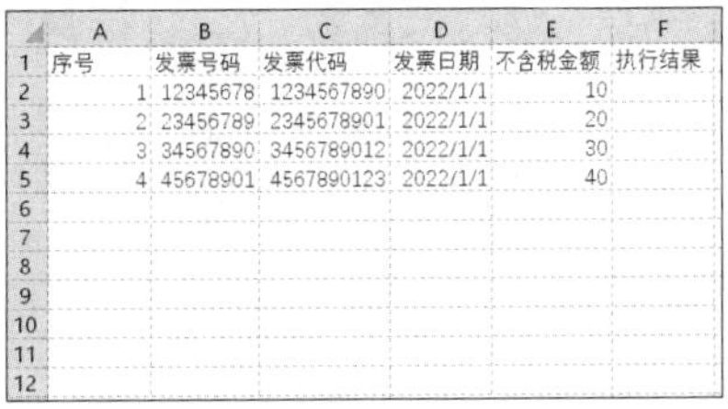

	A	B	C	D	E	F
1	序号	发票号码	发票代码	发票日期	不含税金额	执行结果
2	1	12345678	1234567890	2022/1/1	10	
3	2	23456789	2345678901	2022/1/1	20	
4	3	34567890	3456789012	2022/1/1	30	
5	4	45678901	4567890123	2022/1/1	40	
6						
7						
8						
9						
10						
11						
12						

图 10-17 源数据存储在本地 Excel 工作簿中的示例

在其他本地事务应用场景中，TransactionItem 的类型可以根据需要设置为 MailMessage 或 String 等。

1. 调整配置文件

与 OC 事务类似，首先根据业务需要分别在 Settings 工作表、Constants 工作表和 Assets 工作表中增加所需的配置信息，配置方式见 10.2 节。在本案例中需要在 Settings 工作表中增加 URL 配置项为 www.fapiaoluru.com，并增加待处理表格的绝对路径或相对路径，如"Data\Input\发票数据.xlsx"。

在 Settings 工作表中修改 logF_BusinessProcessName 配置项为流程名称"发票录入流程"。因为未使用 OC 上的队列，所以 OrchestratorQueueName 和 OrchestratorQueueFolder 两条记录无须使用，可以删掉。配置后的 Settings 工作表如图 10-18 所示。

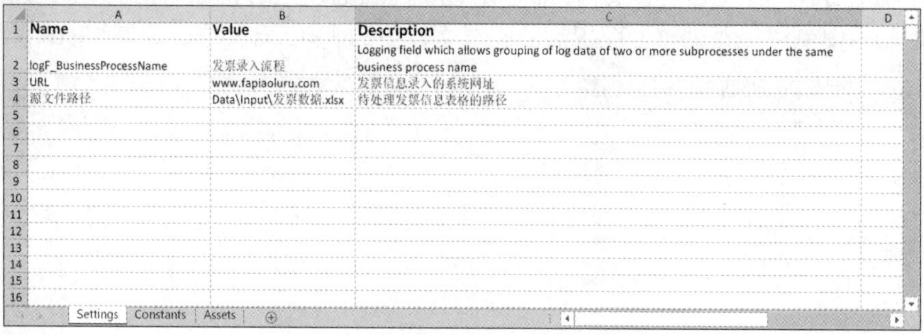

图 10-18 配置后的 Settings 工作表

在 Constants 工作表中，将 MaxRetryNumber 配置项修改为大于 0 的整数，表示在机器人遇到系统异常时重试的最大次数。其他常用的配置项 MaxConsecutiveSystemExceptions 和 ShouldMarkJobAsFaulted 可根据需要修改，详见 10.2.2 节。

2. 调整 GetTransactionData 工作流配置

GetTransactionData 工作流默认处理通过 OC 上的队列获取事务的情况，针对通过本地获取事务的情况，需调整相关配置，具体操作步骤如下。

（1）修改 out_TransactionItem 的参数类型。首先修改 out_TransactionItem 的参数类型为 DataRow。在"参数"面板选中 out_TransactionItem，单击"参数类型"的下拉按钮，若默认类型中没有 DataRow，可单击"浏览类型..."，如图 10-19 所示。

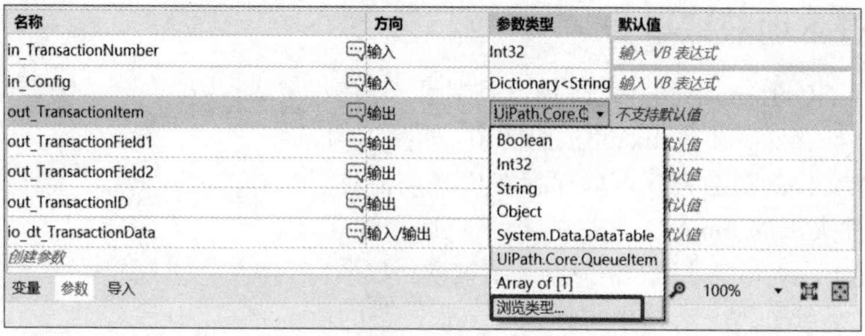

图 10-19 修改 out_TransactionItem 的参数类型

在弹出的对话框中的"类型名称"中输入"datarow"，UiPath 便会自动搜索出相关类型，选择 System.Data 下的 DataRow，单击"确定"按钮，即可完成对参数类型的修改，如图 10-20 所示。

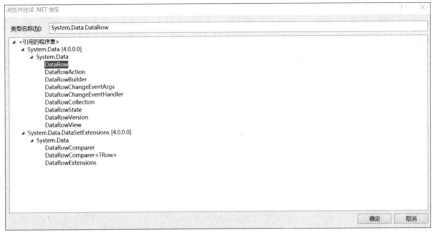

图 10-20　选择 DataRow

（2）删除"获取事务项目"活动。在调整完 out_TransactionItem 的参数类型后，用于从 OC 中获取事务项目的"Retry Get transaction item"部分的代码便会提示报错，因为无须从 OC 上的队列中获取事务，所以"Retry Get transaction item"部分的代码可以直接删除，待删除的活动如图 10-21 所示。

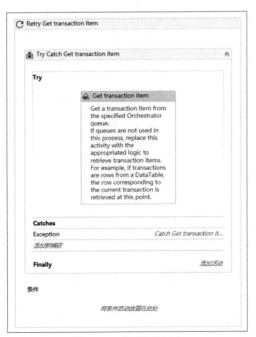

图 10-21　待删除的活动

（3）新增从本地获取的事务。本地事务（待处理的发票数据）存储在 Excel 工作簿中，需要将 Excel 工作簿内的信息读取到 io_dt_TransactionData 参数中，以供后续使用。为避免重复读取原始 Excel 工作簿，仅需在第一次获取事务时执行读取操作。

在第 2 步删除活动的位置添加"IF 条件"活动，设置"条件"为 io_dt_TransactionData is Nothing，表示判断数据源是否未被读取过，即是否为第一次获取事务。如未读取过，则添加"读取范围"活动，读取路径来自配置文件，即 "in_Config("源文件路径").ToString"，并设置输出"数据表"为 io_dt_TransactionData，如图 10-22 所示。

图 10-22　新增读取数据表操作

（4）获取待处理事务。将 Excel 工作簿中的信息读取至 io_dt_TransactionData 数据表后，需要将每行提取为一个事务，供后期处理。In_TransactionNumber 作为执行事务序列号，可以用来定位待处理的数据行数。

在第 3 步配置活动后新增"IF 条件"活动，将"条件"设置为 io_dt_TransactionData.Rows.Count>=in_TransactionNumber，表示判断表格中是否存在待处理的行（事务）。如果存在，则在 Then 序列中添加"分配"活动，将待处理的下一行数据赋值给事务项目参数，即 out_TransactionItem=io_dt_TransactionData.Rows(in_TransactionNumber-1)；如果不存在，则在 Else 序列中添加"分配-事务为空"活动，给事务项目参数赋空值避免继续处理，即 out_TransactionItem=Nothing，机器人企业框架将会自动跳转至 End Process 模块，如图 10-23 所示。

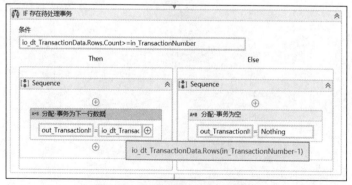

图 10-23　新增获取待处理事务操作

（5）调整日志记录信息（非必选）。在工作流的最后，默认通过日志记录获取事务的相关信息，开发者可根据需要增加重要字段，便于后期根据日志追溯、复查。注意，不要添加敏感信息以保护数据安全。

例如，将 out_TransactionField1 用于记录发票号码，条件设置为 out_TransactionItem("发票号码").ToString，如图 10-24 所示。在后续进程中，通过机器人企业框架默认的"添加日志字段"活动，会将配置的事务相关信息自动记录在日志中。

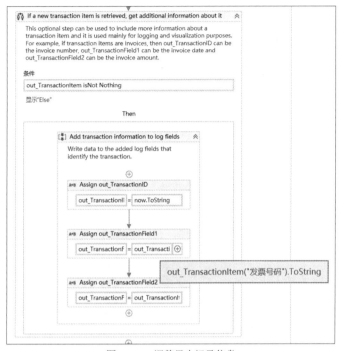

图 10-24　调整日志记录信息

3. 调整 Process 工作流配置

调整 Process 工作流中的参数配置，调整 in_TransactionItem 的参数类型为 DataRow（调整方式参见 10.7.2 节）。

4. 调整 SetTransactionStatus 工作流配置

事务处理结果是需要记录的重要信息，本地事务无法通过 OC 上的队列自动记录，可以将执行结果记录在源文件表格中的 F 列，即"执行结果"列，如图 10-17 所示。

（1）调整 out_TransactionItem 的参数类型为 DataRow（调整方式参见 10.7.2 节）。

（2）调整 Success 状态配置。因为未使用 OC 上的队列功能，所以需要删除标题为"If TransactionItem is a QueueItem (Success)"的"IF 条件"活动，如图 10-25 所示。

在删除活动的位置添加"写入单元格"活动，"属性"面板中将"显示名称"改为"写入单元格-成功"，并在源文件表格中记录事务的执行结果。在 Excel 工作簿路径中写入从配置文件获取的源文件路径"in_Config("源文件路径").ToString"；在文本框中输入""执行成功""；单元格位置可通过"列数+事务序列号"定位，即""F"+(io_TransactionNumber+1).ToString"，其中"F"代表源文件记录执行结果的列（非固定值，随源文件格式而变），"io_TransactionNumber +1"表示跳过表头对应的数据行数，调整后的配置如图 10-26 所示。

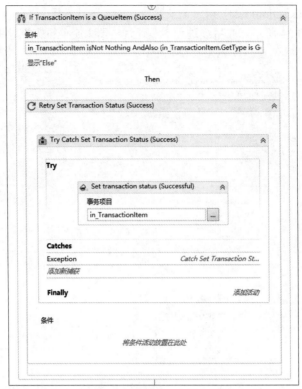

图 10-25　调整 Success 状态配置

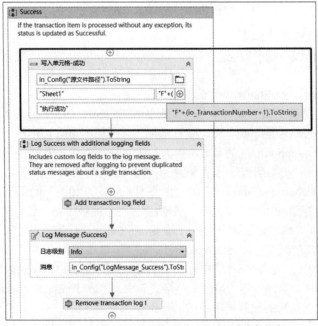

图 10-26　通过"写入单元格-成功"活动记录事务状态

（3）调整 Business Exception 状态配置。与 Success 状态的配置类似，需删除标题为"If TransactionItem is a QueueItem (Business Exception)"的"IF 条件"活动，并添加相同配置的"写入单元格"活动，调整文本配置为""业务异常""。完成调整后的配置如图 10-27 所示。

图 10-27　调整 Business Exception 状态配置

（4）调整 System Exception 状态配置。与 Success 状态的配置类似，需删除标题为"If TransactionItem is a QueueItem (System Exception)"的"IF 条件"活动，并添加相同配置的"写入单元格"活动，调整文本配置为""系统异常""。完成调整后的配置如图 10-28 所示。

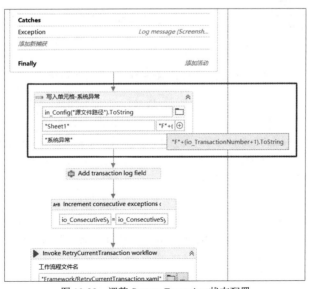

图 10-28　调整 System Exception 状态配置

5. 调整主工作流

因 TransactionItem 的"变量类型"设置为 DataRow，主工作流的变量以及调用相关子工作流的参数配置均需调整。

（1）调整主工作流变量。将变量 TransactionItem 的"变量类型"设置为 DataRow，如图 10-29 所示。

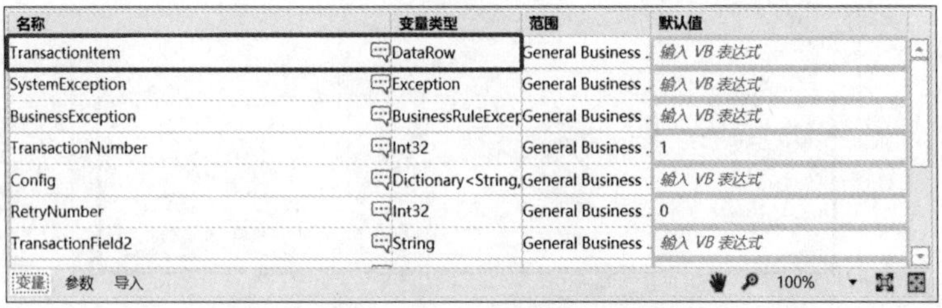

名称	变量类型	范围	默认值
TransactionItem	DataRow	General Business	输入 VB 表达式
SystemException	Exception	General Business	输入 VB 表达式
BusinessException	BusinessRuleExcep	General Business	输入 VB 表达式
TransactionNumber	Int32	General Business	1
Config	Dictionary<String,	General Business	输入 VB 表达式
RetryNumber	Int32	General Business	0
TransactionField2	String	General Business	输入 VB 表达式

图 10-29　调整 TransactionItem 的"变量类型"

（2）调整 GetTransactionData 工作流的参数配置。在 Get Transaction Data 模块中找到调用 GetTransactionData 工作流的活动，单击"导入参数"按钮，并在弹出的"调用的工作流的参数"对话框中，确认 out_TransactionItem 的"类型"为 DataRow，且"值"为 TransactionItem，如图 10-30 所示。

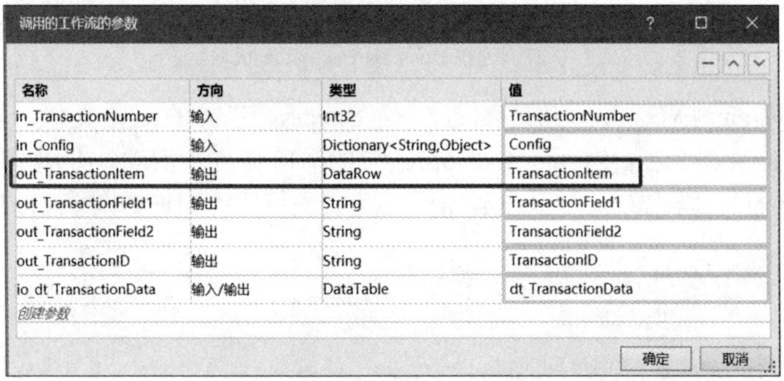

名称	方向	类型	值
in_TransactionNumber	输入	Int32	TransactionNumber
in_Config	输入	Dictionary<String,Object>	Config
out_TransactionItem	输出	DataRow	TransactionItem
out_TransactionField1	输出	String	TransactionField1
out_TransactionField2	输出	String	TransactionField2
out_TransactionID	输出	String	TransactionID
io_dt_TransactionData	输入/输出	DataTable	dt_TransactionData

图 10-30　调整 GetTransactionData 工作流的参数配置

（3）调整调用 Process 工作流的参数配置。在 Process Transaction 模块中找到位于"Try to process transaction"的 Try 中的 Process 工作流，并参照第 2 步调整参数配置。

（4）调整调用 SetTransactionStatus 工作流的参数配置。在 Process Transaction 模块中，找到"Try Catch Set Transaction Status (Success)"中调用的 SetTransactionStatus 工作流，它在 Try 和 Catches 中均存在，分别参照第 2 步调整参数配置。

6. 流程开发

在 InitAllApplications 工作流中增加启动操作，如打开系统；在 KillAllProcesses 工作流和 CloseAllApplications 工作流中增加关闭清理操作，如关闭系统；在 Process 工作流中开发发票的录入操作，如输入信息、单击等。

完成流程开发后即可测试机器人企业框架的使用效果。

10.7.3 线性事务处理

除了多事务流程，如 10.7.1 节和 10.7.2 节介绍的依次录入发票信息的场景，在实际开发中常常会遇到线性流程，即仅有一个事务、仅需执行一次的流程。本节以打开指定网页为例介绍线性事务使用机器人企业框架的方式。

1. 调整配置文件

先根据业务需要分别在 Settings 工作表、Constants 工作表和 Assets 工作表中增加所需的配置信息，配置方式见 10.2 节。在本例中需要在 Settings 工作表中增加 URL 配置项，并设置为 www.fapiaoluru.com。

在 Settings 工作表中，修改 logF_BusinessProcessName 配置项为流程名称“打开网页流程”。因为未使用 OC 上的队列，所以 OrchestratorQueueName 和 OrchestratorQueueFolder 两条记录无须使用，可以删掉。配置后的 Settings 工作表如图 10-31 所示。

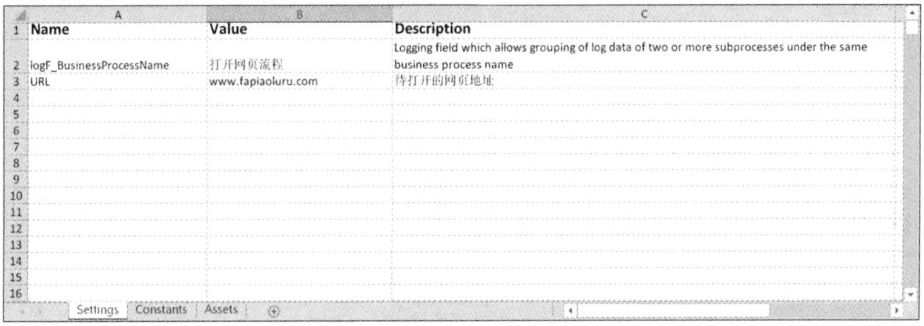

	A	B	C
1	Name	Value	Description
2	logF_BusinessProcessName	打开网页流程	Logging field which allows grouping of log data of two or more subprocesses under the same business process name
3	URL	www.fapiaoluru.com	待打开的网页地址

图 10-31 配置后的 Settings 工作表

在 Constants 工作表中，修改 MaxRetryNumber 配置项为大于 0 的整数，表示在机器人遇到系统异常时重试的最大次数。其他常用配置项 MaxConsecutiveSystemExceptions 和 ShouldMarkJobAsFaulted 可根据需要修改，详见 10.2.2 节。

2. 调整 GetTransactionData 工作流配置

GetTransactionData 工作流默认处理通过 OC 上的队列获取事务的情况，针对线性事务处理的情况，需调整相关配置，具体操作步骤如下。

（1）删除“获取事务项目”活动。因为无须从 OC 中获取事务项目，所以“Retry Get Transaction Item”部分的代码可以直接删除。

（2）新增线性事务判断逻辑。因为线性流程仅有一个待处理事务，所以只需在事务序列号 in_TransactionNumber 为 1 时执行流程，否则终止流程。

在删除“获取事务项目”活动的位置添加“IF 条件”活动，并设置“条件”为 in_TransactionNumber=1。满足该条件时，在 Then 序列中新增“分配”活动，并配置 out_TransactionItem=new QueueItem，保证流程能顺利执行；不满足该条件时，在 Else 序列中新增“分配”活动，并配置 out_TransactionItem=Nothing，即不再做任何处理，如图 10-32 所示。

3. 调整 SetTransactionStatus 工作流配置

因为未使用 OC 上的队列，所以无法通过 OC 记录事务执行状态，需将默认的相关交互代码删除。在 Success、Business Exception 和 System Exception 这 3 个分支中，分别删除“If TransactionItem is a QueueItem"部分的代码。

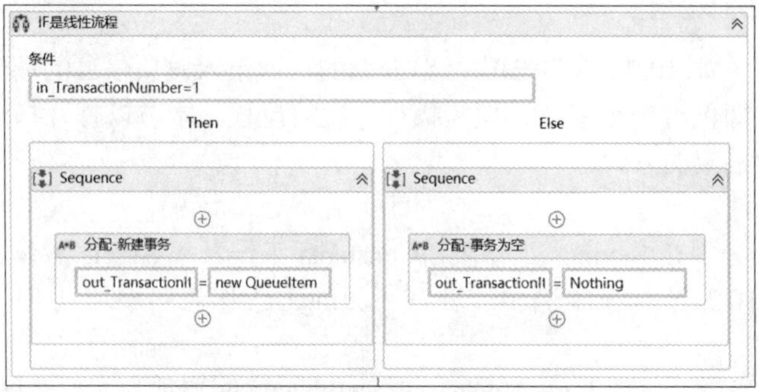

图 10-32 线性事务判断逻辑

4. 流程开发

在 InitAllApplications 工作流中增加启动操作，如打开系统；在 KillAllProcesses 工作流和 CloseAllApplications 工作流中增加关闭清理操作，如关闭系统；在 Process 工作流中开发网页的相关操作，如输入信息、单击等。

完成流程开发后即可测试机器人企业框架的使用效果。

10.8 流程测试

机器人企业框架包含的子流程较多，建议在全流程测试之前，对各子流程的功能单独进行测试，便于排查和解决问题。

为了方便测试，机器人企业框架提供了一系列测试套件，除了可以依次测试各子流程，还可以测试流程的实际执行结果是否达到预期结果（如 Success、BusinessException 和 SystemException）。测试套件默认存储在"机器人企业框架"的 Tests 文件夹下，如图 10-33 所示。

图 10-33 机器人企业框架的测试套件

10.8.1 Tests.xlsx

测试套件中的 Tests.xlsx 用于开发者记录各测试流程的预期结果与实际执行结果。

Tests.xlsx 中的 Result 工作表可以记录待测试工作流文件的存储路径（WorkflowFile），预期结果（ExpectedResult）是 Success、BusinessException 还是 SystemException，还可以记录实际执行结果是否与预期匹配的状态（Status）以及备注（Comments），如图 10-34 所示。

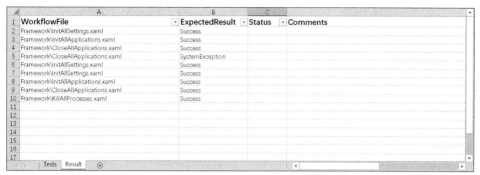

图 10-34　Tests.xlsx 中的 Result 工作表

10.8.2　通用测试用例 GeneralTestCase.xaml

GeneralTestCase.xaml 可以用于各工作流的测试，开发者通过调整工作流文件参数配置中的存储路径（参数 in_WorkflowFile）和预期结果（参数 in_ExpectedResult），即可测试指定工作流是否可以达到预期结果，如图 10-35 所示。

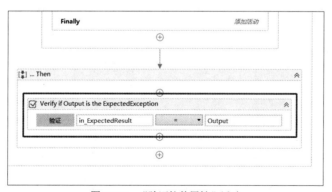

图 10-35　通用测试用例的参数配置示例

由"验证控件属性"活动（工作流中默认活动标题为"Verify if Output is the ExpectedException"，如图 10-36 所示）判断执行结果，分为通过（PASS）和失败（FAIL），表示实际测试是否达到预期结果。

图 10-36　"验证控件属性"活动

若验证通过，结果如图 10-37 所示。

图 10-37　通用测试用例验证通过

10.8.3　常用工作流的专属测试用例

测试套件中包含针对常用工作流的专属测试用例，开发者需要根据实际情况进行修改和更新。

（1）InitAllSettingsTestCase.xaml：用于测试配置文件是否存在，以及是否包含关键的配置信息，如 MaxRetryNumber 等。

（2）InitAllApplicationsTestCase.xaml：完成配置信息测试后，可以通过此测试用例继续测试应用程序初始化是否正常。"验证控件属性"活动可以用来测试在应用程序初始化完成后，屏幕中是否存在对应的用户界面元素。

（3）ProcessTestCase.xaml：完成配置信息获取和应用程序初始化后，通过此测试用例针对事务执行的主要功能模块进行测试。需要注意对各个参数（如 TransactionItem）的配置。

（4）MainTestCase.xaml：针对机器人企业框架全流程的测试用例，确认是否得到预期的结果。

10.9　小结

机器人企业框架是 UiPath 官方基于实操经验总结的实用模板，虽然功能看似复杂，但是它强大的功能可以最大限度地保障机器人稳定运行，避免异常情况对流程的影响。对于功能复杂的流程，更能体现机器人企业框架的价值，推荐在实际开发中广泛使用。相信读者多加运用就能熟练掌握这些功能模块。